Nachschusspflicht kraft Treuepflicht im Gesellschaftsrecht

Martin Göbel

Nachschusspflicht kraft Treuepflicht im Gesellschaftsrecht

PETER LANG

Bibliografische Information der Deutschen Nationalbibliothek
Die Deutsche Nationalbibliothek verzeichnet diese Publikation in der Deutschen Nationalbibliografie; detaillierte bibliografische Daten sind im Internet über http://dnb.d-nb.de abrufbar.

Zugl.: Heidelberg, Univ., Diss., 2017

D 16
ISBN 978-3-631-74549-6 (Print) · E-ISBN 978-3-631-75720-8 (E-PDF)
E-ISBN 978-3-631-75721-5 (EPUB) · E-ISBN 978-3-631-75722-2 (MOBI)
DOI 10.3726/b14182

Peter Lang – Berlin · Bern · Bruxelles · New York · Oxford · Warszawa · Wien

Diese Publikation wurde begutachtet.

www.peterlang.com

Meinem Großvater

Eduard Katzenmeier
(1918–2011)

Alte Kameraden

Vorwort

Die vorliegende Arbeit wurde im Sommersemester 2017 von der Juristischen Fakultät der Ruprecht-Karls-Universität zu Heidelberg als Dissertation angenommen. Rechtsprechung und Schrifttum wurden bis Oktober 2017 berücksichtigt.

Die Arbeit geht zurück auf eine Anregung meines Doktorvaters, Herrn Professor Dr. Stefan J. Geibel.

Ich danke meiner lieben Ehefrau Julia Göbel-Wild für ihre Unterstützung und insbesondere für das umfangreiche Korrekturlesen der einzelnen Entwürfe.

Auch danke ich meinen lieben Eltern, Hans-Joachim und Annegret Göbel, die mich während meiner gesamten Ausbildung unterstützt haben.

Die Arbeit ist meinem Großvater Eduard Katzenmeier gewidmet. Als ehemaliger Infanterieoffizier prägte er sehr früh meinen Wunsch, ebenfalls Soldat und Reserveoffizier bei der Infanterie zu werden. Seine Erzählungen vom Jurastudium in der Kriegsgefangenschaft trugen wesentlich dazu bei, dass ich mich diesem Fachbereich und damit auch dieser Arbeit widmete.

Inhaltsverzeichnis

Einleitung

I. Problemstellung

Der Bundesgerichtshof hatte in den letzten Jahren regelmäßig Fälle zu entscheiden, in denen die Frage nach der Existenz einer Nachschusspflicht kraft Treuepflicht bei Personengesellschaften eine Rolle spielte. Das in § 707 BGB zum Ausdruck kommende Belastungsverbot verhindert, dass einzelnen Gesellschaftern gegen deren Willen zusätzliche Beiträge, etwa in Form von Nachschüssen,[1] durch einen Mehrheitsbeschluss auferlegt werden können. Gerade eine sich in einer Krise befindende Gesellschaft hat erfahrungsgemäß einen erheblichen (Re-)Finanzierungsbedarf, der regelmäßig nicht durch eine Fremdfinanzierung gedeckt werden kann. Alternativ zu einer Eigenkapitalerhöhung können Gesellschafterdarlehen oder Nachschüsse der Gesellschafter dazu beitragen, die Insolvenz oder die Auflösung und Liquidation abzuwenden. Beschließen die Gesellschafter eine Beitragserhöhung in Form von Nachschüssen, käme durch den Widerspruch eines einzigen Gesellschafters kein gegen alle wirksamer Beschluss zustande. Dies erscheint gerade in den Fällen unbefriedigend, in denen die Beiträge der ablehnenden Minderheit für den Erfolg der Sanierung erforderlich sind.

Die Mehrheitsgesellschafter könnten auch ohne die Mitwirkung der Minderheit zusätzliche Beiträge leisten. Mittlerweile ist in der Rechtsprechung anerkannt, dass dann eine Pflicht der Minderheit besteht, einer Kapitalerhöhung zuzustimmen, um die volle Anerkennung der Beiträge auf Gesellschaftsseite im Rahmen einer Kapitalmaßnahme zu ermöglichen.[2] Im Rahmen der vorliegenden Arbeit soll hingegen untersucht werden, ob unter dem Gesichtspunkt der Treuepflicht eine Zustimmungspflicht der Minderheitsgesellschafter zu einem Nachschussbeschluss, der auch die Minderheit zu einer Beitragsleistung wirksam verpflichtet, auf eine dogmatische Grundlage gestellt werden kann.

---

1 *Scherf* definiert als rechtsformübergreifende Strukturmerkmale von Nachschusspflichten: „Es handelt sich immer um einen von einer Gegenleistung unabhängigen Geldanspruch der Gesellschaft gegen die Gesellschafter, der entweder gesellschaftsvertraglich geregelt ist oder sich direkt aus dem Gesetz ergibt. Der Anspruch geht über die ursprünglich durch Vertrag übernommene Kapitaleinzahlungspflicht hinaus, wobei die Nachschüsse keine Auswirkung auf den Umfang der mitgliedschaftlichen Rechte und Pflichte haben." Vgl. *Scherf*, Die Nachschusspflicht im Gesellschaftsrecht, S. 24.

2 Vgl. nur BGH, Urt. v. 19. 10. 2009 – II ZR 240/08, NZG 2009, S. 1347 ff.

In seinem Urteil vom 04.07.2005[3] hat sich der BGH mit der Wirkung der Treuepflicht bei sanierenden Nachschussbeschlüssen in Personengesellschaften auseinandergesetzt. In dieser Entscheidung stellte der BGH fest, dass die gesellschafterliche Treuepflicht in Ausnahmefällen Minderheitsgesellschafter dazu zwingen kann, entgegen § 707 BGB weitere Beiträge an die Gesellschaft zu leisten, wenn die Mehrheit der Gesellschafter für eine solche Maßnahme stimmt. Um den Anwendungsbereich einer Nachschusspflicht kraft Treuepflicht auf besondere Ausnahmesituationen einzugrenzen, hat der BGH in diesem Urteil besondere Anforderungen an jene Fälle gestellt, in denen eine Nachschusspflicht kraft Treuepflicht bejaht werden könnte. So sei es zunächst Voraussetzung für eine Nachschusspflicht kraft Treuepflicht, dass die Leistung von Nachschüssen im Gesellschaftsinteresse geboten und unter Beachtung der schutzwürdigen Belange der Gesellschafter zumutbar sei.[4] Es seien insgesamt besonders hohe Anforderungen zu stellen. In der Folge wurden diese Kriterien mehrfach bestätigt,[5] unter anderem in dem viel beachteten Urteil „Sanieren oder Ausscheiden" aus dem Jahr 2009.[6]

Dieser jüngeren Rechtsprechung gingen Jahrzehnte voraus, in welchen die Rechtsprechung mit Verweis auf das gesellschaftsrechtliche Belastungsverbot, wie es in § 707 BGB zum Ausdruck kommt, auf Nachschusszahlungen gerichtete Klagen gegen Minderheitsgesellschafter abwies, soweit die Nachschüsse nicht bereits im Gesellschaftsvertrag vereinbart worden waren.[7] Zugrunde lag immer ein Nachschussbeschluss, dem eine Mehrheit zugestimmt hatte und welcher nunmehr gegen diese Minderheit durchgesetzt werden sollte. Die Verpflichtung zu Nachschussleistungen ohne Zustimmung zum konkreten Gesellschafterbeschluss betrifft also die Reichweite der Mehrheitsherrschaft in der Gesellschaft und deren Einflussnahme auf die Rechtsgüter der dagegen stimmenden Minderheitsgesellschafter. Dies wirft mehrere grundsätzliche gesellschaftsrechtliche Fragen auf, die im Rahmen dieser Arbeit untersucht werden sollen.

---

3 BGH, Urt. v. 04.07.2005 – II ZR 354/03, NZG 2005, S. 753 ff.

4 BGH, Urt. v. 04.07.2005 – II ZR 354/03, NZG 2005, S. 753 ff. [S. 754 re. Sp. unten].

5 BGH, Urt. v. 23.01.2006 – II ZR 126/04, NZG 2006, S. 379; BGH, Urt. v. 23.01.2006 – II ZR 306/04, NZG 2006, S. 306 ff.; BGH, Hinweisbeschl. v. 26.03.2007 – II ZR 22/06, NZG 2007, S. 582 ff.

6 BGH, Urt. v. 19.10.2009 – II ZR 240/08, NZG 2009, S. 1347 ff.

7 Vgl. nur BGH, Urt. v. 07.11.1960 – II ZR 216/59, WM 1961, S. 32; BGH, Urt. v. 27.09.1982 – II ZR 241/81, NJW 1983, S. 164.

II. Zielsetzung

Ziel der Arbeit ist es, rechtsformübergreifende Voraussetzungen für eine Nachschusspflicht kraft Treuepflicht herauszuarbeiten.[8] Ausgangspunkt ist hierbei stets ein auf Leistung von Nachschüssen gerichteter Mehrheitsbeschluss. Es ist hierbei zu untersuchen, unter welchen Voraussetzungen eine Gesellschafterminderheit gegen ihren Willen wirksam zu Nachschusszahlungen verpflichtet werden kann, wenn diese Minderheit sich nicht bereits im Gesellschaftsvertrag zu weiteren Nachschusszahlungen verpflichtet hat. Diese Voraussetzungen sollen anhand der Rechtsformen der Personengesellschaften, der GmbH und der Genossenschaft untersucht werden. Die Personengesellschaften (GbR, OHG, KG) als Urformen der gesellschaftsrechtlichen Kooperation sind besonders geeignet, um an ihnen die Voraussetzungen eines allgemeinen Rechtsprinzips wie etwa einer Nachschusspflicht kraft Treuepflicht zu untersuchen. Anhand der GmbH als Kapitalgesellschaft und Körperschaft kann untersucht werden, ob die für das Personengesellschaftsrecht gefundenen Ergebnisse zunächst auf (in der Praxis häufig personalistisch organisierten) Kapitalgesellschaften übertragbar sind oder ob insofern eine unüberwindbare Hürde besteht. Anhand der Genossenschaft als rechtliche Weiterentwicklung der Rechtsform des Vereins wiederum kann gezeigt werden, ob eine Nachschusspflicht kraft Treuepflicht auch im Rahmen eines Verbandes denkbar ist, der in Theorie und Praxis auf eine Vielzahl an möglichen Mitgliedern ausgelegt ist.

III. Gang der Untersuchung

Die Untersuchung ist vorliegend in vier Kapitel gegliedert. Die ersten drei Kapitel befassen sich jeweils mit den genannten Problemfeldern und Fragestellungen in Bezug auf die Personengesellschaften (Kapitel 1), die GmbH (Kapitel 2) und die Genossenschaft (Kapitel 3). Im Anschluss sollen die rechtsformübergreifenden Ergebnisse in einem vierten Kapitel aufbereitet und zusammengefasst werden. In Kapitel 2 wird auf die Ergebnisse des Kapitels 1, und in Kapitel 3 auf die Ergebnisse der beiden ersten Kapitel Bezug genommen, um strukturell bedingte Unterschiede und Übereinstimmungen herauszuarbeiten und für die jeweilige Betrachtung fruchtbar zu machen. Es wird in jedem Kapitel zunächst dargestellt werden, unter welchen Voraussetzungen eine Nachschusspflicht bereits im Gesellschaftsvertrag oder in der Satzung begründet („Beitragsklausel") oder

8 Eine rechtsformübergreifende Nachschusspflicht kraft Treuepflicht stellt *Nentwig* infrage, vgl. *Nentwig*, Nachschusspflichten im Verbandsrecht, S. 284, 285.

durch Vertrags- oder Satzungsänderung nachträglich eingeführt werden kann. Daraufhin sollen die Anforderungen an eine Mehrheitsklausel geprüft werden, welche die spätere Einführung von Nachschüssen durch eine Gesellschaftermehrheit erlaubt. Das für die Personengesellschaften gesetzlich vorgesehene Einstimmigkeitsprinzip gemäß § 119 Absatz 1 HGB kann gemäß § 119 Absatz 2 HGB im Gesellschaftsvertrag durch das Mehrheitsprinzip ersetzt werden. Hier wird zunächst zu untersuchen sein, welche Voraussetzungen eine solche Mehrheitsklausel erfüllen muss, um einen Mehrheitsbeschluss zu legitimieren, welcher eine wirksame Verpflichtung zur Leistung von Nachschüssen aller Gesellschafter begründet. Dies betrifft insbesondere den Geltungsbereich und die Anforderungen des sogenannten Bestimmtheitsgrundsatzes. Dessen Existenz und Auswirkung war in der Vergangenheit bereits vielfach Gegenstand von Diskussionen. Der BGH hat in einer jüngeren Entscheidung[9] die Relevanz des Bestimmtheitsgrundsatzes bei der Auslegung von Mehrheitsklauseln hinsichtlich der Legitimation der Mehrheit in Zweifel gezogen. Daher wird die Relevanz des Bestimmtheitsgrundsatzes für die vorliegende Untersuchung herauszuarbeiten sein. Darüber hinaus wird zu prüfen sein, welchen Einfluss die sogenannte Kernbereichslehre, das Belastungsverbot und die gesellschaftsrechtliche Treuepflicht auf die Klauselgestaltung und den konkreten Mehrheitsbeschluss haben, was ebenfalls für GmbH und Genossenschaften relevant ist, für welche kraft Gesetz das Mehrheitsprinzip gilt. Es soll weiter der Frage nachgegangen werden, ob ein nachschussbegründender Mehrheitsbeschluss die Minderheit auch dann wirksam verpflichten kann, wenn er nicht auf der Grundlage einer ausreichend legitimierenden Mehrheitsklausel erfolgt, jedoch ein „wichtiger Grund" zur Leistung von Nachschüssen vorliegt.

Sobald die Fälle untersucht wurden, in denen eine Nachschusspflicht auf der Grundlage einer alle Voraussetzungen erfüllenden Klausel („Beitragsklausel") besteht oder ein Mehrheitsbeschluss auf der Grundlage einer wirksam legitimierenden Mehrheitsklausel ergeht und die Zustimmung aller Gesellschafter oder ein gegebenenfalls rechtfertigender wichtiger Grund vorliegt, kann die Untersuchung sich jenen Fällen widmen, in denen eine Nachschusspflicht kraft Treuepflicht infrage kommt. Die vorliegende Arbeit dient dem Nachweis, dass in besonders gelagerten Ausnahmefällen eine Nachschusspflicht kraft Treuepflicht existiert, die durch einen Mehrheitsbeschluss ausgelöst werden kann. Dabei soll analysiert werden, ob das gesellschaftsrechtliche Belastungsverbot, wie es für die Personengesellschaften in § 707 BGB zum Ausdruck kommt, einer solchen

9 Vgl. BGH, Urt. v. 21.10.2014 – II ZR 84/13, NZG 2014, S. 1296 ff.

Nachschusspflicht kraft Treuepflicht entgegensteht, und ob die Treuepflicht zwischen den Gesellschaftern im Personengesellschaftsrecht ein ausreichend intensives Maß erreichen kann, um die Minderheitsgesellschafter zur Leistung weiterer Beiträge verpflichten zu können.

In Kapitel 2 wird sich der Schwerpunkt der Untersuchung auf die Wirkung der Treuepflicht der Gesellschafter untereinander konzentrieren. Nachdem die gesellschaftsrechtliche Treuepflicht auch bei der GmbH als anerkannt gelten darf,[10] ist dabei zu prüfen, ob die Treuepflicht auch in dieser Gesellschaftsform die notwendige Intensität entfalten kann, um eine Nachschusspflicht der Minderheitsgesellschafter zu begründen.

In Kapitel 3 soll untersucht werden, ob die in Kapitel 1 und 2 gefundenen Ergebnisse an die Rechtsform der Genossenschaft übertragen werden kann. Hier soll insbesondere untersucht werden, unter welchen Bedingungen die Rechtsprechung zur Treuepflicht bei Personengesellschaften auf Genossenschaften übertragbar ist und inwiefern die Entscheidungen des BGH zu Vereinsrecht auf die Genossenschaft angewendet werden können.

Im Kapitel 4 wird zusammengefasst werden, welche Ergebnisse aus den Einzelkapiteln rechtsformübergreifende Gültigkeit beanspruchen können.

10 Vgl. nur BGH, Urt. v. 05.06.1975 – II ZR 23/74 („ITT"), NJW 1976, S. 191 ff.

Kapitel 1. Personengesellschaften

A. Nachschusspflicht aus Beitragsklausel oder durch Mehrheitsbeschluss

I. Problemaufriss

Der II. Senat des BGH musste in der Vergangenheit vielfach Fälle entscheiden, in denen einzelne Gesellschafter von einer Gesellschaftermehrheit durch Gesellschafterbeschluss zur Leistung von Nachschüssen[11] gezwungen werden sollten. Soweit ein solcher Beschluss nicht bereits auf der Grundlage einer entsprechend ausgestalteten Mehrheitsklausel erfolgt, stellt sich in diesen Fällen die Frage, ob der Nachschussbeschluss wegen der gesellschafterlichen Treuepflicht auch gegenüber den Minderheitsgesellschaftern Wirkung entfalten kann.

Bevor die einzelnen Voraussetzungen einer Nachschusspflicht kraft Treuepflicht und deren Ausnahmecharakter herausgearbeitet werden können, bedarf es vorliegend zunächst einer Untersuchung jener Fallgruppen, in denen eine solche Nachschusspflicht kraft Treuepflicht mit ihren besonderen Anforderungen nicht zur Anwendung kommen kann. Es handelt sich dabei um die Fallgruppen, in denen der Gesellschaftsvertrag eine wirksame Legitimation für einen Nachschussbeschluss bereits enthält. Zu diesen Fallgruppen gehören jene Fälle, in denen weitere Beiträge und die Voraussetzungen, unter denen sie eingefordert werden können, bereits ausdrücklich in einer Vertragsklausel festgelegt wurden („Beitragsklausel"). Weiterhin ist eine Nachschusspflicht kraft Treuepflicht dann nicht erforderlich, wenn der Gesellschaftsvertrag eine Mehrheitsklausel enthält, welche die Mehrheit zur Einforderung weiterer Beiträge durch Beschluss wirksam ermächtigt. Soweit diese Voraussetzung gegeben ist, bleibt für einen Rückgriff auf eine Nachschusspflicht kraft Treuepflicht kein Raum, da der Beschluss der Gesellschaftermehrheit die Gesellschafterminderheit bereits ohne eine Zustimmungspflicht kraft Treuepflicht wirksam bindet.

Es soll vorliegend kurz dargestellt werden, wann eine wirksame Beitragsklausel vorliegt. Dann soll untersucht werden, welche Voraussetzungen für eine wirksame

11 Zu den rechtsformübergreifenden gesetzlichen Nachschusspflichten und deren Abgrenzung zu Nachzahlungspflichten vgl. *Scherf*, Die Nachschusspflicht im Gesellschaftsrecht, S. 5 ff. [insbesondere S. 182]; vgl. zum Begriff des Nachschusses auch *Nentwig*, Nachschusspflichten im Verbandsrecht, S. 13 ff., S. 35.

Mehrheitsermächtigung für einen Nachschussbeschluss erfüllt werden müssen. Hier ist zunächst zu untersuchen, ob ein solcher Beschluss in den Kernbereich der Mitgliedschaft eingreift oder gegen das gesellschaftsrechtliche Belastungsverbot gemäß § 707 BGB verstößt und welche Anforderungen an die Mehrheitsklausel und den Beschluss zu stellen sind, wenn der Beschluss gegenüber den Minderheitsgesellschaftern Wirkung entfalten soll. Des Weiteren ist zu untersuchen, welche Anforderungen an die Bestimmtheit der Mehrheitsklausel im Gesellschaftsvertrag zu stellen sind. Aufgrund der Entscheidung des BGH vom 21.10.2014 (II ZR 84/13) wird in der Literatur vertreten, der BGH habe den Bestimmtheitsgrundsatz mittlerweile völlig aufgegeben,[12] beurteile Reichweite einer Mehrheitsklausel ausschließlich noch nach der Auslegung des Gesellschaftsvertrages im Ganzen und sei zur Kernbereichslehre zumindest auf Distanz gegangen.[13] In der Folge wird zu zeigen sein, dass zumindest hinsichtlich Nachschussbeschlüssen die auch eine Minderheit binden sollen, sowohl der (frühere) Bestimmtheitsgrundsatz als auch die Kernbereichslehre weiterhin eine Rolle spielen.

Nachfolgend sollen die Möglichkeiten der Herleitung einer Nachschusspflicht aus dem Gesellschaftsvertrag selbst, sowie die Begründung einer Nachschusspflicht durch einen Mehrheitsbeschluss erörtert werden.

II. Nachschusspflicht aus Beitragsklausel

Die Regelungen der §§ 705 ff. BGB sind weitgehend dispositiver Natur, sodass in Gesellschaftsverträgen von Personengesellschaften abweichende Vereinbarungen getroffen werden können. Eine Leistungsvermehrung bedarf grundsätzlich einer Grundlage im Gesellschaftsvertrag. Ist diese nicht bereits geschaffen, muss sie mit einem Beschluss nachträglich eingeführt werden, was gemäß § 119 Absatz 1 HGB Einstimmigkeit und gemäß § 707 BGB die Zustimmung aller belasteten Gesellschafter voraussetzt. Wie noch zu zeigen sein wird, sind dabei grundsätzlich keine besonderen Formvorschriften zu beachten.

In der vorliegenden Untersuchung sollen jene Fallkonstellationen keine Berücksichtigung finden, in denen das Einvernehmen der Gesellschafter bezüglich der Leistung weiterer Beiträge hergestellt wurde. Dies umfasst sowohl jene Fälle, in denen der Gesellschaftsvertrag bereits ab Gründung der Gesellschaft

12 Vgl. nur *Schäfer*, NZG 2014, S. 1401 ff. [S. 1403 li. Sp. Mitte]; *Altmeppen* hingegen hält die „Abkehr“ vom Bestimmtheitsgrundsatz durch den BGH für „dogmatisch und wertungsmäßig nicht gelungen“, vgl. *Altmeppen*, NJW 2015, S. 2065 ff. [S. 2071].

13 Vgl. hierzu *Wicke*, MittBayNot 2017, S. 125 ff. [S. 125]; *Goette/Goette*, DStR 2016, S. 74 ff.; *Heckschen/Bachmann*, NZG 2015, S. 531 ff. [S. 535].

Nachschusspflichten in einer Beitragsklausel unter bestimmten Bedingungen vorsieht, was durch Auslegung ermittelt werden kann, als auch Fälle, in denen alle Gesellschafter im Rahmen einer Vertragsänderung einstimmig weitere Nachschüsse beschließen. Wenn ein Einvernehmen zwischen den Gesellschaftern vorliegt, ergeben sich keine juristischen Probleme. In der Folge soll vielmehr den Fragen nachgegangen werden, welche sich im Zusammenhang mit der Einführung von Nachschusspflichten durch eine Initiative der Mehrheit stellen, wenn eine Minderheit der Gesellschafter nicht zustimmt, und ob diese Minderheit durch diesen Beschluss zur Leistung von Nachschüssen wirksam verpflichtet werden kann.

III. Nachschusspflicht durch Mehrheitsbeschluss

1. *Voraussetzungen für einen Nachschussbeschluss durch Mehrheitsbeschluss*

Eine Nachschusspflicht kann auch durch einen Mehrheitsbeschluss nachträglich eingeführt werden. Dafür bedarf es einer Grundlage im Gesellschaftsvertrag. In einer sogenannten Mehrheitsklausel vereinbaren die Gesellschafter, dass für bestimmte Beschlussgegenstände eine Mehrheitsentscheidung auch Bindungswirkung für die Minderheit entfaltet.[14] Eine solche Mehrheitsklausel kann bei Gründung der Gesellschaft oder nachträglich durch einstimmigen Beschluss eingeführt werden.[15] Eine Ausnahme wird für Publikumspersonengesellschaften und körperschaftlich strukturierten Personengesellschaften gemacht. Bei diesen gilt aus praktischen Erwägungen und dem Vergleich zu den Kapitalgesellschaften auch ohne entsprechende Klausel das Mehrheitsprinzip.[16] Im Folgenden soll untersucht werden, welche Anforderungen an eine Mehrheitsklausel zu stellen sind, welche auch die Einführung von Nachschusspflichten durch die Mehrheit der Gesellschafter ermöglichen soll.

Ein Mehrheitsbeschluss erfolgt auf der Grundlage einer gesellschaftsvertraglichen Mehrheitsklausel. Die Vorschrift des § 119 Absatz 2 HGB enthält keinerlei Vorgaben dafür, wie eine Mehrheitsklausel gestaltet sein muss und wo die Grenzen von Mehrheitsentscheidungen liegen. Dass in dieser Norm nicht bereits die Grundlage eines korporativen Minderheitenschutzes gelegt wurde, mag darin

---

14 Zur Beitragserhöhung durch Mehrheitsbeschluss vgl. auch *Nentwig*, Nachschusspflichten im Verbandsrecht, S. 76 ff.

15 Vgl. Baumbach/Hopt/*Roth*, § 119 HGB Rn. 34.; *Heinrichs*, Mehrheitsbeschlüsse, S. 48 m.w.Nw.

16 Vgl. *Heinrichs*, Mehrheitsbeschlüsse, S. 57.

begründet liegen, dass der Gesetzgeber den Personengesellschaftern die Einführung des Mehrheitsprinzips ermöglichen wollte, jedoch auf die Ausgestaltung eines Minderheitenschutzes durch ausdrückliche gesetzliche Regelung verzichtet hat.[17] Eine Mehrheitsklausel erlaubt es einer zufälligen Mehrheit der Gesellschafter, sich gegen die Minderheit durchzusetzen. Im Folgenden soll herausgearbeitet werden, welche Bedingungen erfüllt sein müssen, damit eine solche Mehrheitsklausel eine wirksame Grundlage für einen Nachschussbeschluss darstellen kann.

2. Konkrete Anforderungen

a) Kernbereichslehre und Belastungsverbot

1) Problemaufriss: Kernbereich der Mitgliedschaft und Verbot der Belastung des Vermögens

Ein mit Mehrheit gefasster Gesellschafterbeschluss, welcher Nachschusspflichten für alle Gesellschafter begründet, könnte in den sogenannten Kernbereich der Mitgliedschaft der Minderheitsgesellschafter eingreifen oder gegen das Belastungsverbot verstoßen.[18] Die Kernbereichslehre verbietet Eingriffe in die Rechtspositionen der einzelnen Gesellschafter gegen deren Willen. Das Belastungsverbot verbietet die Auferlegung weiterer Beitragspflichten ohne Zustimmung der betroffenen Gesellschafter. Da ein Eingriff in die von der Kernbereichslehre umfassten Gesellschafterrechte und ein Verstoß gegen das Belastungsverbot unter unterschiedlichen Voraussetzungen gerechtfertigt werden können, muss zunächst untersucht werden, ob ein Nachschussbeschluss in den Kernbereich der Mitgliedschaft eingreift oder gegen das Belastungsverbot verstößt. Nach der Herausarbeitung der Anforderungen, die an die Rechtfertigung eines Nachschussbeschlusses zu stellen sind, wird die Untersuchung die den Mehrheitsbeschluss legitimierende Mehrheitsklausel und etwaige Bestimmtheitserfordernisse beleuchten.

2) Inhalt des Kernbereichs

Zunächst ist zu klären, um was es sich beim Kernbereich der Mitgliedschaft konkret handelt und welche Bedeutung diesem bei Beschlüssen über Nachschussverpflichtungen zukommt. Nach wohl allgemeiner Ansicht[19] wird mittlerweile

17 Vgl. *Bohlken/Sprenger*, DB 2010, S. 263 ff. [S. 263 li. Sp. unten].

18 Vgl. zur Kernbereichslehre auch BGH, Urt. v. 21.10.2014 – II ZR 84/13 [Rz. 10 ff.], NZG 2014, S. 1296 ff.

19 Vgl. *Heinrichs*, Mehrheitsbeschlüsse, S. 156 m.w.Nw.; Schlegelberger/*Martens*, § 119 HGB Rn. 24; *K. Schmidt*, Gesellschaftsrecht, § 16 S. 470.

in der Literatur eine Aufteilung der Schutzwirkung des Kernbereichs und eine Zuordnung zu verschiedenen Beschlussgegenständen für zweckmäßig gehalten. So soll nach „unverzichtbaren", „unentziehbaren" und „stimmrechtsfesten" Beschlussgegenständen differenziert werden. Es kommt für die Untersuchung der Voraussetzungen eines Eingriffs in den Kernbereich darauf an, ob und in welchen Teil des Kernbereiches die Einforderung von Nachschüssen eingreift[20] und welche Konsequenzen sich daraus für den Beschluss ergeben. Entscheidend sind die Zuordnung der zu untersuchenden Nachschussproblematik zu einer der genannten Kategorien und die Feststellung der sich daraus ergebenden Beschlussanforderungen.

3) Eingriffe in den relativ unentziehbaren Kernbereich

Ein Nachschussbeschluss könnte in den sogenannten relativ unentziehbaren Kernbereich der Mitgliedschaft eingreifen.[21] Unter dem relativ unentziehbaren Kernbereich versteht man jene Mitgliedschaftsrechte, die grundsätzlich entziehbar sind, solange die Einwilligung des Gesellschafters oder ein *wichtiger Grund* vorliegt.[22] Das Recht des Gesellschafters, von weiteren Belastungen verschont zu bleiben, soweit er ihnen nicht ausdrücklich zustimmt, wird gemeinhin zu diesem relativierbaren Kernbereich,[23] also zu den relativ unentziehbaren Mitgliedschaftsrechten gezählt.[24] Das OLG Stuttgart nimmt in seinem Urteil vom 27.10.1999[25] hierzu Stellung und geht davon aus, dass es sich bei dem Recht, vor weiteren Belastungen verschont zu bleiben, um ein „relativ unentziehbares" Mitgliedschaftsrecht handele.[26] Ebenso sehen es auch verschiedene Stimmen in der Literatur.[27] *Wiedemann*[28] bezeichnet das Belastungsverbot als ein „mitgliedschaftliches

---

20 Zur exakten Abgrenzung und die entwickelten Kriterien vgl. *Heinrichs*, Mehrheitsbeschlüsse, S. 151 ff.

21 Vgl. Staub/*Carsten Schäfer*, § 119 HGB, Rn. 39 ff.

22 Vgl. MüKo/*Enzinger*, § 119 HGB Rn. 71.

23 Vgl. *Heinrichs*, Mehrheitsbeschlüsse, S. 161.

24 Vgl. *K. Schmidt*, Gesellschaftsrecht § 16 S. 473.

25 OLG Stuttgart, Urt. v. 27.10.1999–20 U 35/99, MDR 2000, S. 778 f. [S. 778 li. Sp. unten].

26 Vgl. OLG Stuttgart, Urt. v. 27.10.1999–20 U 35/99, [Rz. 8 f.], MDR 2000, S. 778.

27 Neben *K. Schmidt*, Gesellschaftsrecht § 16 S. 473 auch *Röttger*, Kernbereichslehre, S. 173; in der Sache wohl auch *Picot* BB 1993, S. 13 f. (17 re. Sp. oben), auch wenn jener von „unentziehbaren Mitgliedschaftsrechten" einerseits und „Kernbereich" andererseits differenziert; ebenso für Kernbereichseingriff: *Heinrichs*, Mehrheitsbeschlüsse, S. 163; MüKo/*Schäfer*, § 709 BGB Rn. 92; MüKo/*Enzinger*, § 119 HGB Rn. 70, 71.

28 Vgl. *Wiedemann*, ZGR 1977, S. 690 ff., [S. 692].

Grundrecht",[29] ohne dass die Konsequenzen hieraus klar würden. *Nentwig* geht davon aus, dass es sich bei dem Belastungsverbot um einen Teil des unentziehbaren Kernbereichs der Mitgliedschaft handelt.[30]

K. Schmidt hingegen sieht in dem Belastungsverbot eine Kehrseite des erst vom Bundesgerichtshof ausgeleuchteten Kernbereichsgedankens.[31] Kernbereich und Belastungsverbot seien zwei Seiten derselben Medaille.[32] Das Belastungsverbot als Grundregel des Gesellschaftsrechts sei *im Gegensatz* zur Kernbereichslehre in den letzten Jahren häufig Gegenstand von Rechtsstreitigkeiten gewesen, die der BGH habe entscheiden müssen.[33]

Bohlken/Sprenger verweisen darauf, dass noch keine abschließende Klärung erfolgt sei, und ordnen mit Verweis auf eine Entscheidung des BGH von 1994[34] die Frage von Beitragspflichterhöhungen dem „relativ unentziehbaren" Kernbereich zu.[35] *Priester*[36] sieht mit Verweis auf die von *Wiedemann*[37] geprägte Formulierung im Belastungsverbot etwas Anderes als einen Teil des Kernbereichsschutzes. Im Unterschied zum Kernbereichsschutz schütze das Belastungsverbot nicht vor Eingriffen in die Mitgliedschaft, sondern vor Eingriffen in das außergesellschaftliche Vermögen des Gesellschafters.[38] Die konkrete Konsequenz aus dieser Differenzierung wird jedoch auch hier nicht klar. Augenscheinlich folgert *Priester* aus dieser Unterscheidung, dass im Gegensatz zu Eingriffen in den Kernbereich bei einer Berührung des Belastungsverbotes ein *wichtiger Grund* gerade nicht ausreichen soll, sondern immer zwingend die Zustimmung des Gesellschafters erforderlich ist. Auch *Heinrichs*[39] ordnet das in § 707 BGB zum Ausdruck kommende Belastungsverbot den unentziehbaren Mitgliedschaftsrechten zu. Allerdings stellt er gleichzeitig fest, dass eine – antizipierte – Zustimmung zu einem eine Nachschusspflicht begründenden Mehrheitsbeschluss zwingend notwendig sei, folglich komme ein Eingriff aufgrund eines „wichtigen

---

29 Diese Formulierung wurde von der Rechtsprechung aufgenommen, vgl. von den jüngeren Urteilen nur BGH, Urt. v. 05.11.2007 – II ZR 230/06 [Rz. 17], NZG 2008, 65 ff., ZIP 2007, S. 2413 ff.; BGH, Urt. v. 03.12.2007 – II ZR 36/07 [Rz. 5], NZG 2008, S. 336.

30 Vgl. *Nentwig*, Nachschusspflichten im Verbandsrecht, S. 115.

31 Vgl. *K. Schmidt*, ZGR 2008, S. 1 ff. [S. 19 unten].

32 Vgl. *K. Schmidt*, ZGR 2008, S. 1 ff. [S. 19 unten].

33 Vgl. *K. Schmidt*, ZGR 2008, S. 1 ff. [S. 20 oben].

34 BGH, Urt. v. 10.10.1994 – II ZR 18/94 [Rz. 8 f.], NJW 1995, S. 194 ff. [S. 195].

35 Vgl. *Bohlken/Sprenger*, DB 2010, S. 263 ff. [S. 264 li. Sp. unten].

36 Vgl. *Priester*, DStR 2008, S. 1386 ff. [S. 1389 li. Sp. Mitte].

37 Vgl. *Wiedemann*, ZGR 1977, S. 690 ff. [S. 692].

38 Vgl. *Priester*, DStR 2008, S. 1386 ff. [S. 1389 li. Sp. Mitte.]

39 *Heinrichs*, Mehrheitsbeschlüsse, S. 163 m.w.Nw.

Grundes" nicht in Betracht.[40] *Holler* geht ebenfalls davon aus, dass zur Begründung weiterer Leistungspflichten zwingend die Zustimmung des Gesellschafters erforderlich ist, während für einen Eingriff in den Kernbereich auch ein wichtiger Grund ausreichen kann.[41] Ein Verstoß gegen das Belastungsverbot wäre demnach nicht durch einen wichtigen Grund zu rechtfertigen, vielmehr bedürfe es bei Leistungserhöhungen immer der Zustimmung des Gesellschafters. Nach der neueren Rechtsprechung des BGH sind der Kernbereich der Mitgliedschaft und das Belastungsverbot unterschiedlich zu behandeln. So greift der BGH in seinem Urteil vom 19.10.2009 – II ZR 240/08 („Sanieren oder Ausscheiden") auf die Treuepflicht als Rechtfertigung eines Beschlusses, der eine Minderheit der Gesellschafter belastete, zurück, lässt die alternative Lösung mittels eines wichtigen Grundes jedoch außen vor, obwohl es sich um einen Ausschlussbeschluss handelte. Dies gibt nur dann Sinn, wenn der BGH deutlich zwischen einem Ausschlussbeschluss als Eingriff in die Mitgliedschaft („wichtiger Grund") und einer Belastungswirkung außerhalb der Mitgliedschaft im Vermögen des Gesellschafters („Treuepflicht") differenziert.

4) Stellungnahme

Soweit zwischen Kernbereichslehre und Belastungsverbot bei Nachschussbeschlüssen differenziert wird, gibt dies lediglich dann Sinn, wenn beide Begriffe inhaltlich nicht bereits identisch sind. Sowohl die Lehre vom Kernbereich der Mitgliedschaft als auch das Belastungsverbot dienen dem Schutz des Gesellschafters vor Eingriffen in seine Rechtspositionen. Insofern sind der Kernbereichsschutz und das Belastungsverbot vergleichbar. Allerdings vermag es nicht zu überzeugen, dass der Kernbereichsschutz und das Belastungsverbot *deckungsgleich* sein sollen.[42] Letzteres beruht vielmehr auf einem Missverständnis. Kernbereichslehre und Belastungsverbot dienen zwar dem Minderheits- und Individualschutz, weisen jedoch unterschiedliche Schutzrichtungen auf. Die Kernbereichslehre soll die Mitgliedschaftsrechte des Gesellschafters in der Gesellschaft vor unzulässigen Eingriffen schützen und den Charakter seiner Gesellschafterstellung bewahren. Das Belastungsverbot hingegen soll den Gesellschafter vor weiteren Leistungspflichten schützen, die sein außerhalb der Gesellschaft liegendes *Privatvermögen* und nicht seine Stellung als Gesellschafter betreffen.

---

40 Vgl. *Heinrichs*, Mehrheitsbeschlüsse, S. 199 m.w.Nw.

41 Vgl. *Holler*, ZIP 2010, S. 1678 ff. [S. 1684 li. Sp. Mitte].

42 So im Ergebnis Staub/*Carsten Schäfer*, § 119 HGB Rn. 40; wohl auch BGH, Urt. v. 21.10.2014 – II ZR 84/13 [Rz. 10 f.], NZG 2014, S. 1296 ff.

Die Untersuchung wird im Folgenden zeigen, dass beide Bereiche, nämlich die Gesellschafterstellung einerseits und das Privatvermögen andererseits, von Rechtsprechung und Literatur häufig nicht deutlich voneinander getrennt werden. Es wird untersucht werden, inwiefern etwa ein Gewinnverzicht für den Gesellschafter eine außergesellschaftliche Belastung darstellen kann. Einerseits steht der Gewinnausschüttungsanspruch dem Gesellschafter als Mitgliedschaftsrecht zu, ein Verzicht auf Gewinnausschüttung betrifft andererseits sein außerhalb der Gesellschaft liegendes Vermögen, da die von ihm geleistete Einlage nicht verzinst wird. Durch einen Eingriff in ein Gesellschafterrecht (Kernbereich) tritt somit eine Belastung außerhalb der Gesellschaft im Vermögen des Gesellschafters ein (Belastungsverbot). Für die hier untersuchte Fragestellung kann zunächst festgehalten werden, dass der Beschluss weiterer Nachschusspflichten nicht den Kernbereich der Mitgliedschaft und damit konkrete Mitgliedschaftsrechte, sondern das Belastungsverbot betrifft. Durch die Nachschusspflicht wird nicht der Anteil am Gesellschaftsvermögen des einzelnen Gesellschafters belastet, sondern sein Privatvermögen.

5) Rechtfertigung eines Eingriffs in die Rechtsposition des Gesellschafters durch einen wichtigen Grund

Eingriffe in den Kernbereich der Mitgliedschaft können durch einen *wichtigen Grund* gerechtfertigt sein. Es stellt sich in diesem Zusammenhang die Frage, ob das Vorliegen eines wichtigen Grundes ebenfalls ausreichen kann, um einen Eingriff in das Privatvermögen des Gesellschafters und damit einen Verstoß gegen das Belastungsverbot zu rechtfertigen. In Anbetracht der bisherigen Ausführungen erscheint dies zunächst zweifelhaft. Die dargestellte, genaue Abgrenzung zwischen beiden Schutzrichtungen von Kernbereichslehre und Belastungsverbot ergibt schließlich nur dann Sinn, wenn Verstöße gegen sie unter unterschiedlichen Bedingungen der Rechtfertigung zugänglich sind. Allerdings wird bei Beschlüssen, die den Ausschluss eines Gesellschafters zum Gegenstand haben und damit die Auseinandersetzung mit allen Konsequenzen herbeiführen, ein wichtiger Grund für eine Rechtfertigung für ausreichend gehalten. Dass ein solcher Ausschlussbeschluss abhängig vom Zeitpunkt für den Gesellschafter einmal mehr, einmal weniger belastend sein und auch das Privatvermögen des Gesellschafters (indirekt) betreffen kann, liegt auf der Hand. Eine Nähe zum Belastungsverbot ist von vornherein nicht auszuschließen. Es soll daher im Folgenden untersucht werden, welche Eingriffe in die Rechtspositionen des Gesellschafters durch einen wichtigen Grund gerechtfertigt werden können und ob entgegen der Stimmen aus Literatur und der Rechtsprechung ein wichtiger

Grund zur Begründung neuer Leistungspflichten und damit auch von Nachschüssen herangezogen werden könnte. Ein Ausschluss mit der kraft Gesetzes folgenden Auseinandersetzung führt in Krisensituationen häufig zu einem Verlustausgleich durch den ausgeschlossenen Gesellschafter. Es kommt in diesen Fällen zu einer Beitragsleistung, die als ein „mittelbarer Nachschuss" bezeichnet werden kann. Zunächst soll gezeigt werden, unter welchen Bedingungen Eingriffe in Rechte der Gesellschafter durch einen wichtigen Grund gerechtfertigt sein können. Sodann soll eine Übertragbarkeit der Ergebnisse auf Verstöße gegen das Belastungsverbot geprüft werden.

(a) Stand der Diskussion in der Literatur

Ob neben der antizipierten Zustimmung auch ein wichtiger Grund dazu ausreicht, die fehlende Zustimmung bei Abstimmungen *generell* zu ersetzen, wird unterschiedlich beurteilt. *Heinrichs* postuliert nur die Möglichkeit einer antizipierten Zustimmung, bei deren Fehlen ein Beschluss schwebend unwirksam sei.[43] *Enzinger* formuliert Zweifel, ob das vom BGH in seinem Urteil vom 19.10.2009 („Sanieren oder Ausscheiden")[44] gewählte Konzept einer Zustimmungspflicht kraft Treuepflicht zustimmungswürdig ist, da es sich in dem entschiedenen Fall um einen Ausschlussbeschluss gehandelt habe und daher ein wichtiger Grund zur Rechtfertigung des Eingriffs in die Mitgliedschaft der ausgeschlossenen Gesellschafter hätte herangezogen werden können.[45] Da die Anforderungen an das Vorliegen eines wichtigen Grundes regelmäßig niedriger sind als an eine ausreichend legitimierende Zustimmungserklärung (oder eine Zustimmungspflicht kraft Treuepflicht), wäre zumindest die Feststellung, dass ein wichtiger Grund in dem der Entscheidung zugrunde liegenden Fall nicht vorlag, angezeigt gewesen. Der BGH hatte in einer früheren Entscheidung[46] lediglich eine antizipierte Zustimmung ins Auge gefasst, später[47] jedoch auch einen wichtigen Grund für Eingriffe in Rechtspositionen ausreichen lassen, die zum „relativ unentziehbaren" Teil des Kernbereichs gehören. *Holler*[48] geht im Anschluss an die Entscheidung

43 Vgl. *Heinrichs*, Mehrheitsbeschlüsse, insbesondere S. 162, 199.

44 BGH, Urt. v. 19.10.2009 – II ZR 240/08 („Sanieren oder Ausscheiden"), NZG 2009, S. 1347 ff.

45 Vgl. MüKo/*Enzinger* (3. Auflage 2011), § 119 HGB Rn. 73 [am Ende].

46 BGH, Urt. v. 04.07.2005 – II ZR 354/03 [Rz. 19], NZG 2005, S. 753 ff. [S. 753 re. Sp. unten].

47 Vgl. BGH, Urt. v. 15.01.2007 – II ZR 245/05 [Rz. 10] („Otto"), ZIP 2007, S. 475 ff.

48 Vgl. *Holler*, DB 2008, S. 2067 [S. 2069 li. Sp. oben].

des BGH vom 15.01.2007[49] davon aus, dass ein wichtiger Grund ausreicht, um einen Eingriff in den relativ unentziehbaren Teil des Kernbereichs zu rechtfertigen. Die Entscheidung des BGH vom 19.10.2009 soll daraufhin untersucht werden, ob eine Rechtfertigung aus wichtigem Grund die Zustimmung eines Gesellschafters zu weiteren Nachschüssen ersetzen kann.

(b) BGH, Urt. v. 19.10.2009 – II ZR 240/08 („Sanieren oder Ausscheiden")

i. Die Entscheidung

Der Entscheidung des BGH vom 19.10.2009[50] lag folgender Sachverhalt zugrunde. Die Mehrheit der Gesellschafter einer sanierungsbedürftigen Publikumsgesellschaft hatte auf der Grundlage einer Mehrheitsklausel eine Sanierung unter Mitwirkung der Banken beschlossen. Dabei war nach einer Kapitalherabsetzung auf „0" eine gleichzeitige Kapitalerhöhung beschlossen worden, anlässlich derer die Gesellschafter neue Beiträge zu erbringen hatten. Eine Minderheit der Gesellschafter stimmte diesem Beschluss nicht zu. Der Beschluss sah darüber hinaus vor, dass sanierungs- und damit leistungsunwillige Gesellschafter die Gesellschaft verlassen mussten. Der BGH erklärte den Beschluss auch gegenüber der ausgeschlossenen Minderheit für wirksam. Die Gesellschafter der zahlungsunfähigen und überschuldeten Publikumspersonengesellschaft hätten mit Mehrheit eine Sanierung durch Kapitalherabsetzung und anschließende Kapitalerhöhung beschlossen, wobei jedem Gesellschafter frei gestellt worden sei, eine neue Beitragspflicht im Rahmen einer Kapitalerhöhung einzugehen oder auszuscheiden.[51] In einem solchen Fall seien „die nicht zahlungsbereiten Gesellschafter aus gesellschafterlicher Treuepflicht jedenfalls dann verpflichtet, diesem Gesellschafterbeschluss zuzustimmen, wenn sie infolge ihrer mit dem Ausscheiden verbundenen Pflicht, den auf sie entfallenden Auseinandersetzungsfehlbetrag zu leisten, finanziell nicht schlechter stehen, als sie im Fall der sofortigen Liquidation stünden".[52] Der BGH geht davon aus, dass die Belastung eines Gesellschafters mit weiteren Einlagen im Rahmen einer Kapitalerhöhung gleichzusetzen ist mit der Einforderung von Nachschüssen.[53] Die Teile der Entscheidungsgründe,

49 Vgl. BGH, Urt. v. 15.01.2007 – II ZR 245/05 [Rz. 10] („Otto"), NZG 2007, S. 259 ff.; ZIP 2007, S. 475 ff.

50 BGH, Urt. v. 19.10.2009 – II ZR 240/08, NZG 2009, S. 1347 ff.

51 Vgl. BGH, Urt. v. 19.10.2009 – II ZR 240/08, NZG 2009, S. 1347 ff. [Leitsatz].

52 Vgl. BGH, Urt. v. 19.10.2009 – II ZR 240/08, NZG 2009, S. 1347 ff. [Leitsatz].

53 Vgl. BGH, Urt. v. 19.10.2009 – II ZR 240/08 [Rz. 28], NZG 2009, S. 1347 ff. [S. 1349 li. Sp. unten].

welche sich auf die gesellschafterliche Treuepflicht beziehen, sollen an anderer Stelle näher untersucht werden.

ii. Die Bewertung des Urteils durch die Literatur

Holler weist darauf hin, dass der BGH auf das Vorliegen einer Zustimmungspflicht kraft Treuepflicht abstellt, obwohl an diese höhere Anforderungen zu stellen seien als an das Vorliegen eines wichtigen Grundes, welcher für den Ausschluss der Gesellschafter ausreiche.[54] In dem zu entscheidenden Fall sei es schließlich um einen Ausschluss gegangen und nicht um die Begründung einer Nachschusspflicht, für welche grundsätzlich die antizipierte Zustimmung aller betroffenen Gesellschafter auf der Stufe der Beschlusskontrolle erforderlich sei.[55] Im Gegensatz zur nachträglichen Begründung weiterer Leistungen erfordere der Eingriff in den Kernbereich nicht zwingend die Zustimmung des einzelnen Gesellschafters, sondern stehe zugleich unter dem allgemeinen Vorbehalt des wichtigen Grundes.[56] Nach dem Wortlaut des Urteils ginge es um einen Gesellschafterausschluss und nicht um eine mittelbare oder faktische Nachschusspflicht.[57] Der BGH stelle fest, dass die ausgeschlossenen Gesellschafter durch ihr Ausscheiden nicht mit weiteren Leistungen im Sinne von „mittelbaren Nachschüssen" belastet würden.[58] Daher lehnt *Holler* die im Urteil gewählte Lösung, den Eingriff in den Kernbereich durch Ausschluss mit einer Zustimmungspflicht aus Treuepflicht zu rechtfertigen, ab und schlägt eine Lösung mittels des „wichtigen Grundes" vor.[59] Er sieht die Lösung des BGH als Sonderweg für Verstöße gegen das Belastungsverbot, welche einer Rechtfertigung durch wichtigen Grund nicht zugänglich seien, was wiederum für die vom BGH gewählte Interpretation des Beschlusses in diesem konkreten Fall als „Ausschlussbeschluss" nicht gelte. Er argumentiert hierbei auch mit den Folgen, die die jeweiligen Lösungswege nach sich zögen. Bei Vorliegen eines wichtigen Grundes handele es sich um einen wirksamen Mehrheitsbeschluss. Nach der Lösung des BGH sei dies undeutlicher, denn die Minderheitsgesellschafter müssten sich behandeln lassen, *als ob*

---

54 Vgl. hierzu *Holler*, ZIP 2010, S. 1678 ff. [S. 1681 re. Sp. oben, Mitte; S. 1685 re. Sp. unten].

55 Vgl. hierzu *Holler*, ZIP 2010, S. 1678 ff. [S. 1681 re. Sp. oben, Mitte; S. 1685 re. Sp. unten].

56 Vgl. *Holler*, ZIP 2010, S. 1678 ff. [S. 1684 li. Sp. Mitte].

57 Vgl. *Holler*, ZIP 2010, S. 1678 ff. [S. 1681 re. Sp. oben]. Anders die Vorinstanz: KG, Urt. v. 19.09.2008–14 U 9/07 und KG, Urt. v. 20.11.2008–23 U 60/08, WM 2009, S. 2174 ff. [S. 2176 li. Sp. unten].

58 Vgl. BGH, Urt. v. 19.10.2009 - II ZR 240/08 [Rz. 32], NZG 2009, S. 1347 ff. [S. 1350 li. Sp. Mitte].

59 Vgl. *Holler*, ZIP 2010, S. 1678 ff. [S. 1679 re. Sp. oben; S. 1681 re. Sp, Mitte].

sie dem Beschluss zugestimmt hätten,[60] was nach *Holler* lediglich eine Fiktion ergebe, deren Folgen in den Urteilsgründen nicht deutlich würden.[61] Soweit bereits die Voraussetzungen eines wichtigen Grundes vorlägen, sei ein Rückgriff auf eine Zustimmungspflicht kraft Treuepflicht nicht notwendig.[62]

K. Schmidt bezeichnet das Urteil als einen „ermutigenden Prozesserfolg" für die sanierungswilligen Gesellschafter, bezweifelt jedoch, dass die vom BGH aufgestellte Regel zum „Sanieren oder Ausscheiden" allgemein akzeptiert werde oder gar bereits ausgereift sei.[63] Ob es sich bei Beiträgen, die die ausscheidenden Gesellschafter zu leisten hatten, um Nachschüsse handelte oder nicht, lässt *K. Schmidt* offen. Er belässt es dabei, festzustellen, dass die ausscheidenden Gesellschafter aufgrund ihrer persönlichen Haftung gemäß § 739 BGB als „unfreiwillige Sanierungshelfer" einen Beitrag zu einer Sanierung leisteten, an deren möglichem Erfolg sie nicht teilhaben könnten, was einem „Danaergeschenk" gleichkäme.[64]

iii. Stellungnahme

Der BGH geht in seiner Entscheidung „Sanieren oder Ausscheiden" davon aus, dass der entschiedene Sachverhalt einen Gesellschafterausschluss und nicht die Begründung einer Nachschusspflicht beinhaltet. Trotzdem greift er in seiner Entscheidung auf eine ausnahmsweise bestehende Zustimmungspflicht kraft Treuepflicht zurück und verzichtet darauf, einen wichtigen Grund als Eingriffsrechtfertigung heranzuziehen, obwohl die Anforderungen an einen wichtigen Grund regelmäßig geringer sind als die an eine Zustimmungspflicht kraft Treuepflicht. Dies ergibt sich bereits daraus, dass ein Verstoß gegen das Belastungsverbot nur durch Zustimmung des Gesellschafters, nicht jedoch durch einen wichtigen Grund gerechtfertigt werden kann.[65] Hieraus könnte gefolgert werden, dass es sich wegen der Verlustausgleichspflicht nach dem Ausscheiden im Rahmen der Auseinandersetzung mit den verbleibenden Gesellschaftern letztlich doch um (mittelbare) Nachschüsse handele, die den ausgeschlossenen Gesellschaftern durch den Ausschlussbeschluss auferlegt würden. Ein Rückgriff des BGH auf die Zustimmungspflicht kraft Treuepflicht wäre dann konsequent und

---

60 Vgl. BGH, Urt. v. 19.10.2009 – II ZR 240/08 [Rz. 17], NZG 2009, S. 1347 ff. [S. 1348 re. Sp. oben].

61 Vgl. *Holler*, ZIP 2010, S. 1678 ff. [S. 1682 li. Sp. unten].

62 Vgl. *Holler*, ZIP 2010, S. 1678 ff. [S. 1682 re. Sp. oben].

63 Vgl. *K. Schmidt*, JZ 2010, S. 125 ff. [S. 130 oben].

64 Vgl. *K. Schmidt*, JZ 2010, S. 125 ff. [S. 130 oben].

65 Vgl. MüKo/*Schäfer*, § 707 BGB Rn. 7.

bedeutete im Umkehrschluss, dass ein wichtiger Grund für einen Nachschussbeschluss, der auch gegenüber der Minderheit Wirksamkeit beanspruchen soll, gerade nicht ausreichend wäre. Der BGH stellt jedoch ausdrücklich fest, dass er in den Belastungen, die durch die Auseinandersetzung entstehen, gerade *keine* (mittelbaren) Nachschüsse der ausgeschlossenen Gesellschafter sehe.

An dieser Stelle soll festgestellt werden, dass „Sanieren oder Ausscheiden" bereits den Problemkreis von Belastungswirkung durch Ausschluss einerseits und durch Nachschussbeschluss andererseits berührt und der BGH trotz Annahme eines reinen Ausschlussbeschlusses auf eine Zustimmungspflicht kraft Treuepflicht zurückgreift. Die Argumentation des BGH ist widersprüchlich und vermag in ihrer Inkonsequenz nicht zu überzeugen. Einerseits wird ausdrücklich darauf hingewiesen, dass es sich gerade nicht um einen Fall von (mittelbaren) Nachschüssen handele und somit das Belastungsverbot von dem Beschluss nicht betroffen sein könne. Andererseits geht der BGH auf eine Zustimmungspflicht kraft Treuepflicht ein. Eine solche Zustimmungspflicht kommt immer dann zum Tragen, wenn der Beschluss sonst keine Wirksamkeit gegenüber den ausgeschlossenen Gesellschaftern entfaltet. Liegt bezüglich der ausgeschlossenen Gesellschafter aber ein wichtiger Grund vor, entfaltet der Mehrheitsbeschluss ihnen gegenüber auch ohne Rückgriff auf die Treuepflicht Wirkung. Das Urteil zeigt, dass die Abgrenzung zwischen Eingriffsrechtfertigung aus wichtigem Grund und aus Treuepflicht nicht in so eindeutiger Weise erfolgt, dass die Rechtfertigung eines Verstoßes gegen das Belastungsverbot durch einen wichtigen Grund von vornherein auszuschließen wäre.

Im Folgenden soll daher genauer untersucht werden, wie intensiv die Gesellschaftermehrheit in die Rechtsposition eines Minderheitsgesellschafters eingreifen kann, soweit in ihm ein wichtiger Grund vorliegt, und ob ein wichtiger Grund doch ausreichen kann, um einen Verstoß gegen das Belastungsverbot zu rechtfertigen und eine Nachschusspflicht zu begründen. Dies soll exemplarisch an den Voraussetzungen geschehen, die an einen *Ausschluss* aus wichtigem Grund zu stellen sind.

(c) Ausschlussgrund gemäß §§ 140, 133 HGB

Im Recht der Personenhandelsgesellschaften kann der Ausschluss eines Gesellschafters aus der Gesellschaft durch einen wichtigen Grund gerechtfertigt sein. Ein Eingriff in „relativ unentziehbare" Mitgliedschaftsrechte aus wichtigem Grund – zum Beispiel der Ausschluss aus der Gesellschaft – durch wirksamen Gesellschafterbeschluss setzt darüber hinaus voraus, dass dieser Beschluss den allgemeinen Anforderungen des Minderheitenschutzes gerecht wird, mithin aus der Perspektive der Mehrheit schon nicht treuepflichtwidrig sein darf.[66] Im Folgenden sollen die einzelnen Kriterien, welche zu diesem unbestimmten Rechtsbegriff entwickelt wurden, näher beleuchtet und an verschiedenen Fallgruppen dargestellt werden. Die Darstellung dieser Fallgruppen bietet sich an, da ein Ausschluss aus der Gesellschaft, wie erwähnt, eine der Nachschusspflicht in Intensität und Auswirkung unter Umständen vergleichbare Belastung für den Gesellschafter darstellen kann. Auch wenn im Fall des Ausschlusses ein Anspruch auf Abfindung besteht, erscheinen die Problemlagen gerade bei Krisengesellschaften vergleichbar. Gerade im Falle von sich in der Krise befindenden Gesellschaften würde eine Abfindung gering ausfallen oder „0“ betragen, wenn es nicht gar zu einem Verlustausgleichsanspruch gemäß §§ 140 Absatz 2, 105 Absatz 3 HGB, 735 BGB der Gesellschaft gegen ihn käme.[67] Ähnlich wie der Kurs einer Aktie kann auch der Wert einer Mitgliedschaft, auf den sich die Abfindung bezieht, Schwankungen unterworfen sein. Typischerweise verwirklicht sich das Risiko einer geringeren Bewertung gerade dann, wenn die wirtschaftlichen Verhältnisse für Konfliktpotential und Ausschlussbestrebungen sorgen. Wird ein Gesellschafter nun aus wichtigem Grund ausgeschlossen, wird sein Vermögen in der Höhe der Differenz des jetzigen Tageswertes zu einem späteren Wert nach erfolgter Sanierung belastet. Diesen möglichen Wertzuwachs kann der Gesellschafter nach seinem Ausscheiden nicht mehr realisieren. Die Belastungswirkung fällt, wenn auch nicht in Zahlen identisch, doch sehr ähnlich aus wie bei einer Nachschussleistung. Somit sind die Interessenlagen und die Bedürfnisse nach Schutz vor übermäßiger Belastung ausreichend ähnlich, um einen Rückgriff auf die zu §§ 140, 133 HGB entwickelten Kriterien auch für die vorliegende Problematik einer Nachschusspflicht kraft Treuepflicht fruchtbar machen zu können.

i. Der Begriff „wichtiger Grund“

Eine Definition des wichtigen Grundes liefert *K. Schmidt*, indem er feststellt, dass der wichtige Grund ein prognostischer Tatbestand sei, dessen Feststellung auf den tagesaktuell bekannten Fakten beruhe.[68] Sein Wertungselement ziele auf die Beantwortung der Frage danach, ob der Gesellschaftermehrheit die Fortsetzung

---

66 Allgemein zu Eingriffsbeschlüssen: BGH, Urt. v. 15.01.2007 – II ZR 245/05 („Otto“) [Rz. 10], NZG 2007, S. 259 [S. 260 li. Sp. unten].

67 Vgl. Staub/*Carsten Schäfer*, § 140 HGB Rn. 48, § 131 HGB Rn. 123 ff.

68 Vgl. MüKo/*Schmidt*, § 140 HGB Rn. 18.

des Gesellschaftsverhältnisses zuzumuten sei.[69] Der wichtige Grund setzt zunächst voraus, dass in der Person eines Gesellschafters ein Umstand eintrete, der gemäß „§ 133 HGB für die übrigen Gesellschafter das Recht begründe, die Auflösung der Gesellschaft zu verlangen".[70] Die Unzumutbarkeit bezieht sich auf den auszuschließenden Gesellschafter, weshalb bei den Ausschlussgründen zwischen verhaltensbezogenen und nicht verhaltensbezogenen Gründen differenziert wird.[71] Hierbei sei durch eine Würdigung sämtlicher Umstände die Frage zu beantworten, ob die Vorwürfe derartig nachhaltige Auswirkungen auf das Gesellschaftsverhältnis hätten, dass eine sinnvolle Zusammenarbeit der Gesellschafter künftig nicht mehr zu erwarten sei.[72] Im Ergebnis bedeutet ein Ausschluss unter dem Gesichtspunkt der Eigentumsgarantie einen erheblichen Eingriff in die Rechtssphäre des auszuschließenden Gesellschafters. Daher steht die Bejahung eines wichtigen Grundes unter dem Vorbehalt einer Verhältnismäßigkeitsprüfung. Daneben findet eine Billigkeitsprüfung statt, die sowohl eine Abwägung der Verantwortlichkeit als auch eine Abwägung der Folgen umfasst.[73] Bei den nicht verhaltensbezogenen Gründen geht es immer um eine Abwägung im Einzelfall. Aus der zu den nicht verhaltensbezogenen Gründen ergangenen Rechtsprechung lassen sich daher kaum allgemeine Kriterien entwickeln.[74] Entscheidender sind vielmehr die Fallgruppen von verhaltensbezogenen Gründen,[75] bei denen ein Ausschluss – unabhängig von der konkreten Abwägung im Einzelfall – generell für möglich gehalten wird.

69 Vgl. MüKo/*Schmidt*, § 140 HGB Rn. 18.

70 Vgl. MüKo/*Schmidt*, § 140 HGB Rn. 16.

71 Eine weitere Differenzierung der Zurechnung, etwa das Verhalten eines Rechtsvorgängers, eines herrschenden Unternehmens oder das Verhalten Dritter kann bei der hier untersuchten Problematik außen vor bleiben. Fraglich ist, ob das Verhalten oder die Person des konkreten Gesellschafters einen wichtigen Grund begründen oder nicht.

72 Vgl. OLG München, Urt. v. 30.04.2009–23 U 3970/08 [Rz. 25], NZG 2009, S. 944 [Leitsatz].

73 Vgl. MüKo/*Schmidt*, § 140 HGB Rn. 28–31.

74 Vgl. Staub/*Carsten Schäfer*, § 140 HGB, Rn. 17: „Die Bedeutung der zu § 140 ergangenen Urteile als Präjudizien ist daher notwendig beschränkt."

75 Nicht-verhaltensbedingte Gründe wie etwa „Unfähigkeit zur Beitrags- und Einlagenleistung", „Vermögensverhältnisse" und „Persönliche Eigenschaften" (wie etwa Geisteskrankheit) – vgl. etwa MüKo/*Karsten Schmidt*, § 140 HGB Rn. 53 ff. – sollen vorliegend außer Betracht bleiben, da sie zur Problematik nichts hergeben.

Soweit ein Gesellschafter sich weigert, Einlagen oder andere Beiträge an die Gesellschaft zu leisten, zu welchen er verpflichtet ist, kann dies einen Ausschließungsgrund darstellen.[76] Insbesondere bei den Personengesellschaften stellt der Beitrag eines jeden Gesellschafters die Grundlage für jede wirtschaftliche Tätigkeit der Gesellschaft dar. Gesellschafter, die ihre Einlage verweigern oder versprochene Handlungen unterlassen, untergraben somit den Gesellschaftszweck. Wurde die Einlage geleistet, jedoch die Geschäftsführung nicht aufgenommen, wird dies regelmäßig keinen Ausschluss, sondern den Entzug der Geschäftsführung nach sich ziehen, soweit die Vermögensinteressen nicht tangiert sind.[77] Als Ausschließungsgründe kommen des Weiteren schwerwiegende Treuepflichtverletzungen in Betracht. Verstöße gegen das Wettbewerbsverbot,[78] also die Aufnahme von Konkurrenzunternehmen zur eigenen Gesellschaft, begründen einen Ausschlussgrund.[79] Der BGH versteht hierunter auch Fälle, bei denen einzelne Gesellschafter die Gesellschaft durch ihr Verhalten in den Ruin trieben,[80] etwa um diese danach günstig zu erwerben.[81] Der Gesellschafter kann auch dann ausgeschlossen werden, wenn er seine Gesellschafterrechte *gegen die Interessen der Mitgesellschafter*[82] ausübt, da dies gegen die Pflicht zur Rücksichtnahme verstößt.

Es ist weiter anerkannt, dass besondere Eigenmächtigkeit oder ungebührliches Verhalten gegenüber den Mitgesellschaftern einen Ausschluss rechtfertigen können. So wird das Eingehen hochriskanter Geschäfte ohne Absprache mit den Mitgesellschaftern zu diesen Gründen gezählt.[83] Aber auch Diffamierungen und gezielte Denunzierungen der Mitgesellschafter, zum Beispiel durch das Betreiben von Strafverfahren aus reiner Eigennützigkeit, gehören hierher, soweit

76 Vgl. Staub/*Carsten Schäfer*, § 133 Rn. 24; ebenso: MüKo/*Karsten Schmidt*, § 140 HGB Rn. 40; zur Verletzung der Informationspflicht vgl. BGH, Urt. v. 28.06.1993 – II ZR 119/92, NJW-RR 1993, S. 1123 ff. [S. 1125 re. Sp. unten].

77 Vgl. MüKo/*Karsten Schmidt*, § 140 HGB Rn. 41.

78 Vgl. Staub/*Carsten Schäfer*, § 133 HGB Rn. 26.

79 Vgl. nur BGH, Urt. v. 03.11.1997 – II ZR 353/96, NJW 1998, S. 1225, [S. 1226 re. Sp. unten; dort aus Rechtsgründen verneint] und MüKo/*Karsten Schmidt*, § 140 HGB Rn. 43.

80 Etwa Kreditgefährdung durch gezielte Äußerungen, vgl. BGH Urt. v. 03.07.1961 – II ZR 74/60; WM 1961, S. 886 ff. [S. 887 li. Sp. unten], Stellung ungerechtfertigter Insolvenzanträge, vgl. BGH, Urt. v. 17.09.1964 – II ZR 136/62, WM 1964, S. 1188 ff. [S. 1191 li. Sp. oben].; vgl. zu alledem MüKo/*Karsten Schmidt*, § 140 HGB Rn. 44.

81 Vgl. BGH, Urt. v. 23.11.1967 – II ZR 183/66, WM 1968, S. 221 ff. [S. 222 re. Sp. oben].

82 Vgl. Staub/*Carsten Schäfer*, § 133 HGB Rn. 26.

83 Vgl. BGH, Urt. v. 28.06.1993 – II ZR 119/92, NJW-RR 1993, S. 1123 f. [S. 1124].

sie die Zusammenarbeit unzumutbar machen.[84] Ist das Vertrauensverhältnis der Gesellschafter zu dem auszuschließenden Gesellschafter endgültig zerstört, kann auch dies für einen Ausschluss ausreichen.[85]

ii. Stellungnahme

Die überblicksartige Betrachtung[86] hat gezeigt, dass schon unter niedrigen Voraussetzungen ein Ausschluss eines Gesellschafters möglich ist. Gesetzgeber und Rechtsprechung hatten und haben dabei sowohl die Funktionsfähigkeit der Gesellschaft als auch die gesetzlich angeordneten Ausgleichsmechanismen vor Augen, sodass ein Eingriff in den inneren Kernbereich der Mitgliedschaft gerechtfertigt werden kann, soweit die Verhältnismäßigkeitsprüfung unter Berücksichtigung der Billigkeitserwägungen nicht zu einem gegenteiligen Ergebnis kommt. Neben den besonders schwerwiegenden Verhaltensweisen wie der Herbeiführung ruinöser Entscheidungen oder der Rufschädigung können auch allgemeinere Treuepflichtverletzungen für die Feststellung eines wichtigen Grundes ausreichen. Insbesondere Gesellschafter, die nicht auf ihre Mitgesellschafter und deren Belange Rücksicht nehmen, können ausgeschlossen werden. Der Gesellschafter, der sich weigert, trotz wirtschaftlicher Möglichkeit der Gesellschaft im Einklang mit allen anderen weitere Mittel zur Verfügung zu stellen, um seinen Anteil und die Anteile der anderen zu retten, nimmt nicht ausreichend auf deren Belange Rücksicht. Das Belastungsverbot des § 707 BGB mag dabei die Interpretation anzeigen, dass ein solcher Verstoß gegen die Rücksichtnahmepflichten nur dann vorliege, wenn keine Mehrleistung von Beiträgen im Sinne von Nachschüssen, sondern nur bereits geschuldete Beiträge eingefordert würden. Denn die Verweigerung einer nicht versprochenen Leistung könne nun einmal wegen § 707 BGB keinesfalls als Ausschließungsgrund herhalten.[87] Dem gegenüber sind jedoch die bereits dargestellten Ausschließungsgründe zu nennen, die

---

84 Vgl. MüKo/*Karsten Schmidt*, § 140 HGB Rn. 49 m.w.Nw.

85 Vgl. Staub/*Carsten Schäfer*, § 133 HGB Rn. 26.

86 Vgl. zur Rechtsprechung nach alter Rechtslage der §§ 140, 142 HGB: *Stauf*, Der wichtige Grund, S. 4 ff.

87 Anders *Wagner*, NZG 2009, S. 1378 ff. [S. 1379 re. Sp. unten], der einen Ausschluss gemäß § 737 BGB für möglich hält, was jedoch bereits vom KG verneint wurde: KG, Urt. v. 20.11.2008–23 U 60/08, WM 2009, S. 2174 ff. [S. 2176]. Wiederum anders zu behandeln ist natürlich die Situation, in der Gesellschafter kraft Treuepflicht zum Nachschuss verpflichtet sind (§ 707 BGB also keine Sperrwirkung erzeugt) und wegen Nichtleistung dieser Beiträge ausgeschlossen werden sollen (so das Beispiel bei *Wagner*, WM 2006, S. 1273 ff. [S. 1276 li. Sp. oben]).

sich auf die allgemeinen Begriffe wie Rücksichtnahme und Treuepflicht berufen, jedoch im konkreten Fall durchaus die Leistung von Geldmitteln bedeuten können. Ist ein Gesellschafter aus persönlichen Gründen an der Durchführung seiner Geschäftsführertätigkeit gehindert, kann von ihm die Delegation konkreter Organisationsmaßnahmen auf Dritte verlangt werden, wobei der Gesellschafter die Kosten trägt. Der Wert seiner Gesellschafterpflicht kann ihn auf diesem Wege zu höheren Vermögensopfern zwingen, als seine Geschäftsführungsleistung tatsächlich an Mehrwert für die Gesellschaft erzeugen würde.

Es lässt sich zusammenfassend sagen, dass die aufgezählten Kriterien für einen Ausschluss aus wichtigem Grund Hinweise darauf geben, dass den Gesellschafter durch einen Ausschluss weitaus größere Belastungen treffen können, als es die Leistung zumutbarer Nachschüsse bedeuten würde. Nach bisherigem Stand in Rechtsprechung und Literatur lässt sich allerdings ebenso wenig sagen, dass ein wichtiger Grund als Rechtfertigung für einen Verstoß gegen das Belastungsverbot ausreichen kann. Die genannten Fälle geben einen Hinweis darauf, dass die Möglichkeit einer Ausnahme vom Belastungsverbot für Nachschusspflichten nicht so fernliegt, wie es mitunter behauptet wird.[88] Die Darstellung hat gezeigt, dass ein wichtiger Grund Eingriffe in den Kernbereich der Mitgliedschaft bis hin zum Ausschluss des Gesellschafters rechtfertigen kann. Nach gegenwärtiger Rechtslage ist ein wichtiger Grund jedoch nicht ausreichend, wenn durch einen Beschluss die Gesellschafter zu Mehrleistungen gezwungen werden sollen, da dieser extensive Eingriff in das private Vermögen des Gesellschafters gegen das Belastungsverbot gemäß § 707 BGB verstößt. Wie der BGH bereits in „Sanieren oder Ausscheiden“[89] zum Ausdruck gebracht hat, kann aus der gesellschafterlichen Treuepflicht eine Zustimmungspflicht zu einer Kapitalmaßnahme herrühren, auch wenn dadurch die Beteiligungsquoten verschoben werden. Bei der hier behandelten Frage geht es hingegen um die Leistung weiterer Beiträge durch den Gesellschafter aus seinem Privatvermögen.

Es bleibt festzuhalten, dass die Belastungen, die ein Ausschluss mit sich bringt – insbesondere bezüglich der Haftung auf die Verluste gemäß § 735 ff. BGB – einen ähnlich intensiven Eingriff bedeuten können wie die Begründung einer Nachschusspflicht gegen den Willen des Gesellschafters. Der Vergleich zu den von der Rechtsprechung und Lehre entwickelten Fallgruppen zum wichtigen Grund hat ergeben, dass die Rechtfertigung eines Verstoßes gegen das Belastungsverbot aus

---

88 Vgl. etwa MüKo/*Schäfer*, § 705 BGB Rn. 233; vgl. zuletzt auch *Meyer*, ZIP 2015, S. 256 ff. [S. 262 li. Sp. unten].

89 BGH, Urt. v. 19.10.2009 – II ZR 240/08, NZG 2009, S. 907 ff.

wichtigem Grund nach gegenwärtiger Rechtslage zwar nicht völlig fernliegend erscheint, jedoch nach allgemeiner Meinung nicht anerkannt ist. Ein wichtiger Grund reicht somit nach gegenwärtiger Rechtslage zur Bejahung der Wirksamkeit eines Nachschussbeschlusses nicht aus. Nachdem festgestellt wurde, dass durch einen Nachschussbeschluss kein Eingriff in den *Kernbereich der Mitgliedschaft* erfolgt, sollen im Folgenden die Konsequenzen und Rechtfertigungsmöglichkeiten für einen Verstoß gegen das *Belastungsverbot* erörtert werden.

6) Verstoß gegen das Belastungsverbot

Ein Verstoß gegen das Belastungsverbot führt grundsätzlich zur schwebenden, relativen Unwirksamkeit des Beschlusses.[90] Es handelt sich um eine sogenannte 3. Kategorie von Beschlussmängeln.[91] Um einen solchen Beschluss wirksam fassen zu können, muss folglich jeder Gesellschafter, der ihm bei der Abstimmung nicht zustimmt, seine antizipierte Zustimmung bei der Begründung des Gesellschaftsvertrages selbst erteilt haben.[92] Eine antizipierte Zustimmung, also ein von vornherein erklärtes Einverständnis zu einem Eingriff in Gesellschafterrechte ist – entgegen einer teilweise vertretenen Auffassung[93] – nach herrschender Ansicht möglich und erfolgt durch eine entsprechend formulierte Mehrheitsklausel im Gesellschaftsvertrag.[94] Grundlage hierfür ist zunächst, dass das in § 707 BGB zugrunde gelegte Belastungsverbot *nicht zwingend* ist.[95] *Schäfer*[96] kritisiert die Formulierung, dass § 707 BGB „dispositiv"[97] sei, da das Belastungsverbot ansonsten durch eine einfache Klausel wie etwa „§ 707 BGB ist unanwendbar" ausgeschaltet werden könne.[98] Vielmehr sei es eine Frage der Ausübung des

---

90 Vgl. MüKo/*Enzinger*, § 119 HGB Rn. 70, 73, 104; *Heinrichs*, Mehrheitsbeschlüsse, S. 162.

91 Vgl. BGH, Urt. v. 19.10.2009 – II ZR 240/08 [Rz. 12], NZG 2009, S. 1347 [S. 1348 li. Sp. oben].

92 Vgl. BGH, Urt. v. 04.07.2005 – II ZR 354/03, ZIP 2005, S. 1455 ff.; *Heinrichs*, Mehrheitsbeschlüsse, S. 199 oben m.w.Nw.

93 Vgl. MüKo/*Enzinger*, § 119 HGB Rn. 66; *Heinrichs*, Mehrheitsbeschlüsse, S. 168 m.w.Nw.

94 Vgl. nur BGH, Urt. v. 04.07.2005 – II ZR 354/03, NZG 2005, S. 753 f. [S. 754 li. Sp. unten]; OLG Stuttgart, Urt. v. 19.04.2000 – 20 U 96/99, NZG 2000, S. 835 f. [S. 836 li. Sp. oben]; *Heinrichs*, Mehrheitsbeschlüsse, S. 168 unten.

95 Vgl. nur MüKo/*Enzinger*, § 119 HGB Rn. 73.

96 Vgl. *Schäfer*, Gesellschaftsrecht in der Diskussion 2007, S. 141 unten.

97 Vgl. *Wagner*, WM 2006, S. 1273 [S. 1275 li. Sp. Mitte m.w.Nw.].

98 Vgl. *Schäfer*, Gesellschaftsrecht in der Diskussion 2007, S. 142 Mitte; auch *Nentwig* stellt fest, dass das Belastungsverbot gemäß § 707 BGB nicht dispositiv sei, vgl. *ders.*, Nachschusspflichten im Verbandsrecht, S. 50.

Zustimmungsrechts des einzelnen Gesellschafters. Soweit der Gesellschaftsvertrag bereits die mögliche Höhe der Belastung erkennen lasse, könne man von einer „Spezialeinwilligung“ sprechen.[99] Dies soll hier nicht weiter vertieft werden. Für die weitere Untersuchung wird davon ausgegangen, dass eine Zustimmung zu weiteren Belastungen auch antizipiert erteilt werden kann.

7) Zwischenfazit

Kernbereichslehre und Belastungsverbot sind in ihrer Schutzrichtung nicht identisch. Die Kernbereichslehre schützt die Mitgliedschaftsrechte des Gesellschafters, das Belastungsverbot sein Privatvermögen. Mehrheitsbeschlüsse zur Einführung von Nachschusspflichten für alle Gesellschafter greifen nicht in den Kernbereich der Mitgliedschaft der Minderheitsgesellschafter ein. Es liegt vielmehr ein Eingriff in das Vermögen des Gesellschafters und somit ein Verstoß gegen das Belastungsverbot gemäß § 707 BGB vor. Das Belastungsverbot entfaltet seine Wirkung auf der Ebene der Beschlussprüfung. Ein solcher Eingriff kann nicht durch einen wichtigen Grund gerechtfertigt werden. Vielmehr ist für die Wirksamkeit eines solchen Beschlusses die antizipierte Zustimmung des jeweils betroffenen Minderheitsgesellschafters notwendig. Verstöße gegen das Belastungsverbot führen zu einer schwebenden, relativen Unwirksamkeit eines Nachschussbeschlusses. Wenn eine (antizipierte) Zustimmung der Minderheitsgesellschafter nicht vorliegt, ist der Beschluss ihnen gegenüber jeweils relativ unwirksam.[100] Ein von einer Mehrheit gefasster Nachschussbeschluss kann folglich nur dann gegenüber allen Gesellschaftern Wirksamkeit entfalten, wenn dieser Beschluss auf der Grundlage einer Mehrheitsklausel ergeht, welche die antizipierte Zustimmung aller Gesellschafter zu weiteren Belastungen enthält. Vereinbaren die Gesellschafter im Gesellschaftsvertrag, dass eine Mehrheit durch Beschluss eine Nachschusspflicht für alle Gesellschafter begründen kann, würde ein solcher Mehrheitsbeschluss auch die Minderheit binden. Es stellt sich die Frage, welchen Anforderungen eine Mehrheitsklausel gerecht werden muss, die einen auf die Begründung von Nachschusspflichten gerichteten Mehrheitsbeschluss ausreichend legitimiert.

---

99 Vgl. *Schäfer*, Gesellschaftsrecht in der Diskussion 2007, S. 145 unten.

100 Es handelt sich um eine „3. Kategorie von Beschlussmängeln“, vgl. BGH, Urt. v. 19.10.2009 – II ZR 240/08 [Rz. 12], NZG 2009, S. 1347 [S. 1348 li. Sp. oben]; siehe auch BGH, Hinweisbeschl. v. 26.03.2007 – II ZR 22/06, NZG 2007, S. 582 f. [S. 583 li. Sp. unten].

b) *Voraussetzungen einer wirksamen Mehrheitsermächtigung: Die Mehrheitsklausel*

In der Folge soll herausgearbeitet werden, welche Anforderungen an eine Mehrheitsklausel zu stellen sind, soweit auf Grundlage dieser Klausel ein für alle Gesellschafter verbindlicher Nachschussbeschluss ergehen soll. Nach dem sogenannten *Bestimmtheitsgrundsatz* muss eine gesellschaftsvertragliche Mehrheitsklausel so gestaltet sein, dass die konkret umfassten Beschlussgegenstände, für welche die Mehrheitsklausel gelten soll, hinreichend genau bestimmt sind.[101] Der Bestimmtheitsgrundsatz und die aus ihm abgeleiteten Anforderungen an Mehrheitsklauseln waren bereits vielfach Gegenstand von Diskussionen in der Literatur und wurden durch die Rechtsprechung des Reichsgerichtes[102] und später durch die Rechtsprechung des BGH entwickelt und mit der Zeit modifiziert,[103] bis der BGH im Jahre 2014 die Bedeutung des Bestimmtheitsgrundsatzes zumindest hinsichtlich der formellen Legitimation der Gesellschaftermehrheit gänzlich leugnete.[104] Schon bezüglich der Rechtsnatur des Bestimmtheitsgrundsatzes besteht Uneinigkeit. Während manche ihn als reine Auslegungsregel begreifen,[105] sehen andere in ihm eine formelle Voraussetzung für die Mehrheitsentscheidung an sich.[106] In der Folge sollen lediglich jene Aspekte der Diskussion dargestellt werden, welche für die vorliegend untersuchte Fragestellung von Relevanz sind. Es geht hierbei um die Anforderungen, die an eine Mehrheitsklausel zu stellen sind, wenn diese zur nachträglichen Einführung von Nachschusspflichten für alle Gesellschafter durch einen Mehrheitsbeschluss ermächtigen soll. Soweit diese Anforderungen erfüllt sind, muss eine Nachschusspflicht nicht mehr auf die Treuepflicht gestützt werden. Die in der Literatur vertretenen Auffassungen[107] variieren von einer völligen Ablehnung des Bestimmtheitsgrundsatzes

---

101 Vgl. *Bohlken/Sprenger*, DB 2010, S. 263 ff., [S. 263 li. Sp. unten].

102 Vgl. etwa RG, Urt. v. 23.11.1917 – II 242/17 (RGZ 91, 166, 168).

103 Vgl. *Heinrichs*, Mehrheitsbeschlüsse, S. 71.

104 Vgl. BGH, Urt. v. 21.10.2014 – II ZR 84/13, NZG 2014, S. 1296 ff.

105 Vgl. Nachweise bei BGH, Urt. v. 15.11.1982 – II ZR 62/82 („Freudenberg“), NJW 1983, S. 1056 ff. (BGHZ 85, 350, 356). Siehe auch *Göbel*, Mehrheitsentscheidungen, S. 168 unten.

106 Vgl. *Heinrichs*, Mehrheitsbeschlüsse, S. 91 ff. m.w.Nw.

107 Vgl. zur Diskussion nur: *Autenrieth*, DB 1983, S. 1034 f. [S. 1034 re. Sp. oben], *Fischer*, Barz-FS, S. 33 [S. 41–42], *Hadding*, ZGR 1979, S. 636 [S. 643], *Schneider*, AG 1979, S. 57 ff. [S. 60 li. Sp. oben], MüKo/*Schäfer*, § 709 BGB Rn. 87 ff., *Marburger*, NJW 1984, S. 2252 ff. [insbesondere S. 2256 li. Sp. unten], *Heinrichs*, Mehrheitsbeschlüsse, S. 119.

über die Infragestellung von dessen minderheitsschützenden Funktion bis zur Bezeichnung als reine Auslegungsregel. Im Jahr 2014 hat der BGH zumindest die „formelle Bedeutung" des Bestimmtheitsgrundsatzes (formelle Mehrheitslegitimation) aufgegeben.[108] Anhand der bis zu diesem Urteil zum Bestimmtheitsgrundsatz ergangenen Rechtsprechung und der hierzu erfolgten Diskussion in der Literatur wird in der Folge zu zeigen sein, dass auch nach diesem Urteil bezüglich Mehrheitsklauseln, die gegen das Belastungsverbot verstoßen, an einem *materiellen* (qualifizierten) Bestimmtheitserfordernis festzuhalten ist und welche Auswirkungen dieses *materielle* Bestimmtheitserfordernis auf die vorliegend abzugrenzenden Fallgruppen hat.

1) Das Urteil des BGH vom 15.01.2007 – II ZR 245/05 – („OTTO")

(a) Die Entscheidung

Den vielen kritischen bis ablehnenden Auffassungen in der Literatur entgegentretend bekannte sich der BGH in der sogenannten „Otto-Entscheidung" vom 15.01.2007[109] noch ausdrücklich zum Bestimmtheitsgrundsatz. Der BGH verlangt, dass eine Mehrheitsklausel, die eine Abweichung vom personengesellschaftsrechtlichen Einstimmigkeitsprinzip legitimieren soll, dem Bestimmtheitsgrundsatz zu entsprechen habe. Damit hat der BGH die teilweise in der Literatur gegen den Bestimmtheitsgrundsatz vorgebrachten Bedenken beiseitegeschoben. Der BGH stellt fest, dass es den Gesellschaftern im Rahmen ihrer Privatautonomie frei stehe, das Einstimmigkeitsprinzip im Gesellschaftsvertrag durch das Mehrheitsprinzip zu ersetzen, um hierdurch die Flexibilität und die Handlungsfähigkeit der Gesellschaft in Streitfällen sicherzustellen, da das starre Einstimmigkeitsprinzip praktischen Erfordernissen oftmals nicht gerecht werde.[110] Bezüglich der Konkretisierung der von einer Mehrheitsklausel umfassten Beschlussgegenstände nimmt der BGH eine Differenzierung vor. Eine allgemein formulierte Mehrheitsklausel umfasse lediglich gewöhnliche Beschlussgegenstände, also gerade keine Vertragsänderungen und ähnliche Grundlagenentscheidungen.[111] Gleichzeitig lehnt es der BGH jedoch ab, von einer Mehrheitsklausel zu verlangen, dass sie alle umfassten Gegenstände minutiös

---

108 Vgl. BGH, Urt. v. 21.10.2014 – II ZR 84/13, NZG 2014, S. 1296 ff.

109 Vgl. BGH, Urt. v. 15.01.2007 – II ZR 245/05, NZG 2007, S. 259 ff; NJW 2007, S. 1685 ff.

110 Vgl. BGH, Urt. v. 15.01.2007 – II ZR 245/05 [Rz. 6], NZG 2007, S. 259 [S. 259 re. Sp. unten].

111 Vgl. BGH, Urt. v. 15.01.2007 – II ZR 245/05 [Rz. 9], NZG 2007, S. 259 [S. 259 re. Sp. unten].

aufzulisten habe. Dies würde den Bestimmtheitsgrundsatz zu einer „Förmelei denaturieren".[112] In der „Otto"-Entscheidung geht der BGH vielmehr davon aus, dass der Bestimmtheitsgrundsatz keine dezidiert gestaffelte Auflistung verlangt, sondern dass diesem als „Eingangsvoraussetzung für die Gültigkeit einer Mehrheitsentscheidung" bereits dann Genüge getan sei, wenn sich durch Auslegung des Gesellschaftsvertrages eindeutig ergebe, dass der konkrete Beschlussgegenstand von der Mehrheitsklausel umfasst sein solle.[113] Das Ergebnis einer solchen Auslegung müsse mithin zweifelsfrei ergeben, dass der Gesellschaftsvertrag eine Stütze für eine solche Mehrheitsentscheidung bereithält.[114] Soweit eine Mehrheitsklausel auch Entscheidungen über nachträgliche Beitragserhöhungen und damit Belastungen durch Mehrheitsentscheidungen vorsehe, sei es erforderlich, dass diese Klausel bereits „Ausmaß und Umfang"[115] der möglichen Mehrbelastung der Gesellschafter erkennen lasse, was auf eine antizipierte Zustimmung des Gesellschafters hinauslaufe.[116] Die Eindeutigkeit einer Mehrheitsklausel allein reiche nicht aus, die Mehrheitsentscheidung zu legitimieren.[117] Auf einer 2. Prüfungsstufe sei zusätzlich eine inhaltliche Wirksamkeitsprüfung des Beschlusses vorzunehmen, wie sie auch von der sogenannten Kernbereichslehre gefordert werde.[118] Hier stelle sich die Frage danach, ob eine antizipierte Zustimmung zum Eingriff in relativ unentziehbare Mitgliedschaftsrechte oder ein wichtiger Grund hierfür vorliege.[119]

---

112 Vgl. BGH, Urt. v. 15.01.2007 – II ZR 245/05 [Rz. 9], NZG 2007, S. 259 [S. 260 li. Sp. oben].

113 Vgl. BGH, Urt. v. 15.01.2007 – II ZR 245/05 [Rz. 9 a.E.], NZG 2007, S. 259 [S. 260 li. Sp. oben].

114 Vgl. *Bohlken/Sprenger*, DB 2010, S. 263 ff. [S. 263 re. Sp. unten].

115 Vgl. BGH, Urt. v. 15.01.2007 – II ZR 245/05 [Rz. 9], NZG 2007, S. 259 [S. 260 li. Sp. oben]; ebenso: BGH, Urt. v. 21.05.2007 – II ZR 96/06; ZIP 2007, S. 1458 ff. [S. 1459 re. Sp. oben].

116 Vgl. BGH, Urt. v. 15.01.2007 – II ZR 245/05 [Rz. 9], NZG 2007, S. 259 [S. 260 li. Sp. oben]; so wieder aufgenommen in BGH, Urt. v. 21.05.2007 – II ZR 96/06; ZIP 2007, S. 1458 ff. [S. 1459 re. Sp. oben].

117 Vgl. BGH, Urt. v. 15.01.2007 – II ZR 245/05 [Rz. 10], NZG 2007, S. 259 [S. 260 li. Sp. unten].

118 Vgl. BGH, Urt. v. 15.01.2007 – II ZR 245/05 [Rz. 10], NZG 2007, S. 259 [S. 260 li. Sp. unten].

119 Vgl. BGH, Urt. v. 15.01.2007 – II ZR 245/05 [Rz. 10], NZG 2007, S. 259 [S. 260 li. Sp. unten].

(b) Stellungnahme

Die „Otto-Entscheidung" vom 15.01.2007 ist das erste Urteil des BGH, welches eine eindeutige Anerkennung des Bestimmtheitsgrundsatzes und eine Stellungnahme zu dessen Auswirkungen auf Mehrheitsentscheidungen innerhalb von Personengesellschaften enthält. Entgegen der vielfach geäußerten Ablehnung des Bestimmtheitsgrundsatzes[120] stellt der BGH hier klar, dass er auf den Bestimmtheitsgrundsatz nicht verzichten will. Der konkrete Nachschussbeschluss wird einerseits nicht inhaltlich vorweggenommen, andererseits muss ihm eine Höchstgrenze vorgegeben werden.[121] Nur dann liegt kein Verstoß gegen das Belastungsverbot gemäß § 707 BGB vor. Die Ausführungen des BGH zur Wirkung des Bestimmtheitsgrundsatzes bei Nachschussentscheidungen vermögen zu überzeugen, da sie die Bestimmtheit einer Mehrheitsklausel auf ihren wesentlichen Zweck reduzieren. Dieser Zweck besteht darin, dass die Gesellschafter beim Beitritt zur Gesellschaft absehen können, bezüglich welcher Beschlussgegenstände eine Entscheidung auch gegen den einzelnen Gesellschafter gefällt werden kann und in welcher Höhe weitere Belastungen wirksam gegen seine Stimme beschlossen werden können. Es überrascht nicht, dass der BGH nunmehr die Auslegung der Klausel bei der Bestimmung der umfassten Beschlussgegenstände in den Vordergrund rückt. Denn jede Vertragsklausel bedarf im Fall des Streites der Auslegung. Eine solche mag zunächst mit dem Wortlaut beginnen. Darüber hinaus spielen gerade bei der Auslegung von Gesellschaftsverträgen von Personengesellschaften auch jene Aspekte eine Rolle, die außerhalb der Vertragsurkunde liegen und zur Auslegung herangezogen werden können, wie etwa die vertragliche Übung der Gesellschafter im Alltag der Gesellschaft.[122] Nehmen die Gesellschafter regelmäßig Abstimmungen vor und unterwerfen sich die unterlegenen Gesellschafter dem Votum der Mehrheit, ohne dass der Beschlussgegenstand in

---

120 Vgl. MüKo/*Enzinger*, § 119 HGB Rn. 79 m.w.Nw.

121 Ein anderes Verständnis hierzu hat wohl *K. Schmidt*, der davon ausgeht, dass die Otto-Entscheidung gerade keine „Antizipation mehrheitsfähiger Beschlussergebnisse, etwa in Gestalt von Höchstgrenzen für Vertragsänderungen", vorsähe, vgl. ZGR 2008, S. 1 ff. [S. 9 oben]. Dem folge die Otto-Entscheidung „in aller Klarheit" [a.a.O., S. 9 oben], obwohl hier ja im Rahmen des Bestimmtheitsgrundsatzes gerade „Ausmaß und Umfang" zusätzlicher Belastungen erkennbar sein müssen, um einen solchen Beschlussgegenstand unter eine Mehrheitsklausel fassen zu können, vgl. BGH, Urt. v. 15.01.2007 – II ZR 245/05, NZG 2007, S. 259 ff. [S. 260 li. Sp. oben]. Ebenso schätzt auch *Holler* die Stellungnahme von *K. Schmidt* ein, vgl. DB 2008, S. 2067 ff. [S. 2070 li. Sp. unten].

122 Vgl. MüKo/*Karsten Schmidt*, § 105 HGB Rn. 149 m.w.Nw.

der Klausel explizit genannt ist, ist dies bei der Auslegung der Mehrheitsklausel zu berücksichtigen. Die Gesellschafter müssen sich stets der Tatsache bewusst sein, dass auch diese äußeren Umstände bei der Auslegung des Gesellschaftsvertrages eine gewichtige Rolle spielen können und es gerade nicht ausschließlich auf den Wortlaut des Vertrages ankommt. Dies bedeutet nichts Anderes, als dass die Gesellschafter sich gerade nicht auf den Wortlaut einer Klausel und ihre beschränkende Wirkung verlassen können, wenn sie in gegenseitigem Einvernehmen regelmäßig auch andere Beschlussinhalte der Mehrheitsentscheidung unterwerfen und die später unterlegene Minderheit diese Beschlüsse der Mehrheit anerkennt. Auch hier kann die Auslegung unter Zugrundelegung der vertraglichen Übung ergeben, dass andere als die in der Mehrheitsklausel aufgeführten Beschlussgegenstände einer Mehrheitsentscheidung unterworfen sind.

(c) Stimmen in der Literatur zum Otto-Urteil

In der Literatur hat diese Entscheidung eine vielfältige Resonanz erfahren. *K. Schmidt*[123] sieht durch das „Otto-Urteil" seine bisherige Argumentation bestätigt, dass zwischen der „rein organisatorisch-prozeduralen Ermächtigung zur Fassung von Mehrheitsentscheidungen" (auf einer 1. Stufe) und dem „flankierenden Individualschutz der Minderheitsgesellschafter" (auf einer 2. Stufe) unterschieden werden müsse.[124] Er versteht die Ausführungen des BGH bezüglich der Funktion des Bestimmtheitsgrundsatzes dahin gehend, dass diese gerade keine Aussagen zum Minderheitenschutz enthielten.[125] Schon lange vor der „Otto-Entscheidung" hatte *K. Schmidt* argumentiert, dass es sich beim Bestimmtheitsgrundsatz um eine Frage der Vertragsauslegung und der formellen Beschluss*ermächtigung*[126] handele. Dieser Definition des Bestimmtheitsgrundsatzes stimmt auch *Priester*[127] zu, der den BGH nach dem „Otto-Urteil" ganz im Fahrwasser von *K. Schmidt* sieht, nämlich der strikten Trennung zwischen Verfahrensregel auf einer ersten Prüfungsstufe und dem Minderheitenschutz mit Kernbereich und Belastungsverbot auf einer zweiten Prüfungsstufe.[128]

Holler[129] begrüßt die Stellungnahme des BGH dahin gehend, dass künftig keine umfangreichen Beschlusskataloge mehr erforderlich sind, sondern bei der

123 Vgl. *K. Schmidt*, ZGR 2008, S 1. ff.
124 Vgl. *K. Schmidt*, ZGR 2008, S. 1 ff. [S. 8–9].
125 Vgl. *K Schmidt*, ZGR 2008, S. 1 ff. [S. 9 oben, S. 16 oben und S. 33].
126 Vgl. *K. Schmidt*, ZHR 158 (1994), S. 205 ff. [S. 218].
127 Vgl. *Priester*, DStR 2008, S. 1386 ff. [S. 1387 re. Sp. oben].
128 Vgl. *Priester*, DStR 2008, S. 1386 [S. 1387 re. Sp. oben].
129 Vgl. *Holler*, DB 2008, 2067 ff. [insbesondere S. 2069 re. Sp. oben].

Bestimmtheitsprüfung die Auslegung des Vertrages als Ganzes herangezogen werden soll.[130] Die Grenze zur Kernbereichslehre sieht er jedoch nicht allzu klar gezogen. Vielmehr geht er davon aus, dass eine Prüfung bezogen auf den Beschluss*gegenstand* allein nicht ausreichen soll und dies vom BGH auch so nicht gemeint sei. Es müssten bereits auf dieser vom BGH als „1. Stufe" bezeichneten Prüfungsebene „Ausmaß und Umfang" des Eingriffs in die Minderheitenrechte berücksichtigt werden.[131] *Holler* sieht somit ein *zusätzliches* Bestimmtheitserfordernis, welches von der formalen Mehrheitslegitimation zu trennen sei. Dieses Bestimmtheitserfordernis unterscheide sich vom „formellen Bestimmtheitserfordernis" dahin gehend, dass es nicht den Beschlussgegenstand, also das „Ob" der Ermächtigung, sondern um die Frage des Ausmaßes eines Eingriffes durch einen Mehrheitsbeschluss, nämlich „Ausmaß und Umfang", handele.[132] *Holler* schließt aus dem Wortlaut des „Otto-Urteils", dass „Ausmaß und Umfang" weiterer Beitragserhöhungen nunmehr auch eine Frage der Bestimmtheit und damit der „1. Stufe" sein müssten.[133]

(d) Stellungnahme

Ob „Ausmaß und Umfang" des mit der Mehrheitsentscheidung aufgrund der konkreten Klausel erfolgenden Eingriffs bereits bei der „formellen Legitimation" vorweggenommen wird, oder erst auf der Stufe der Beschlussprüfung relevant wird, ist aus dieser Entscheidung nicht eindeutig herauszulesen. Denn einerseits verortet der BGH „Ausmaß und Umfang" bei seiner Darstellung zum Bestimmtheitsgrundsatz und der Konkretisierung der Mehrheitsklausel, andererseits wird zum Bestimmtheitsgrundsatz als „Instrument des Minderheitenschutzes" nicht eindeutig Stellung genommen.[134] Die Wirkung der minderheitsschützenden Schranken wie Kernbereichslehre, Gleichbehandlungsgrundsatz und Treuepflicht ist nach diesem Urteil des BGH im Rahmen einer „2. Stufe" der Beschlussprüfung, also im Rahmen der inhaltlichen Wirksamkeitsprüfung, zu prüfen. Das „Otto-Urteil" enthält keine deutliche Differenzierung zwischen formeller Mehrheitslegitimation und materiellem Minderheitenschutz.

---

130 Vgl. *Holler*, DB 2008, S. 2067 ff. [insbesondere S. 2069 re. Sp. oben].

131 Vgl. *Holler*, DB 2008, S. 2067 ff. [S. 2070 li. Sp. unten und re. Sp. oben].

132 Vgl. *Holler*, DB 2008, S. 2067 ff. [S. 2070 re. Sp.].

133 Vgl. *Holler*, DB 2008, S. 2067 ff. [S. 2070 li. Sp. unten].

134 Vgl. BGH, Urt. v. 15.01.2007 – II ZR 245/05 [Rz. 10], NZG 2007, S. 259 [S. 260 li. Sp. unten].

2) Das Urteil des BGH vom 24.11.2008 – „Schutzgemeinschaftsvertrag II“

(a) Die Entscheidung

Kaum zwei Jahre nach der „Otto-Entscheidung“ konkretisiert der BGH seine Position aus dem „Otto-Urteil“. Er stellt in seiner Entscheidung vom 24.11.2008 („Schutzgemeinschaftsvertrag II“)[135] fest, dass eine dem Bestimmtheitsgrundsatz unterliegende Mehrheitsklausel ohnehin nur eine formelle Legitimation für die von ihr umfassten Mehrheitsentscheidungen begründe.[136] Darüber hinaus könne der Bestimmtheitsgrundsatz nicht dazu dienen, besonders gravierende Strukturmaßnahmen aus dem Anwendungsbereich der Mehrheitsklausel herauszunehmen.[137] Eine extensive, auf eine verdeckte Inhaltskontrolle hinauslaufende Anwendung des Bestimmtheitsgrundsatzes sei für die Gewährleistung eines angemessenen Minderheitenschutzes nicht erforderlich.[138] Der BGH sieht die Mehrheitsklausel folglich als eine „wertneutrale Verfahrensregel“, die nicht den Schutz einer konkreten Minderheit bezwecke,[139] sondern den Gesellschaftern von Fall zu Fall zum Guten oder Schlechten gereichen könne.[140]

(b) Der Bestimmtheitsgrundsatz des BGH nach „Schutzgemeinschaftsvertrag II“ und das von K. Schmidt vorgeschlagene Konzept eines qualifizierten Bestimmtheitserfordernisses

K. Schmidt sieht in der Entscheidung eine Fortführung des mittlerweile „etablierten“ Verständnisses vom Bestimmtheitsgrundsatz.[141] Inzwischen sei die in der Diskussion aufgekommene Vermischung von Ermächtigungs- und Individualschutzebene überwunden. Allerdings sei die bereits im Otto-Urteil

---

135 Vgl. BGH, Urt. v. 24.11.2008 – II ZR 116/08, NZG 2009, S. 183 ff; NJW 2009, S. 669 ff.

136 Vgl. BGH, Urt. v. 24.11.2008 – II ZR 116/08 [Rz. 16], NJW 2009, S. 669 ff. mit Verweis auf *K. Schmidt*, Gesellschaftsrecht § 16 S. 455 f.

137 Vgl. BGH, Urt. v. 24.11.2008 – II ZR 116/08 [Rz. 15], NZG 2009, S. 183 ff. [S. 185 li. Sp. Mitte].

138 Vgl. BGH, Urt. v. 24.11.2008 – II ZR 116/08 [Rz. 16], NZG 2009, S. 183 ff. [S. 185 li. Sp. Mitte].

139 Vgl. *Bohlken/Sprenger*, DB 2010, S. 263 [S. 265 li. Sp. unten] billigen dem Bestimmtheitsgrundsatz nach „Otto“ und „Schutzgemeinschaftsvertrag II“ folglich nur noch die Schutzfunktion zu, dass der Beschlussgegenstand eindeutig von der Mehrheitsklausel erfasst wird.

140 Vgl. BGH, Urt. v. 24.11.2008 – II ZR 116/08 [Rz. 16], NZG 2009, S. 183 ff. [S. 185 li. Sp. Mitte].

141 Vgl. *K. Schmidt*, ZIP 2009, S. 737 ff. [S. 738 li. Sp. unten und re. Sp. oben].

vorgenommene Verortung von Kernbereichslehre und Belastungsverbot auf einer „2. Stufe“, also die inhaltliche Wirksamkeitsprüfung des Beschlusses, zu ungenau.[142] Es sei zwar richtig, dass die Elemente Belastungsverbot und Kernbereichslehre in den Bereich des Individualschutzes fielen. Die inhaltliche Wirksamkeitsprüfung hingegen gehöre sowohl zur Ermächtigungsebene, nämlich der „1. Stufe“ des BGH, als auch auf die Ebene der Inhaltskontrolle, der „2. Stufe“ des BGH.[143] Scheitere ein Beschluss an den Anforderungen entweder der Kernbereichslehre oder des Belastungsverbotes, dann beruhe dies nicht zwangsläufig auf der inhaltlichen Missbilligung des gefassten Beschlusses.[144] Vielmehr setzten weitere Belastungen oder Eingriffe in den Kernbereich eine sogenannte „qualifizierte Bestimmtheit“ der Klausel voraus.[145] Der jeweilige Minderheitsgesellschafter müsse den Eingriffen bereits antizipiert zugestimmt haben.[146] Hiervon zu unterscheiden sei die Inhaltskontrolle des konkreten Beschlusses, da diese nach der rechtlichen Billigung oder Missbilligung des konkreten Beschlussergebnisses frage.[147] *K. Schmidt* stellt fest, dass neben dem allgemeinen oder „generellen“ Bestimmtheitserfordernis (Ermächtigungsebene), welchem kein Minderheitenschutz zukomme, ein *qualifiziertes Bestimmtheitserfordernis* bestünde, welches neben der Inhaltskontrolle Individualschutz bewerkstellige.[148] Es sei ein Unterschied zwischen „Individualschutz durch qualifizierte Ermächtigung“ und „Individualschutz durch Beschluss-Inhaltskontrolle“ zu machen.[149] Der allgemeine Bestimmtheitsgrundsatz sei somit auf der untersten, ersten Prüfungsstufe zu verorten. Hierbei handelt es sich um die Prüfung der formellen Mehrheitslegitimation. Zwischen dieser Stufe und der Stufe der konkreten Beschlussinhaltskontrolle seien Kernbereichslehre und Belastungsverbot einzuordnen, welche die Anforderung einer „qualifizierten Bestimmtheit“ an die Ermächtigungsklausel stellen würden.[150] Hier verweist *K. Schmidt* auf die Forderung der Rechtsprechung, dass eine Mehrheitsklausel, welche nachträgliche Belastungen ermöglichen können soll, „Art und Umfang der zusätzlichen Belastung“ erkennen lassen muss.[151]

142 Vgl. *K. Schmidt*, ZIP 2009, S. 737 ff. [S. 738 re. Sp. unten].
143 Vgl. *K. Schmidt*, ZIP 2009, S. 737 ff. [S. 739 li. Sp. oben].
144 Vgl. *K. Schmidt*, ZIP 2009, S. 737 ff. [S. 739 li. Sp. Mitte].
145 Vgl. *K. Schmidt*, ZIP 2009, S. 737 ff. [S. 739 li. Sp. Mitte].
146 Vgl. *K. Schmidt*, ZIP 2009, S. 737 ff. [S. 739 li. Sp. Mitte].
147 Vgl. *K. Schmidt*, ZIP 2009, S. 737 ff. [S. 739 li. Sp. Mitte].
148 Vgl. *K. Schmidt*, ZIP 2009, S. 737 ff. [S. 739 li. Sp. Mitte].
149 Vgl. *K. Schmidt*, ZIP 2009, S. 737 ff. [S. 739 li. Sp. Mitte].
150 Vgl. *K. Schmidt*, ZIP 2009, S. 737 ff. [S. 740 li. Sp. oben].
151 Vgl. K. Schmidt, ZIP 2009, S. 737 ff. [S. 740 li. Sp. Mitte].

(c) Stellungnahme

In dieser Entscheidung löst der BGH die Zweifel bezüglich einer minderheitsschützenden Funktion des Bestimmtheitsgrundsatzes auf.[152] Nach den Entscheidungsgründen von „Schutzgemeinschaftsvertrag II" kommt dem Bestimmtheitsgrundsatz keine minderheitsschützende Funktion zu. Vielmehr reicht eine Mehrheitsklausel nur dafür aus, den Beschluss formell zu legitimieren. Hinweise auf eine „qualifizierte" oder „materielle" Bestimmtheit fehlen. Der Minderheitenschutz wird vollständig auf die „2. Stufe", nämlich die Beschlussprüfung, verlagert. Dies vermag nur teilweise zu überzeugen. Zunächst hängt der Schutz der Minderheit nicht davon ab, ob man den Minderheitenschutz nun auf der einen oder anderen Prüfungsebene oder Prüfungsstufe verortet. Insofern sorgt die Diskussion über die Verortung des Minderheitenschutzes lediglich für eine Ordnung von Begrifflichkeiten. Nur durch eine saubere Trennung der einzelnen Bestimmtheitserfordernisse lassen sich die jeweils aufgezeigten Voraussetzungen und Anforderungen klar voneinander unterscheiden. Es überzeugt, dass eine Mehrheitsklausel eine „wertneutrale Verfahrensregel" ohne besondere minderheitenschützende Funktion sein soll. Die Gesellschafter legen im Vorhinein fest, welche Beschlussgegenstände zu einem späteren Zeitpunkt durch eine (zufällige) Mehrheit gegen die Stimmen einer (zufälligen) Minderheit wirksam entschieden werden können. Die Auslegung der Mehrheitsklausel unter Zugrundelegung des Gesellschaftsvertrages muss zunächst ergeben, ob ein konkreter Beschlussgegenstand der Mehrheitsentscheidung unterworfen ist. Auf dieser vom BGH als „1. Stufe" bezeichneten Prüfungsebene ist lediglich danach zu fragen, ob der *Gegenstand* durch alle Gesellschafter (und sei es durch vertragliche Übung) der späteren Entscheidung durch Mehrheit unterworfen wurde. Ein Minderheits- oder Individualschutz wird hierdurch nicht verwirklicht. Ebenso kommt es bei der formellen Mehrheitslegitimation auch nicht auf eine antizipierte Zustimmung der Gesellschafter zu dem infrage stehenden Beschlussgegenstand (etwa einer Belastung durch Nachschüsse) und damit *auch* jener Gesellschafter an, welche bei einer späteren Abstimmung die Minderheit stellen. Denn eine antizipierte Zustimmung zu einem konkreten Beschluss*inhalt* würde zu einem einstimmigen Beschluss führen, sodass es sich nicht um einen Mehrheitsbeschluss handeln würde.

Anders hingegen verhält es sich mit „Ausmaß und Umfang" weiterer Belastungen, welche nach den Entscheidungsgründen der „Otto-Entscheidung" bereits in der Mehrheitsklausel erkennbar sein müssen. Hierbei geht es nicht mehr

152 Vgl. BGH, Urt. v. 15.01.2007 – II ZR 245/05, NZG 2007, S. 259 ff. [S. 260 li. Sp. Mitte].

um das „Ob“ der Zuordnung eines abstrakten Beschlussgegenstandes zur Mehrheitsherrschaft, sondern um das „Wie“ eines Eingriffs, nämlich um die Höhe der konkreten Belastung. Wie der BGH in seinen Entscheidungsgründen ausführt, muss die Mehrheitsklausel als Legitimationsgrundlage für eine wirksame Mehrheitsentscheidung die möglichen Belastungen der Gesellschafter erkennen lassen. Soweit dies der Fall sei, könne man von einer antizipierten Zustimmung zu einer entsprechenden Beschlussfassung sprechen, die auch die Minderheit wirksam bindet. Eine antizipierte Zustimmung zu einer späteren Belastung ist von der formellen Mehrheitslegitimation zu trennen und betrifft wegen des Belastungsverbots den Minderheits- und Individualschutz. Daher vermögen die Ausführungen des BGH zum Minderheits- und Individualschutz und vollständige Verortung auf einer separaten, „2. Stufe“, die von den Bestimmtheitserfordernissen der Mehrheitsklausel zu trennen sei, nicht zu überzeugen. Vielmehr überzeugt es, zwischen formellen und materiellen Teilaspekten des Bestimmtheitsgrundsatzes zu differenzieren, wie dies von *K. Schmidt* vorgeschlagen wird. Das „Ob“ der Ermächtigung, nämlich der abstrakte Beschlussgegenstand, muss von der Mehrheitsklausel umfasst sein, was durch Auslegung zu ermitteln ist. Darüber hinaus muss bei Beitragserhöhungen wegen § 707 BGB eine materielle oder *qualifizierte* Bestimmtheit[153] vorliegen, Art und Umfang möglicher Belastungen müssen also in der Mehrheitsklausel erkennbar zum Ausdruck kommen. Soweit dies der Fall ist, liegt eine antizipierte Zustimmung aller Gesellschafter zu einem Eingriff in ihr Privatvermögen vor, ohne dass es sich hierbei bereits um eine Zustimmung zu einem konkreten Beschluss*inhalt* handeln würde. Der Beschluss selbst ist getrennt hiervon auf seine Wirksamkeit zu untersuchen. Nachdem unter den aufgezeigten Kriterien geprüft wurde, dass die Mehrheitsklausel die Mehrheitsgesellschafter ausreichend legitimiert hat, sind nun alle gesetzlichen und gesellschaftsvertraglich vorgesehen formellen Voraussetzungen einer wirksamen Beschlussfassung zu prüfen.

Erst *dann* ist zu prüfen, ob der Beschluss im konkreten Fall unrechtmäßig in den Kernbereich der Mitgliedschaft eingreift oder gegen das Belastungsverbot verstößt. Im Rahmen der allgemeinen Bestimmtheit ist folglich danach zu fragen, ob die Klausel bestimmt genug ist, um *abstrakt* einen Eingriff in den Kernbereich oder einen Verstoß gegen das Belastungsverbot zu ermöglichen. Es wird lediglich *formal* geprüft, ob Art und Ausmaß im Sinne eines materiellen

153 Vgl. *K. Schmidt*, ZGR 2008, S. 1 ff. [S. 17 oben].

Bestimmtheitserfordernisses festgelegt sind.[154] Im Rahmen der konkreten Beschlusskontrolle hingegen ist zu untersuchen, ob die Bestimmtheitserfordernisse im konkreten Beschluss tatsächlich erfüllt sind – also Art und Ausmaß in dem in der „1. Stufe“ vorgegebenen Rahmen eingehalten werden und somit ein Verstoß gegen den Kernbereichsschutz oder das Belastungsverbot vorliegt oder nicht.[155] Letztlich ist es unerheblich, ob man die Prüfung in eine 1. Stufe (allgemeine Bestimmtheit und Mehrheitslegitimation), 2. Stufe (materielle oder qualifizierte Bestimmtheit) und zusätzlich eine 3. Stufe (konkreter Beschlussinhalt) unterteilt oder einen zweistufigen Aufbau wählt. Die in der Literatur hierzu geführte Diskussion hat auf die hier zu untersuchenden Voraussetzungen einer Nachschusspflicht kraft Treuepflicht keine Auswirkung. Entscheidend ist allerdings die Feststellung, dass eine Mehrheitsklausel in zweierlei Hinsicht hinreichend bestimmt sein muss. Sie muss den Beschlussgegenstand eindeutig enthalten und bei Beitragserhöhungen zusätzlich Ausmaß und Umfang erkennen lassen. Soweit diese Voraussetzungen erfüllt sind, handelt es sich um eine ausreichende Mehrheitslegitimation, sodass auf eine Zustimmungspflicht kraft Treuepflicht *nicht* zurückgegriffen werden muss.

3) Das Urteil des BGH vom 21.10.2014 – II ZR 84/13

(a) Die Entscheidung

In einem jüngeren Urteil greift der BGH diese Diskussion erneut auf und nimmt wieder eine ablehnende Position zum Bestimmtheitsgrundsatz ein, wie er in den letzten Jahrzehnten von Rechtsprechung und Lehre entwickelt wurde. Es wird dabei zu zeigen sein, dass die bisherigen Feststellungen zu den Anforderungen an eine einen Nachschussbeschluss wirksam legitimierende Mehrheitsklausel, die einen wirksamen Beschluss auch gegenüber ablehnenden Minderheitsgesellschaftern ermöglicht, durch dieses neuere Urteil nicht infrage gestellt werden. In seiner Entscheidung vom 21.10.2014 stellt der BGH klar, dass dem Bestimmtheitsgrundsatz für die formelle Legitimation einer Mehrheitsentscheidung keine Bedeutung mehr zukäme.[156] Entgegen früherer Ansicht beschränke der sogenannte Bestimmtheitsgrundsatz die Reichweite von allgemein gefassten Mehrheitsklauseln nicht dergestalt, dass nur gewöhnliche Beschlussgegenstände von

---

154 Vgl. *Holler*, DB 2008, S. 2067 ff. [S. 2074 re. Sp. oben]; *ders.* ZIP 2010, S. 1678 ff. [1685 re. Sp. oben „3.1“].

155 Vgl. *Holler*, ZIP 2010, S. 1678 ff. [S. 1685 re. Sp. oben „3.1“].

156 Vgl. BGH, Urt. v. 21.10.2014 – II ZR 84/13, NZG 2014, S. 1296 ff. [S. 1296 li. Sp. unten].

ihnen erfasst würden.[157] In seiner Entscheidung „Otto" habe der BGH lediglich das *bisherige* Verständnis des Bestimmtheitsgrundsatzes referieren und betonen wollen, dass gerade für Mehrheitsentscheidungen über nachträgliche Beitragserhöhungen wegen § 707 BGB eine eindeutige entsprechende Legitimationsgrundlage im Gesellschaftsvertrag erforderlich sei, welche Ausmaß und Umfang zusätzlicher Belastungen erkennen lassen müsse.[158] Der „frühere Bestimmtheitsgrundsatz" sei künftig nicht mehr anzuwenden und entfalte auch als Auslegungsregel keine Wirkung, etwa dergestalt, dass Mehrheitsklauseln restriktiv auszulegen seien, da hierfür die allgemeinen Auslegungsgrundsätze Geltung beanspruchten und auch konkludente Vereinbarungen möglich seien.[159] Für Beitragserhöhungen gelte Folgendes: Dass Ausmaß und Umfang weiterer Belastungen erkennbar sein müsse, betreffe nicht die formelle Legitimation des Mehrheitsbeschlusses, sondern die antizipierte Zustimmung des (späteren) Minderheitsgesellschafters, was auf der Ebene der Beschlussprüfung relevant werde und deren Fehlen zu einer relativen Unwirksamkeit des Beschlusses führe.[160]

(b) Stellungnahme

Diese Entscheidung des BGH ist für die vorliegende Untersuchung in zweierlei Hinsicht von Bedeutung. Erstens bestätigt der BGH alle bereits herausgearbeiteten Ergebnisse für die Prüfung eines Beitragserhöhungsbeschlusses auf der Grundlage einer Mehrheitsklausel, wie sie bereits in den früheren Entscheidungen entwickelt wurden. Der BGH nimmt eine klare Trennung zwischen der formellen Mehrheitslegitimation und der antizipierten Zustimmung zu Beitragserhöhungen vor. Während die formelle Legitimation das formelle Zustandekommen des Beschlusses betrifft, kommt die antizipierte Zustimmung auf der Stufe der inhaltlichen Beschlussprüfung zum Tragen. Zweitens nimmt der BGH für Personengesellschaften vom bisherigen Bestimmtheitsgrundsatz Abschied. Künftig sollen keine besonderen Anforderungen an Mehrheitsklauseln mehr gelten, welche nach „ungewöhnlichen" und „gewöhnlichen" Beschlussgegenständen zu differenzieren wären. Vielmehr gelten künftig die für alle Vertragsklauseln

157 Vgl. BGH, Urt. v. 21.10.2014 – II ZR 84/13, NZG 2014, S. 1296 ff. [S. 1297 re. Sp. unten].

158 Vgl. BGH, Urt. v. 21.10.2014 – II ZR 84/13, NZG 2014, S. 1296 ff. [S. 1297 re. Sp. unten].

159 Vgl. BGH, Urt. v. 21.10.2014 – II ZR 84/13, NZG 2014, S. 1296 ff. [S. 1298 re. Sp. unten und S. 1299 li. Sp. oben].

160 Vgl. BGH, Urt. v. 21.10.2014 – II ZR 84/13, NZG 2014, S. 1296 ff. [S. 1299 re. Sp. Mitte].

geltenden Auslegungsgrundsätze. Diese Klarstellung ist zu begrüßen, da sie die in der Praxis ohnehin kaum mögliche Abgrenzung von „gewöhnlichen" zu „ungewöhnlichen" Vertragsänderungen überflüssig macht. Die Entscheidung wurde in der Literatur daher sehr positiv aufgenommen.[161] Das Urteil kommt den Kritikern des Bestimmtheitsgrundsatzes entgegen, die eine Abgrenzung zwischen „gewöhnlichen" und „ungewöhnlichen" Vertragsänderungen für in der Praxis kaum möglich hielten, was wiederum den Sinn des Bestimmtheitsgrundsatzes infrage stellte. Darüber hinaus bestätigt diese Entscheidung die bereits gefundenen Ergebnisse. Ob eine Mehrheitsklausel die Gesellschaftermehrheit formell legitimiert, ist durch Auslegung nach den allgemeinen Regeln zu ermitteln. Ob im Falle eines Nachschussbeschlusses eine antizipierte Zustimmung der Minderheit zu einer sie bindenden Beschlussfassung vorliegt, richtet sich danach, ob Art und Ausmaß der weiteren Beiträge erkennbar waren und eine Obergrenze hierfür bestimmt wurde.

4) Formerfordernisse und Auslegung

(a) Problemstellung: Besondere Anforderungen an Auslegung und Form einer Nachschussklausel?

Der BGH hatte in seinem „Otto-Urteil"[162] festgestellt, dass es für eine formelle Legitimation ausreiche, wenn sich aus der Auslegung des Gesellschaftsvertrags ergibt, ob ein konkreter Beschlussgegenstand von einer Mehrheitsklausel umfasst sein soll.[163] In der Folge nahm der BGH zu der durch das Berufungsgericht erfolgten Auslegung des Gesellschaftsvertrages im konkreten Fall Stellung,[164] ging dabei jedoch nicht auf die Frage nach Formerfordernissen für Mehrheitsklauseln ein. Es wird somit aus den Entscheidungsgründen nicht klar, ob der BGH ein Schriftformerfordernis für nötig erachtet. Insbesondere bezüglich der Beitragspflichten bestünde gegebenenfalls ein erhöhtes Schutzbedürfnis für nachträglich beitretende Gesellschafter. Der Gesellschaftsvertrag einer Personengesellschaft ist nicht nur ein „Schuld"- sondern auch ein „Organisationsvertrag", dessen Wirksamkeit nach den allgemeinen Vorschriften des BGB zu beurteilen ist.[165] Der

---

161 Vgl. nur *Schäfer*, NZG 2014, S. 1401 ff. [S. 1403 li. Sp. Mitte]; *Ulmer*, ZIP 2015, S. 657 [li. Sp. oben].

162 Vgl. BGH, Urt. v. 15.01.2007 – II ZR 245/05, NZG 2007, S. 259 ff.

163 Vgl. BGH, Urt. v. 15.01.2007 – II ZR 245/05 [Rz. 9], NZG 2007, S. 259 ff. [S. 260 li. Sp. Mitte].

164 Zur Auslegung von Gesellschaftsverträgen in der Revisionsinstanz vgl. Staub/*Schäfer*, § 105 HGB Rn. 200.

165 Vgl. MüKo/*Karsten Schmidt*, § 105 HGB Rn. 114.

Abschluss des Vertrages folgt den für alle vertraglichen Schuldverhältnisse geltenden allgemeinen Regeln, er kann also auch konkludent geschlossen werden und ist grundsätzlich formfrei.[166] Daher kann der Gesellschaftsvertrag – vorbehaltlich besonderer Formvorschriften wie § 311b Absatz 1 BGB für Grundstücksübertragungen, § 15 GmbHG für Abtretungsverpflichtung von GmbH-Anteilen oder Schenkungen gemäß § 516 BGB – auch konkludent und mündlich abgeschlossen werden.[167] Es handelt sich bei den Letztgenannten um sogenannte „formbedürftige Beitragspflichten",[168] was im Umkehrschluss die Formfreiheit der regulären Beitragsverpflichtungen bedeutet. Auch bei Vorliegen einer Schriftformklausel können die Gesellschafter diese formfrei außer Kraft setzen.[169]

Auch die Auslegung des Gesellschaftsvertrages einer Personengesellschaft folgt zunächst den allgemeinen Regeln der §§ 133, 157 BGB[170] und wird durch die tatsächliche Übung der Gesellschafter sowie dem gemeinsamen Interesse am Bestand der Gesellschaft beeinflusst und ergänzt.[171] Vorrang vor dem Wortlaut haben das Verständnis und die einverständliche Übung der Gesellschafter.[172] Ob bei den Personengesellschaften eine subjektive oder aber eine objektive Auslegung angezeigt ist, wird gerade wegen der besonderen Anforderungen der Publikumspersonengesellschaften[173] unterschiedlich beurteilt.[174] *K. Schmidt* will dahin gehend von Klausel zu Klausel differenzieren, ob es sich um eine Satzungsregelung im materiellen Sinne handelt, es sich also um eine Klausel mit „überindividuellen

---

166 Vgl. MüKo/*Karsten Schmidt*, § 105 HGB Rn. 126, 132. Das Gleiche soll entsprechend für Vertragsänderungen gelten, vgl. MüKo/*Karsten Schmidt*, § 105 HGB Rn. 158, 161; dies ebenfalls konkludent, MüKo/*Karsten Schmidt*, § 105 HGB Rn. 163. Für die GbR vgl. MüKo/*Schäfer*, § 705 BGB Rn. 32, 56.

167 Vgl. MüKo/*Karsten Schmidt*, § 105 HGB Rn. 132, 132–144.

168 Vgl. Staub/*Carsten Schäfer*, § 105 HGB Rn. 167.

169 Vgl. Staub/*Carsten Schäfer*, § 105 HGB Rn. 178.

170 Vgl. jüngst auch BGH, Urt. v. 21.10.2014 – II ZR 84/13, NZG 2014, S. 1296 ff. [S. 1299 li. Sp. oben]; vgl. auch MüKo/*Schäfer*, § 705 BGB Rn. 171; MüKo/*Karsten Schmidt*, § 105 HGB Rn. 149; MüKo/*Grunewald*, § 161 HGB Rn. 25.

171 Vgl. Baumbach/Hopt/*Roth*, § 105 HGB Rn. 59.

172 Vgl. MüKo/*Karsten Schmidt*, § 105 HGB Rn. 149 m.w.Nw.; für die GbR: MüKo/*Schäfer*, § 705 BGB Rn. 172.

173 Für Publikumspersonengesellschaften ist eine objektive Auslegung nach Wortlaut, Systematik und Zielsetzung angezeigt, vgl. MüKo/*Schäfer*, § 705 BGB Rn. 175; MüKo/*Karsten Schmidt*, § 105 HGB Rn. 150.

174 Vgl. *K. Schmidt*, Gesellschaftsrecht, § 5 S. 89, 90.; siehe auch: MüKo/*Karsten Schmidt*, § 105 HGB Rn. 150.

verbandsrechtlichen Charakter“[175] handelt. Dieses Vorgehen wird der Tatsache gerecht, dass ein Personengesellschaftsvertrag bei zugelassenem Gesellschafterwechsel einer objektiven Auslegung zugänglich sein muss. Umgekehrt kann es bei einer Gesellschaft mit Satzung wie der GmbH zur Vereinbarung „rein schuldrechtlich-individueller und damit nichtkorporativer Regelungen“ kommen.[176] Bei schriftlich abgefassten Gesellschaftsverträgen können auch außerhalb der Urkunde liegende Aspekte bei der Auslegung berücksichtigt werden, soweit sie in der Vertragsurkunde angedeutet wurden.[177] Insbesondere ist der Gesellschaftsvertrag einer Personengesellschaft auch einer konkludenten Änderung zugänglich.[178]

(b) Stellungnahme zu Formerfordernissen bei Vertragsänderungen

Die Rechtsprechung stellt weder für gewöhnliche noch für ungewöhnliche Vertragsänderungen besondere Formerfordernisse auf. Es besteht auch gar kein Grund, für die Begründung weiterer Leistungspflichten in Gesellschaftsverträgen die Einhaltung höherer Formerfordernisse zu verlangen als bei normalen zwei- oder mehrseitigen zivilrechtlichen Schuldverhältnissen. Vielmehr muss die Auslegung des Gesellschaftsvertrags unter Berücksichtigung aller Nebenabreden ergeben, dass Beitragserhöhungen durch Mehrheitsentscheidungen ausgelöst werden und welches Ausmaß diese haben dürfen. Dafür spricht insbesondere der Vergleich mit § 180 AktG. Dieser wird als besondere Ausprägung des Belastungsverbotes verstanden, wie es schon in § 707 BGB und § 53 Absatz 3 GmbHG zum Ausdruck kommt.[179] Die Gesellschafter einer Aktiengesellschaft sind nur dann zu weiteren Leistungen verpflichtet, wenn sie diesen zugestimmt haben. Da die Einführung weiterer Leistungspflichten der Gesellschafter einer AG nur im Rahmen einer Satzungsänderung stattfinden kann, müssen die hierfür geltenden Voraussetzungen wie etwa notarielle Beurkundung erfüllt sein.[180]

---

175 *K. Schmidt*, Gesellschaftsrecht, § 5 S. 90.

176 Vgl. *K. Schmidt*, Gesellschaftsrecht, § 5 S. 90.

177 Vgl. Ebenroth/Boujong/Joost/Strohn/*Wertenbruch*, § 105 HGB Rn. 95.

178 Vgl. MüKo/*Schäfer*, § 705 BGB Rn. 56; MüKo/*Karsten Schmidt*, § 105 HGB Rn. 163. Für Publikumspersonengesellschaften soll dies jedoch nicht oder nur unter erschwerten Anforderungen möglich sein, vgl. MüKo/*Schäfer*, § 705 BGB Rn. 175 mit Verweis auf BGH, Urt. v. 05.02.1990 – II ZR 94/89, NJW 1990, S. 2684 f. [Leitsatz]; MüKo/*Karsten Schmidt*, § 105 HGB Rn. 150; MüKo/*Grunewald*, § 161 HGB Rn. 108 ff., 122.

179 Vgl. MüKo/*Stein*, § 180 AktG Rn. 4.

180 Vgl. zum Satzungsänderungsbeschluss MüKo/*Stein*, § 179 AktG Rn. 45. Notarielle Beurkundung auch bei nicht börsennotierter AG notwendig, vgl. § 130 Absatz 1 Satz 3 AktG i.V.m. § 179 Absatz 2 AktG.

Die Zustimmung des konkreten Gesellschafters selbst kann jedoch formlos und konkludent erfolgen.[181] Da die Satzungsänderung gemäß § 179 Absatz 2 Satz 1 AktG lediglich ¾ des vertretenen Grundkapitals erfordert, der betroffene Aktionär also nicht zwingend an der Abstimmung teilgenommen haben muss, kann er durch eine formfreie Erklärung gebunden werden,[182] was naturgemäß auch seinen Rechtsnachfolger bindet. Nach geltendem Aktienrecht kann ein Aktionär folglich durch ein schlüssiges Verhalten einer Beitragserhöhung zustimmen und wird hierdurch wirksam verpflichtet. In Ermangelung einer anderslautenden Vorschrift oder entgegenstehenden Rechtsprechung für das Personengesellschaftsrecht kann davon ausgegangen werden, dass auch im Recht der Personengesellschaften die Begründung von Nachschusspflichten die Einhaltung von Formerfordernissen nicht voraussetzt. Soweit Publikumspersonengesellschaften betroffen sind, gilt für die Auslegung ihrer Gesellschaftsverträge die Besonderheit, dass eine rein objektive Auslegung angezeigt ist, mithin die Individualvorstellungen der Gründungsgesellschafter keine Rolle spielen.[183]

5) Zwischenfazit

Ein Mehrheitsbeschluss, welcher die Einforderung von Nachschüssen zum Gegenstand hat, bedarf einer ausreichenden Legitimation durch eine Mehrheitsklausel im Gesellschaftsvertrag. Diese muss eine – durch Auslegung nach den allgemeinen Regeln zu ermittelnde – formelle Legitimation der Mehrheit enthalten. Der BGH hat mittlerweile vom Bestimmtheitsgrundsatz Abschied genommen. Dies ändert jedoch nichts daran, dass eine Mehrheitsklausel eine materielle Kehrseite („qualifizierte Bestimmtheit") aufweisen muss. Diese entfaltet insoweit Schutzwirkung, als jeder Gesellschafter durch seine Zustimmung zu der Klausel auch antizipiert zugestimmt haben muss, dass auf Grundlage der Klausel Mehrheitsbeschlüsse ergehen, welche in seine Rechte eingreifen. Hierbei geht es in Bezug auf Nachschussbeschlüsse darum, dass Art und Ausmaß einer solchen Belastung bereits ausreichend in der Mehrheitsklausel zum Ausdruck kommen müssen. Insoweit besteht auch eine *abstrakte* antizipierte Zustimmung

---

181 Vgl. MüKo/*Stein*, § 180 AktG Rn. 32, 33.

182 Grundsätzlich wäre ein auch mit ¾-Mehrheit gefasster Beschluss wegen des Wirksamkeitserfordernisses aller betroffenen Aktionäre abstrakt unwirksam, jedoch ist auch die Gestaltung möglich, dass sich alle Aktionäre unabhängig von der Zustimmung Einzelner binden wollen, sodass ein wirksamer Beschluss die Folge wäre, welcher lediglich gegenüber dem nicht zustimmenden Aktionär keine Wirkung entfaltet, vgl. MüKo/*Stein*, § 180 AktG Rn. 36.

183 Vgl. BGH, Beschl. v. 09.06.2015 – II ZR 227/14 [Rz. 10], ZIP 2015, S. 1882.

der – späteren – Minderheitsgesellschafter zu diesem konkreten Beschluss*inhalt*. Im Ergebnis sind sich Rechtsprechung und Literatur darin einig, dass eine Mehrheitsklausel Art und Umfang einer möglichen Belastung bereits enthalten muss. Künftige Minderheitsgesellschafter haben somit *abstrakt* einer späteren Belastung zugestimmt. Weiter bleibt festzuhalten, dass im Recht der Personengesellschaften keine besonderen Formerfordernisse an die Klausel selbst zu stellen sind. Die Klausel kann aus dem Vertrag heraus unter Heranziehung der bisherigen vertraglichen Übung ausgelegt werden. Entspricht eine gesellschaftsvertragliche Klausel den hier herausgearbeiteten Anforderungen, kommt es für die formelle Wirksamkeit des Beschlusses zunächst auf die formellen Anforderungen der Beschlussfassung nach dem Gesellschaftsvertrag an. Diese formalen Fragen können vom Gesellschaftsvertrag individuell ausgestaltet sein und sind hier nicht von weiterem Interesse. Erst im Rahmen der konkreten Beschlussprüfung ist die antizipierte Zustimmung eines jeden Gesellschafters gesondert zu prüfen. Soweit diese Zustimmung im Einzelfall nicht vorliegt, ist der Beschluss relativ unwirksam.

IV. Ergebnis

Die bisherige Untersuchung hat folgende Ergebnisse hervorgebracht:

1. Die Begründung von Nachschusspflichten betrifft nicht den Kernbereich der Mitgliedschaft, sondern das Privatvermögen des Gesellschafters. Durch einen Nachschussbeschluss wird nicht in den Kernbereich der Mitgliedschaft eingegriffen. Es kommt zu einem Verstoß gegen das Belastungsverbot gemäß § 707 BGB, welcher gerechtfertigt werden muss. Das Vorliegen eines wichtigen Grundes reicht hierzu nicht aus. Vielmehr ist die (antizipierte) Zustimmung des Gesellschafters erforderlich.
2. Der Bestimmtheitsgrundsatz hat durch die Rechtsprechung des BGH seine frühere Bedeutung verloren. Ob eine Mehrheitsklausel eine ausreichende formelle Legitimation für einen Mehrheitsbeschluss darstellt, ist durch Auslegung der Klausel unter Berücksichtigung des Gesellschaftsvertrages und der vertraglichen Übung nach den allgemeinen Regeln zu ermitteln. Auch eine konkludente Änderung des Vertrages ist denkbar, besondere Formerfordernisse bestehen nicht.
3. Gleichzeitig muss der Gesellschaftsvertrag erkennen lassen, dass die Minderheitsgesellschafter einer weiteren Belastung bereits im Gesellschaftsvertrag antizipiert zugestimmt haben, was ebenfalls durch Auslegung zu ermitteln ist. Dieses vom BGH aufgestellte Erfordernis entspricht dem von Teilen der Literatur als „qualifizierte Bestimmtheit“ bezeichnete materielle Kehrseite

des (früheren) Bestimmtheitsgrundsatzes. Es ist in Bezug auf Nachschüsse zu prüfen, ob Art und Umfang der abstrakten Belastung bereits durch Auslegung der Mehrheitsklausel erkennbar waren und ob die Minderheit einer solchen Belastung antizipiert zugestimmt hat. Es handelt sich hierbei noch nicht um den konkreten Beschluss*inhalt* und dessen Vereinbarkeit mit dem Belastungsverbot. Vielmehr geht es um eine allgemeine Vorwegnahme eines Belastungsrahmens. Die Mehrheitsklausel muss bestimmt genug gefasst sein, dass die (auch später beitretenden) Gesellschafter Art und Ausmaß der Belastung abstrakt voraussehen und somit bewusst antizipiert zustimmen können.

B. Möglichkeit einer Nachschusspflicht kraft Treuepflicht

I. Abgrenzung der zu untersuchenden Fallgestaltungen

Die Untersuchung der Rechtsprechung des BGH hat gezeigt, welche Anforderungen nach gegenwärtiger Rechtslage an eine Klausel zu stellen sind, wenn sie Mehrheitsentscheidungen in Personengesellschaften auch in Bezug auf Nachschussbeschlüsse ermöglichen soll. Die gesellschafterliche Treuepflicht kann auch bei solchen Beschlüssen eine Rolle spielen, die bereits auf Grundlage einer Mehrheitsklausel ergehen. Aus der Treuepflicht entspringt beispielsweise die „Verpflichtung [der Minderheit] zur Mitwirkung an der Beschlussfassung".[184] Umgekehrt sorgt die Treuepflicht für eine Rücksichtnahme der Mehrheitsgesellschafter auf die Belange der jeweiligen Abstimmungsminderheit.[185] Soweit eine Mehrheitsklausel die Mehrheit der Gesellschaft dazu ermächtigt, einen alle Gesellschafter zu einem Nachschuss verpflichtenden, wirksamen Nachschussbeschluss zu fassen, ist ein Rückgriff auf die hier untersuchte *Nachschusspflicht kraft Treuepflicht* nicht erforderlich.

Für die weitere Untersuchung nicht nötig ist daher die Betrachtung der Fallkonstellationen, in denen eine wirksame Ermächtigung der Mehrheit zu Nachschussbeschlüssen vorliegt, der Beschluss nach den Vorschriften von Gesetz und Gesellschaftsvertrag wirksam gefasst wurde und die die Minderheit auch ohne Rückgriff auf die gesellschafterliche Treuepflicht bindet. Die Untersuchung soll sich im Folgenden auf die Fälle konzentrieren, in denen die Mehrheitsklausel einen Nachschussbeschluss nicht zu legitimieren vermag, da die dargestellten Anforderungen nicht erfüllt sind. In diesen Fällen käme eine Zustimmungspflicht

184 Vgl. Ebenroth/Boujong/Joost/Strohn/*Freitag*, § 119 HGB Rn. 34 ff.

185 Vgl. MüKo/*Enzinger*, § 119 HGB Rn. 4, 82 ff.

der Minderheit kraft Treuepflicht in Betracht. Es soll nicht danach differenziert werden, ob die Minderheitsgesellschafter eine Zustimmungspflicht trifft und im Fall einer Verweigerung der Zustimmung auf eine solche geklagt werden muss,[186] oder ob pflichtwidrig abgegebene Stimmen so zu behandeln sind, als wären sie der Zustimmungspflicht entsprechend abgegeben worden.[187] Untersucht werden soll ausschließlich, ob eine Nachschusspflicht kraft Treuepflicht nach geltendem Recht existiert und an welche Voraussetzungen deren Existenz geknüpft ist.

II. Rechtsprechung und Literatur zur Nachschusspflicht kraft Treuepflicht

1. *Die Literatur zur Nachschusspflicht kraft Treuepflicht*

Die Literatur steht der Begründung einer Nachschusspflicht kraft Treuepflicht überwiegend ablehnend gegenüber. Zwar ist mittlerweile anerkannt, dass sich die gesellschafterliche Treuepflicht unter Umständen in eine positive Stimmpflicht verdichten kann,[188] jedoch wird die Übertragung auf die Nachschusspflicht weitestgehend abgelehnt.[189] Es gehöre zu den allgemeinen Grundsätzen des Verbandsrechts, dass ein Mitglied gegen seinen Willen nicht zu weiteren Beiträgen zur Gesellschaft gezwungen werden kann, was auch für den besonderen Fall einer wirtschaftlichen Krisensituation gelten soll.[190] In der Literatur war es lange Zeit einhellige Meinung, dass eine Mehrheitsentscheidung über Nachschusspflichten für alle Gesellschafter ohne eine entsprechende antizipierte Übereinkunft im Gesellschaftsvertrag selbst nicht wirksam sein könne.[191] *Hopt* reagiert auf die nachfolgend darzustellenden neueren Entwicklungen in der Rechtsprechung, indem er grundsätzlich keine Zustimmungspflicht aus Treuepflicht anerkennen will, obschon eine solche in ganz besonderen Ausnahmefällen zu bejahen sein möge, hierfür aber eine besonders hohe Hürde überwunden werden müsse.[192]

---

186 Vgl. MüKo/*Enzinger*, § 119 HGB Rn. 29 m.w.Nw.

187 Vgl. für Publikumspersonengesellschaften BGH, Urt. v. 19.10.2009 - II ZR 240/08 („Sanieren oder Ausscheiden") [Rz. 12], NZG 2009, S. 1347 ff. [S. 1348 li. Sp. oben] und BGH, Urt. v. 05.11.1984 - II ZR 111/84, NJW 1985, S. 974 f. [S. 974 re. Sp. unten].

188 Vgl. *K. Schmidt*, Gesellschaftsrecht, § 21 S. 616; *Zöllner*, Schranken, S. 354.

189 Vgl. nur MüKo/*Schäfer*, § 707 BGB Rn. 10.

190 Vgl. *K. Schmidt*, Gesellschaftsrecht, § 5 S. 135; *ders.* ZIP 1980, S. 328 [S. 335 re. Sp. oben].

191 Vgl. nur Soergel/*Hadding/Kießling*, § 707 BGB Rn. 3.

192 Vgl. Baumbach/Hopt/*Roth*, § 109 HGB Rn. 12; so auch *Nentwig*, Nachschusspflichten im Verbandsrecht, S. 115 ff. [S. 118].

Schäfer geht davon aus, dass man die Verweigerung weiterer Beiträge durch den Minderheitsgesellschafter und seine mangelnde Zustimmung nur in seltenen Fällen als treuwidrig würde ansehen können.[193] Eine genaue Beschreibung, welche seltenen Fälle er damit meint, nimmt *Schäfer* nicht vor. *Wagner* hingegen stellt mit Verweis auf die Rechtsprechung des BGH[194] fest, dass eine Pflicht zur Zustimmung zu einer Sanierungskonzeption, welche auch Nachschusspflichten beinhalte, im Interesse von Gesellschaft und der Gesellschafter durchaus geboten sein könne.[195] Ebenso sieht *H.P. Westermann* die Möglichkeit, dass die gesellschafterliche Treuepflicht zu einer Vertragsänderung zwingen kann, welche eine Beitragserhöhung für alle Gesellschafter begründet.[196]

2. *Die Rechtsprechung zur Nachschusspflicht kraft Treuepflicht*

a) *OLG München, Urt. v. 16.06.2004 - 7 U 5669/03*

1) Die Entscheidung

Für den Fall eines Kommanditisten urteilt das OLG München in seiner Entscheidung vom 16.06.2004,[197] dass diesen eine Nachschusspflicht nur dann treffe, wenn diese eindeutig im Gesellschaftsvertrag geregelt sei. Eine nachträgliche Zustimmungspflicht kraft Treuepflicht treffe den Kommanditisten in dem der Entscheidung zugrunde liegenden Fall nicht. Das OLG stellt fest, dass auch bei Sanierungsbedarf der Personengesellschaft im Allgemeinen keine Verpflichtung des Gesellschafters bestünde, einem Beschluss zuzustimmen, welcher für alle Gesellschafter Nachschusspflichten begründet.[198] Was das Gericht mit „im Allgemeinen" meint wird deutlich, wenn man die Erwägungen in den weiteren Entscheidungsgründen hinzuzieht. Das Gericht beschreibt die übrigen Möglichkeiten einer Rettung der Gesellschaft wie Kapitalerhöhung oder Gesellschafterdarlehen und wägt die Folgen, die die jeweilige Maßnahme für die Gesellschafter hätte, gegeneinander ab. Da diese nach Auffassung des Gerichtes zumindest nach dem Vortrag der Beklagten nicht ausgeschöpft wurden oder versperrt waren, kam eine Zustimmungspflicht kraft Treuepflicht nicht in Betracht. Die einzige

193 Vgl. MüKo/*Schäfer*, § 705 Rn. 233.

194 Vgl. BGH, Urt. v. 04.07.2005 - II ZR 354/03; NZG 2005, S. 753 ff.; WM 2005, S. 1608 ff.; BGH, Urt. v. 23.01.2006 - II ZR 306/04, NZG 2006, S. 306.

195 Vgl. *Wagner*, WM 2006, S. 1273 [S. 1276 li. Sp. oben].

196 Vgl. Erman/*H.P. Westermann*, § 707 BGB Rn. 1a.

197 Vgl. OLG München, Urt. v. 16.06.2004 - 7 U 5669/03, NZG 2004, S. 807 f. [S. 807 li. Sp].

198 Vgl. OLG München, Urt. v. 16.06.2004 - 7 U 5669/03, NZG 2004, S. 807 f. [S. 807 re. Sp. unten].

Handlungsalternative sei nach Auffassung des OLG die Auflösung der Gesellschaft, wenn die vorhandenen Mittel nicht dazu ausreichen, den Gesellschaftszweck zu erreichen.[199]

2) Stellungnahme

Das Gericht betont den Ausnahmecharakter, den die Nachschusspflicht kraft Treuepflicht hat. Nur in Ausnahmesituationen, wenn bereits alle Mittel ausgeschöpft sind, kommt eine Zustimmungspflicht zu Nachschüssen in Betracht. Allerdings gibt das OLG München außer dem Verweis auf die im konkreten, zur Entscheidung vorliegenden Fall gegebenen alternativen Finanzierungsmöglichkeiten keine weiteren Hinweise darauf, was es unter „im Allgemeinen" und unter den damit angedeuteten Ausnahmefällen versteht. Eine brauchbare Konkretisierung der Voraussetzungen einer Nachschusspflicht kraft Treuepflicht findet nicht statt. Wann alle Mittel ausgeschöpft sind, bleibt auch nach Nennung der möglichen Rettungsmaßnahmen „Kapitalerhöhung" und „Gesellschafterdarlehen" weiter unklar. Insbesondere vermag es nicht zu überzeugen, dass sich die gesellschafterliche Treuepflicht allein deswegen zu einer Leistungs- oder Zustimmungspflicht verdichten sollte, weil andere Rettungsmaßnahmen keinen Erfolg versprechen. Festzuhalten bleibt die bereits in dieser Entscheidung anklingende Zurückhaltung der Obergerichte in Bezug auf die Anerkennung einer Nachschusspflicht kraft Treuepflicht.

b) BGH, Urt. v. 04.07.2005 – II ZR 354/03

1) Die Entscheidung

In dem Urteil vom 04.07.2005[200] stellt der BGH für eine Publikumspersonengesellschaft fest, dass eine Nachschusspflicht der Gesellschafter über die vereinbarte Einlage hinaus regelmäßig nicht bestehe.[201] Der dispositive § 707 BGB entfalte *dann* keine Wirkung, wenn die zusätzlich geforderten Beiträge bereits im Gesellschaftsvertrag angelegt seien. Der BGH verzichtet in diesem Urteil

199 Vgl. OLG München, Urt. v. 16.06.2004 – 7 U 5669/03, NZG 2004, S. 807 f. [S. 807 re. Sp. unten].

200 Vgl. BGH, Urt. v. 04.07.2005 – II ZR 354/03, BB 2005, S. 1811 ff.; ZIP 2005, S. 1455 ff.; NZG 2005, S 753 ff.

201 Vgl. BGH, Urt. v. 04.07.2005 – II ZR 354/03, BB 2005, S. 1811 ff.; ZIP 2005, S. 1455 ff.; NZG 2005, S 753 ff.

auf das Erfordernis, dass diese Beiträge „ziffernmäßig fixiert" sind.[202] Vielmehr reiche es für die wirksame Begründung einer solchen Beitragspflicht aus, dass die Höhe der möglichen Beiträge in „objektiv bestimmbarer, künftigen Entwicklungsmöglichkeiten Rechnung tragender Weise ausgestaltet ist".[203] Für den BGH reicht es aus, wenn die Gesellschafter zwar keinen höhenmäßig bestimmten Betrag an Beiträgen vereinbaren, sondern pauschal das „Erforderliche" beizutragen versprechen und die Vereinbarung „ausdrücklich" oder „stillschweigend" geschlossen ist.[204] Dies entspricht den Ergebnissen aus der Untersuchung der Anforderungen an Mehrheitsklauseln, welche „Art und Umfang" einer möglichen Belastung durch Mehrheitsbeschluss vorwegnehmen müssen. Interessant für die hier untersuchte Thematik sind die Ausführungen des BGH in der weiteren Urteilsbegründung. Der BGH führt aus, dass bei Fehlen eines antizipierten Einverständnisses im Gesellschaftsvertrag die gesellschafterliche Treuepflicht in Ausnahmefällen eine Zustimmung der Gesellschafter zu Beitragserhöhungen gebieten könne mit der Konsequenz, dass § 707 BGB der Nachforderung nicht entgegenstehe.[205] Nachdem das Gericht feststellt, dass § 707 BGB wegen der Zustimmungspflicht kraft Treuepflicht eine Beitragserhöhung selbst dann nicht verhindert, wenn diese nicht im Gesellschaftsvertrag angelegt sind, wiederholt es die bereits in seinem Urteil vom 10.10.1994[206] aufgestellten Voraussetzungen, dass Eingriffe in die Gesellschafterstellung allgemein nur dann zulässig seien, wenn diese im Interesse der Gesellschaft geboten und unter Berücksichtigung der schutzwürdigen Belange der betroffenen Gesellschafter zumutbar seien.[207]

2) Stellungnahme

Mit diesem Urteil darf die Treuepflicht als Grundlage für Nachschüsse als anerkannt gelten. Die folgenden Urteile zur Nachschusspflicht kraft Treuepflicht

---

202 Vgl. BGH, Urt. v. 04.07.2005 – II ZR 354/03 [Rz. 19], NZG 2005, S. 753 f. [S. 753 re. Sp. unten].

203 Vgl. BGH, Urt. v. 04.07.2005 – II ZR 354/03 [Rz. 19], NZG 2005, S. 753 f. [S. 753 re. Sp. unten].

204 Vgl. BGH, Urt. v. 04.07.2005 – II ZR 354/03 [Rz. 19 a.E.], NZG 2005, S. 753 f. [S. 753 re. Sp. unten].

205 Vgl. BGH, Urt. v. 04.07.2005 – II ZR 354/03 [Rz. 30], NZG 2005, S. 753 f. [S. 754 re. Sp. oben].

206 Vgl. BGH, Urt. v. 10.10.1994 – II ZR 18/94, ZIP 1994, S. 1942, NJW 1995, S. 194 ff.

207 Vgl. BGH, Urt. v. 10.10.1994 – II ZR 18/94 [Rz. 10], NJW 1995, S. 194 ff. [S. 195 re. Sp. Mitte].

nehmen regelmäßig auf diese Entscheidung des BGH Bezug.[208] Der BGH spricht hier von „Ausnahmefällen", geht aber nicht näher darauf ein, unter welchen Bedingungen solche Ausnahmefälle anzunehmen sind. Bezug nehmend auf sein Urteil vom 10.10.1994[209] wiederholt der BGH, dass Eingriffe in Gesellschafterrechte im Interesse der Gesellschaft geboten und dem Einzelnen individuell zumutbar sein müssen. Diese beiden Kriterien werden auch in späteren Entscheidungen wieder aufgegriffen. Die Kriterien allein reichen nicht aus, eine Nachschusspflicht kraft Treuepflicht wirksam zu begründen, da eine solche nicht die Mitgliedschaft selbst („Eingriff in die Gesellschafterstellung"), sondern das Privatvermögen des Gesellschafters betreffen. Trotzdem können sie bereits als tragende Elemente für eine Nachschusspflicht kraft Treuepflicht festgehalten werden. Zunächst muss klargestellt werden, dass die Formulierung „im Interesse der Gesellschaft" missverständlich ist. Der Gesellschaft selbst kann kein Eigeninteresse zugebilligt werden. In ihr sammeln sich lediglich die kollektiven Interessen aller Gesellschafter. Insofern sollte präziser vom „Interesse der Gesellschafter an der Fortführung der Gesellschaft" gesprochen werden.

Das Merkmal der „Gebotenheit" wurde in späteren Entscheidungen durch „dringende Erforderlichkeit" ersetzt. Beide Begriffe sind nicht deckungsgleich. Eine abstrakt zur Zweckerreichung erforderliche Maßnahme muss im konkreten Fall unter Wertungsgesichtspunkten nicht zwangsläufig geboten erscheinen. Die Entscheidungsgründe der Entscheidung vom 04.07.2005 geben jedoch keine Hinweise darauf, dass das Merkmal der „Gebotenheit" in anderer Weise zu verstehen ist als im Sinne einer bloßen „Zweckdienlichkeit", was auch die Ersetzung dieses Merkmals durch die „Erforderlichkeit" in späteren Entscheidungen erklären würde.

Das Erfordernis der „Zumutbarkeit" vermag nicht zu überraschen. Da eine Nachschusspflicht kraft Treuepflicht dem einzelnen Gesellschafter Beiträge abverlangt, zu deren Leistung er sich nicht schuldrechtlich verpflichtet hat, müssen diese Beiträge naturgemäß beschränkt sein. Diese Beschränkung erfolgt in

---

208 Vgl. nur OLG Celle, Urt. v. 21.12.2005 – 9 U 96/05, NZG 2006, S. 225 f. [S. 226 li. Sp. unten]; BGH, Urt. v. 23.01.2006 – II ZR 306/04, NZG 2006, S. 306 ff. [S. 307 li. Sp. unten]; BGH, Urt. v. 23.01.2006 – II ZR 126/04, NZG 2006, S. 379 ff. [S. 380 re. Sp. unten]; BGH, Urt. v. 05.03.2007 – II ZR 282/05, NZG 2007, S. 381 f. [S. 381 re. Sp. oben]; BGH, Urt. v. 19.03.2007 – II ZR 73/06, NZG 2007, S. 382 ff. [S. 383 li. Sp. unten]; BGH, Hinweisbeschl. v. 26.03.2007 – II ZR 22/06, NZG 2007, S. 582 f. [S. 582 re. Sp. unten]; OLG Stuttgart, Urt. v. 31.03.2010 – 14 U 20/09, DB 2010, S. 1058 ff. [S. 1060 re. Sp. unten].

209 Vgl. BGH, Urt. v. 10.10.1994 – II ZR 18/94, ZIP 1994, S. 1942, NJW 1995, S. 194 ff.

zweifacher Hinsicht. Der einzelne Gesellschafter muss nicht mehr leisten, als im Sinne des Rettungszwecks geboten (oder, genauer, dringend erforderlich) ist. Gerade weil die Leistungspflicht nicht auf einer schuldrechtlichen Abrede, sondern auf der gesellschafterlichen Bindung kraft Treuepflicht beruht, kommt es zu einer weiteren Einschränkung durch die Grenze der individuellen Zumutbarkeit. Die Forderung nach dem Vorliegen beider Voraussetzungen (Gebotenheit und Zumutbarkeit) vermag aus den genannten Gründen zu überzeugen. Es bleibt festzuhalten, dass der BGH in seiner früheren Rechtsprechung von der Möglichkeit der stillschweigenden Übernahme weiterer Beitragspflichten ausging. Dabei handelte sich nicht um eine Nachschusspflicht kraft Treuepflicht, sondern um eine – konkludente – Übernahme einer konkreten Nachschusspflicht im Sinne einer Vereinbarung. Seit der Entscheidung vom 04.07.2005 hält das Gericht eine Beitragserhöhung aus Treuepflicht trotz § 707 BGB in Ausnahmefällen für zulässig. Eine dogmatische Herleitung oder eine Präzisierung der Voraussetzungen einer solchen Nachschusspflicht kraft Treuepflicht unterbleibt jedoch in dieser Entscheidung.

c) OLG Celle, Urt. v. 21.12.2005 – 9 U 96/05 (n. rkr.)

1) Die Entscheidung

Das OLG Celle stellt in seiner Entscheidung vom 21.12.2005[210] fest, dass eine Zustimmung zu einem Nachschussbeschluss ausnahmsweise durch die gesellschafterliche Treuepflicht geboten sein kann. Diese Entscheidung bezog sich ebenfalls auf eine Publikumspersonengesellschaft. Ein bloßer Sanierungsbedarf sei für eine Nachschusspflicht kraft Treuepflicht noch nicht ausreichend, da in einem solchen Fall grundsätzlich immer noch die Alternative der Auflösung der Gesellschaft bestünde.[211] Das OLG verlangt als Voraussetzung für eine Zustimmungspflicht auf der Grundlage der gesellschafterlichen Treuepflicht, dass diese Zustimmung und ihre Folgen für den einzelnen verpflichteten Gesellschafter zumutbar seien.[212] Darüber hinaus müssen die Vertragsänderung – und damit die Nachschusspflicht – erforderlich sein, um wesentliche „gemeinsam geschaffene Werte“ zu erhalten oder „wesentliche Verluste“ zu vermeiden.[213] An die

---

210 Vgl. OLG Celle, Urt. v. 21.12.2005–9 U 96/05, NZG 2006, S. 225 f.

211 Vgl. OLG Celle, Urt. v. 21.12.2005 – 9 U 96/05, NZG 2006, S. 225 f. [S. 226 li. Sp. unten].

212 Vgl. OLG Celle, Urt. v. 21.12.2005 – 9 U 96/05, NZG 2006, S. 225 f. [S. 226 li. Sp. unten].

213 Vgl. OLG Celle, Urt. v. 21.12.2005 – 9 U 96/05, NZG 2006, S. 225 f. [S. 226 li. Sp. unten]. Diese Formulierung fand sich bereits in früheren Entscheidungen des BGH,

Voraussetzungen für eine Zustimmungspflicht seien allerdings „besonders hohe Anforderungen“ zu stellen.[214] Das OLG nimmt an, dass eine Nachschusspflicht kraft Treuepflicht nur dann infrage kommt, wenn eine Liquidation der Gesellschaft ökonomisch sinnlos sei, etwa weil die darauf folgende Haftungsbelastung des Gesellschafters *gleich hoch* sei wie der geforderte Nachschuss.[215] In einem solchen Fall läge eine Ausnahme vor, in der die Minderheitsgesellschafter gehalten seien, durch Nachschuss Werte zu erhalten, soweit die Nachschussforderung „ihrer Höhe nach in absoluten Zahlen und in Relation zum Einlagebetrag gesehen“ zumutbar sei.[216] In einem Parallelverfahren[217] formulierte das OLG Celle ebenfalls, dass eine Nachschusszahlung aus Treuepflicht dann geboten sei, wenn sie zumutbar und bei einem Vergleich zwischen einer Nachschussbelastung und einer Liquidationsbelastung die „Zerschlagung ökonomisch sinnlos“ sei.[218] In dem konkreten Fall stellte das OLG jedoch fest, dass die „besonders hohen Anforderungen“[219] auch in diesem Fall nicht gegeben seien, da die Liquidation eine ökonomisch noch sinnvolle Alternative darstellte.

etwa Urt. v. 20.10.1986 – II ZR 86/85, NJW 1987, S. 952 ff. [S. 953 re. Sp. oben]: „Wie der Senat wiederholt ausgesprochen hat, kann sich aus der gesellschaftlichen Treuepflicht des einzelnen Gesellschafters in besonders gelagerten Ausnahmefällen die Verpflichtung ergeben, einer Änderung des Gesellschaftsvertrages zuzustimmen. Dies gilt auch für einen Wechsel im Gesellschafterbestand. Voraussetzung dafür ist stets, daß die Änderung mit Rücksicht auf das bestehende Gesellschaftsverhältnis oder im Hinblick auf die Rechtsbeziehungen der Gesellschafter zueinander, etwa zum Zwecke der Erhaltung wesentlicher Werte, die die Gesellschafter in gemeinsamer Arbeit geschaffen haben, oder zur Vermeidung erheblicher Verluste, die die Gesellschaft oder einer der Gesellschafter erleiden könnte, erforderlich sind“ (m.w.Nw.).

214 Vgl. OLG Celle, Urt. v. 21.12.2005 – 9 U 96/05, NZG 2006, S. 225 f. [S. 226 li. Sp. unten].

215 Vgl. OLG Celle, Urt. v. 21.12.2005 – 9 U 96/05, NZG 2006, S. 225 f. [S. 226 re. Sp. oben].

216 Vgl. OLG Celle, Urt. v. 21.12.2005 – 9 U 96/05, NZG 2006, S. 225 f. [S. 226 re. Sp. oben].

217 Vgl. OLG Celle, Urt. v. 17.08.2005 – 9 U 33/05, NZG 2006, S. 17 f.

218 Vgl. OLG Celle, Urt. v. 17.08.2005 – 9 U 33/05, NZG 2006, S. 17 f., [S. 18 li. Sp. Mitte]; WM 2006, S. 30 ff. [S. 32 li. Sp. oben].

219 Vgl. OLG Celle, Urt. v. 17.08.2005 – 9 U 33/05, NZG 2006, S. 17 f. [S. 18 li. Sp. oben] WM 2006, S. 30 ff. [S. 31 re. Sp. unten].

2) Stellungnahme

Das Urteil deckt sich zunächst mit den Feststellungen des OLG München,[220] wenn es einen „bloßen Sanierungsbedarf" an sich noch nicht dafür ausreichen lässt, eine Nachschusspflicht kraft Treuepflicht entstehen zu lassen und weiterhin eine Nachschusspflicht kraft Treuepflicht für besondere Ausnahmefälle reserviert. Dabei darf es nach der Entscheidung des OLG Celle in Parallele zur Entscheidung des OLG München vom 16.06.2004 keine andere mögliche Finanzierungsmöglichkeit mehr geben. Das OLG Celle nimmt im Gegensatz zum BGH aber eine andere Perspektive ein. Nicht die Belastung der Gesellschafter und ihr Risiko stehen bei der Bewertung im Mittelpunkt. Das Gericht beschränkt sich nicht darauf, von „gebotenen" Nachschüssen zu sprechen, sondern betrachtet die auf dem Spiel stehenden Vermögenswerte der Gesellschafter. Das Gericht stellt damit klar, dass es die Wirksamkeit des Beschlusses von Sanierungsnachschüssen nach dem Zweck der Nachschüsse beurteilt. Die Nachschüsse sollen dazu eingesetzt werden, wesentliche, gemeinsam geschaffene Werte zu erhalten oder wesentliche Verluste zu vermeiden. Dies bedeutet eine Konkretisierung des vom BGH[221] als „Gebotenheit" bezeichneten Erfordernisses im Sinne einer Zweckdienlichkeit. Des Weiteren wird auch in dieser Entscheidung gefordert, dass die weiteren Belastungen zumutbar seien.[222] Künftige Zahlungen an die Gesellschaft sollten zudem kein „Fass ohne Boden" sein.[223]

Das OLG Celle nimmt in diesem Urteil ein neues, entscheidendes Kriterium in die Abwägung mit auf. Der Gesellschafter dürfe bestrebt sein, seine wirtschaftliche Handlungsfreiheit zu wahren oder zurückzugewinnen.[224] Das OLG argumentiert mit der im Fall der Liquidation drohenden Belastung durch die Haftung der Gesellschafter, die ebenso belastend sei wie die Leistung weiterer Beiträge. Dabei wird deutlich, dass nicht die Haftung für die Gesellschaftsschulden an sich als Argument für eine Nachschusspflicht herangezogen wird. Vielmehr setzt das Gericht diese Haftung als gegeben voraus und wägt im konkreten Fall ab, welche Belastung, nämlich die durch Haftung im Rahmen der

---

220 Vgl. OLG München, Urt. v. 16.06.2004 – 7 U 5669/03, NZG 2004, S. 807 f. [S. 807 re. Sp. unten].

221 Vgl. BGH, Urt. v. 04.07.2005 – II ZR 354/03 [Rz. 31, NZG 2005, S. 753 ff. [S. 754 re. Sp. Mitte].

222 So schon BGH, Urt. v. 10.10.1994 – II ZR 18/94 [Rz. 10], NJW 1995, S. 194 ff. [S. 195 re. Sp. Mitte].

223 Vgl. OLG Celle, Urt. v. 21.12.2005 – 9 U 96/05, NZG 2006, S. 225 f. [S. 226 re. Sp. unten].

224 Vgl. OLG Celle, Urt. v. 17.08.2005 – 9 U 33/05, NZG 2006, S. 17 f [S. 18 li. Sp. unten].

Liquidation auf der einen und die durch Leistung zumutbarer Nachschüsse auf der anderen Seite, die geringeren Auswirkungen auf die Gesellschafter habe. Diese Abwägung vermag zu überzeugen. Das OLG Celle greift gerade einen Aspekt der Abwägung auf, welcher in den Entscheidungen des BGH bis dahin keinen Anklang fand und auch später, wie zu zeigen sein wird, vom BGH bewusst nicht berücksichtigt wurde. Das OLG Celle nimmt den *konkreten* Fall in Augenschein und prüft die möglichen Belastungen, welche durch die Durchführung der jeweiligen Handlungsvarianten entstünden. Dies bedeutet eine klare Abkehr von der formalistischen Betrachtung des Belastungsverbotes gemäß § 707 BGB. Das OLG Celle erkennt, dass es bei der Bewertung der jeweiligen Belastung nicht darauf ankommt, ob der Gesellschafter durch den Nachschussbeschluss eine neue Schuld begründet, welche neben seine mögliche Haftung tritt und ihn daher rechtswidrig belastet. Vielmehr zeigt das OLG, dass bei der Beurteilung der Belastung und der Abwägung im Einzelfall genau geprüft werden muss, welche Handlungsmöglichkeit *im Ergebnis* die höhere Belastung bedeuten würde. Soweit die mit der Rettung von Einlagen und damit der Abwendung sowohl der Außenhaftung als auch der Liquidationshaftung einhergehende Belastung geringer ausfiele als die mögliche Außen- oder Liquidationshaftung selbst, sei Erstere vorrangig in Kauf zu nehmen und eine Rettung durchzuführen, da sie in dem Moment der Entscheidung über die Nachschüsse weniger belaste. Dann vermöge die Treuepflicht eine solche Nachschusspflicht auszulösen. An dieser Argumentation überzeugt nicht nur die Absicht, Sanierungsfälle in der Praxis nach wirtschaftlichen Gesichtspunkten im Sinne einer wirtschaftlichen Betrachtungsweise zu differenzieren, sondern sie nimmt das Belastungsverbot gemäß § 707 BGB ernst.[225] Entgegen der formalistischen Betrachtung des BGH wird die Haftung für die Gesellschaftsschulden im Falle einer Liquidation nicht als gegebene Belastung hingenommen, zu welcher keine neuen Belastungen durch Nachschüsse hinzutreten dürfen. Vielmehr erkennt das Gericht, dass das Belastungsverbot gemäß § 707 BGB nur Beiträge verbietet, welche sich letzten Endes nach Abzug etwaiger Zugewinne negativ im Vermögen der Gesellschafter auswirkt. Soweit jedoch eine belastbare Prognose besteht, dass die gemeinsam geschaffenen Werte (zumindest anteilig) wiedergewonnen werden können, entfällt die Belastung durch die persönliche Haftung für diese Beträge im Rahmen der Liquidation, die Beitragsleistung an die Gesellschaft wird durch den Wegfall der Haftung ausgeglichen. Die Argumentation des OLG Celle griff der BGH in

---

225 *Nentwig* spricht in diesem Zusammenhang von der „wirtschaftlich vernünftigen Handlungsoption", vgl. *ders.*, Nachschusspflichten im Verbandsrecht, S. 128.

seinem auf diese Entscheidung folgenden Hinweisbeschluss vom 26.03.2007 auf und nahm hierzu ablehnend Stellung.

d) BGH, Hinweisbeschl. v. 26.03.2007 - II ZR 22/06

1) Die Entscheidung

In dem auf das Urteil des OLG Celle[226] folgenden Revisionsverfahren[227] erging ein Hinweisbeschluss, in welchem der BGH sowohl auf seine bisherige Rechtsprechung verweist, als auch noch einmal klärend zur Sache Stellung nimmt.[228] Der BGH stellt fest, dass ein Gesellschafter bei mangelnder gesellschaftsvertraglicher Grundlage kraft gesellschafterlicher Treuepflicht zur Hinnahme von Eingriffen in seine Mitgliedschaftsrechte nur dann verpflichtet sei, wenn dies im Gesellschaftsinteresse geboten und ihm unter Berücksichtigung seiner eigenen schutzwürdigen Belange zumutbar sei.[229] Daran seien „besonders hohe Anforderungen" zu stellen.[230] Der BGH betont, dass eine allgemeine Aussage hierzu nicht möglich sei, da das Kriterium der „eigenen schutzwürdigen Belange" den konkreten Gesellschafter betreffe und somit nicht verallgemeinerungsfähig sei.[231] Ablehnend äußert sich der BGH zu den Ausführungen des OLG Celle, welche sich auf das Haftungsrisiko der Gesellschafter beziehen.[232] Die Haftung der Gesellschafter für die Gesellschaftsschulden gemäß § 128 HGB (analog) könne gerade nicht dafür herhalten, den einzelnen zahlungsunwilligen Gesellschafter kraft Treuepflicht zu einer Nachschusszahlung zu zwingen. Denn die Ausfallhaftung gemäß § 128 HGB (analog) gegenüber den Gesellschaftsgläubigern treffe den Einzelnen lediglich anteilig und der Höhe nach auf die im Moment der Entscheidung bestehenden Verbindlichkeiten beschränkt, während bei einer Fortführung mit Nachschüssen die Nachschüsse zusätzlich verloren gehen könnten

226 Der Hinweisbeschluss erfolgte auf die Revision der Entscheidung vom 21.12.2005 – 9 U 96/05, ZIP 2006, S. 807 ff. = NZG 2006, S. 225 f.

227 BGH II ZR 22/06 (OLG Celle).

228 Vgl. BGH, Hinweisbeschl. v. 26.03.2007 – II ZR 22/06, NZG 2007, S. 582.

229 Vgl. BGH, Hinweisbeschl. v. 26.03.2007 – II ZR 22/06, NZG 2007, S. 582 f. [S. 582 re. Sp. unten].

230 Vgl. BGH, Hinweisbeschl. v. 26.03.2007 – II ZR 22/06, NZG 2007, S. 582 f. [S. 582 re. Sp. unten].

231 Vgl. BGH, Hinweisbeschl. v. 26.03.2007 – II ZR 22/06, NZG 2007, S. 582 f. [S. 583 li. Sp. oben].

232 Vgl. BGH, Hinweisbeschl. v. 26.03.2007 – II ZR 22/06 [Rz. 12], NZG 2007, S. 582 f. [S. 583 re. Sp. oben].

und die Gefahr der Schaffung weiterer Verbindlichkeiten bestünde. Dies führe dazu, dass die Nachschüsse dem Gesellschafter nicht zumutbar seien.[233]

2) Stellungnahme

Die Argumentation des BGH vermag in vielerlei Hinsicht nicht zu überzeugen. Das Gericht behauptet, dass bei der Abwägung der Interessen die schutzwürdigen Belange des Minderheitsgesellschafters abstrakt nicht darstellbar seien, sodass eine Verallgemeinerung ausscheide. Der BGH verkennt an dieser Stelle, dass die Schutzwürdigkeit des Einzelnen im Rechtsverkehr und damit auch im Gesellschaftsrecht durchaus der Verallgemeinerung durch bestimmte Kriterien zugänglich ist, auch wenn es selbstverständlich vom Einzelfall abhängt, inwiefern eine solche Schutzbedürftigkeit individuell bejaht werden kann. Freilich sind gerade in den vom BGH zu entscheidenden Fällen, in denen die Nachschusspflicht kraft Treuepflicht eine Rolle spielt, Publikumspersonengesellschaften betroffen. Deren Gesellschafter agieren eher als Anleger denn als geschäftsführende Mitglieder. Die persönliche Leistungsfähigkeit und damit auch die Höhe der zumutbaren Beiträge der einzelnen Gesellschafter werden sich bei Gesellschaftern einer Publikumspersonengesellschaft häufig stärker unterscheiden, als dies in personalistisch geprägten Personengesellschaften der Fall ist.[234] Trotzdem ließe sich abstrakt festlegen, nach welchen Kriterien zu bestimmen ist, ob einem Gesellschafter die Leistung zusätzlicher Beiträge nicht mehr zugemutet werden kann. Dass Kriterien wie die Zumutbarkeit oder die Schutzbedürftigkeit des Gesellschafters durchaus einer allgemeineren Definition zugänglich sind, zeigt ein Blick auf den Minderjährigenschutz im BGB. Die Haftung von Schutzbedürftigen hängt nicht nur von starren Altersgrenzen, sondern auch von der individuellen

---

233 Vgl. BGH, Hinweisbeschl. v. 26.03.2007 – II ZR 22/06 (OLG Celle), NZG 2007, S. 582 f. [S. 583 re. Sp. oben].

234 Wenngleich auch das nicht als selbstverständlich angenommen werden kann. Grundlage vieler Gesellschaften ist es gerade, dass einige Gesellschafter Kapital, andere ihre Arbeitskraft einbringen. Fiele beides in einer Person zusammen, wäre die Gründung einer „Gesellschaft" praktisch überflüssig. Dies zeigt sich auch in der gesetzlich normierten Gesellschaftsform der KG, welche einzelnen kapitalstarken Gesellschaftern ermöglicht, eine einmalige Einlage zu leisten, diese jedoch von der Geschäftsführung ausschließt.

Schutzbedürftigkeit ab, welche sich wiederum an der Einsichtsfähigkeit orientiert.[235] In Betracht kommt auch eine Haftung aus Billigkeitsgesichtspunkten.[236]

Ebenso kritisch sind die Ausführungen des BGH zur Haftung der Gesellschafter zu sehen. Die Haftung gemäß § 128 HGB (analog) stelle für die Gesellschafter eine geringere Belastung dar als eine Fortführung mit Nachschusspflicht, da die Schulden betragsmäßig feststünden und damit überschaubar seien, die Nachschüsse hingegen eine Zusatzleistung darstellten, welche den Schuldenstand grundsätzlich unberührt ließen und zusätzlich verloren gehen könnten. Daher könne die Haftung nicht als Argument für eine Nachschusspflicht kraft Treuepflicht angeführt werden. Dies vermag aus zweierlei Gründen nicht zu überzeugen. Eine wirtschaftliche Unternehmung stellt immer ein wirtschaftliches Risiko dar, welches unter Umständen ein überraschendes Ausmaß annehmen kann und über § 128 HGB bei Personengesellschaften immer die Gesellschafter trifft. Das Risiko eines Totalausfalles muss dabei im Moment der Nachschusszahlung gerade nicht steigen, es kann sogar in vielerlei Fälle sinken oder gar die Möglichkeit geben, bereits verloren geglaubtes Kapital wiederzuerlangen. Hier pauschal von einem immerwährenden Verlustrisiko auszugehen, berücksichtigt nicht den konkreten Sachverhalt, sondern nimmt eben jene Verallgemeinerung vor, die der BGH bei den Kriterien der individuellen Schutzbedürftigkeit gerade ablehnt.

Des Weiteren ist die Haftung gemäß § 128 HGB (analog) als Gesamtschuld aller Gesellschafter ausgestaltet. Der einzelne, noch zahlungsfähige Gesellschafter trägt das Risiko, alle Verbindlichkeiten im Außenverhältnis allein tragen zu müssen und im Innenverhältnis leer auszugehen. Es bestünde im konkreten Fall somit ein viel höheres Ausfallrisiko, wenn er sich an seine Mitgesellschafter halten müsste, als wenn er gezwungen wäre, zumutbare Nachschüsse zu leisten mit dem Ziel, die Außenhaftung teilweise oder sogar vollständig (zumindest vorübergehend) abzuwenden. Soweit die Mehrheit den Beschluss unterstützt, ist von deren Solvenz zumindest bezüglich der angebotenen Nachschusszahlungen auszugehen. Die spätere im Rahmen der Liquidation einsetzende Haftung kann diese möglichen Nachschusszahlungen jedoch betragsmäßig übersteigen. Eine Belastung des einzelnen Gesellschafters bleibt über seine Haftungsquote im Innenverhältnis hinaus immer möglich. Davon abgesehen ist es ein in der Praxis nicht zu

235 Vgl. hierzu § 828 Absatz 3 BGB.

236 Vgl. die „Ersatzpflicht aus Billigkeitsgründen" des § 829 BGB, der eine Ersatzpflicht eines Minderjährigen trotz Vorliegens von Ausschlusstatbeständen für jene Fälle anordnet, in denen kein Dritter wegen Aufsichtspflichtverletzung für den Schaden einzutreten hat und die Vermögensverhältnisse des Minderjährigen einer Haftung nicht entgegenstehen („Millionärsparagraph").

vernachlässigendes Problem, dass in Ansehung der baldigen Haftungssituation durch die Gesellschafter Vermögenswerte aus ihrem haftenden Privatvermögen entfernt werden, sodass der Ausfall von Gesellschaftern im Innenverhältnis nicht als Ausnahme, sondern als Regelfall anzunehmen ist. Gerade aus diesem Grunde sah sich der Gesetzgeber veranlasst, neben das Anfechtungsrecht des Insolvenzverwalters auch außerhalb eines Verfahrens mit dem AnfG entsprechende Möglichkeiten zu schaffen und die Gesellschafterhaftung gemäß § 128 HGB (analog) als Gesamtschuld auszugestalten.

e) *BGH, Hinweisbeschl. v. 02.07.2007 – II ZR 181/06*

1) Die Entscheidung

In seiner Entscheidung vom 02.07.2007[237] verneint der BGH eine Zustimmungspflicht kraft Treuepflicht für einen Kommanditisten, der im Rahmen einer Unternehmenssanierung seine Haftsumme in eine Zahlungspflicht gegenüber der Kommanditgesellschaft umwandeln sollte. Das Gericht beurteilt die Auffassung des Berufungsgerichts anhand der Sachlage als rechtlich einwandfrei. In diesem Fall sollte mit der Maßnahme lediglich Zeit gewonnen werden, bis ein Sanierungskonzept mit den finanzierenden Banken erarbeitet sein würde. Dem Kommanditisten wären folglich Zahlungspflichten auferlegt worden, obwohl eine Rettung völlig offen war.

2) Stellungnahme

Ungeachtet der unterschiedlichen Haftung von Kommanditisten und Komplementären kann die Entscheidung für die vorliegende Untersuchung fruchtbar gemacht werden, da sie gerade nicht auf die persönliche Haftung, sondern auf die Bedeutung der Begleitumstände für eine Zustimmungspflicht abstellt. Vorliegend befand sich die Gesellschaft im Liquidationsstadium. Dabei war völlig offen, ob durch die vom Gesellschafter verlangte Umwandlung eines Teils der Haftsumme in eine Zahlungspflicht überhaupt der Sanierung gedient hätte. Umgekehrt lässt sich hieraus schließen, dass bei Wegfall der „Ungewissheit“ eine treuepflichtgebundene Sanierungsmaßnahme, welche den Gesellschafter hier auch indirekt belastet, durchaus denkbar ist. Dieser Argumentation kann gefolgt werden. Auch wenn die Voraussetzungen für eine Zustimmung kraft Treuepflicht vom BGH in der Erforderlichkeit und Zumutbarkeit gesehen wurden, findet hier eine Spezifizierung statt. Erforderlich kann ein Nachschuss nur sein, wenn er seinen Zweck nicht von vornherein verfehlt, seine Zahlung also erforderlich ist,

---

237 Vgl. BGH, Hinweisbeschl. v. 02.07.2007 – II ZR 181/06, NZG 2007, S. 860.

um das Ziel der Sanierung zu erreichen. Die Voraussetzungen waren in dem konkreten Fall nicht erfüllt.

f) BGH, Urt. v. 19.10.2009 – II ZR 240/08 – „Sanieren oder Ausscheiden“

1) Die Entscheidung

Diese bereits erwähnte Entscheidung des BGH vom 19.10.2009[238] betraf des Weiteren auch Feststellungen zu einer Zustimmungspflicht aus Treuepflichtgesichtspunkten. Der BGH stellt in dieser Entscheidung fest, dass die Belastung des Gesellschafters mit weiteren Einlagen im Rahmen einer Kapitalerhöhung gleichzusetzen ist mit der Belastung durch weitere Nachschüsse.[239] Das Gericht geht davon aus, dass es den sanierungs- und damit zahlungswilligen Gesellschaftern nicht zumutbar sei, die Gesellschaft mit den Gesellschaftern fortzusetzen, welche zu einer solchen zusätzlichen Leistung nicht bereit sind.[240] Die sanierungsunwilligen Gesellschafter treffe vielmehr kraft gesellschaftlicher Treuepflicht die Verpflichtung, dem dafür nötigen Beschluss zuzustimmen – und dadurch ihren eigenen Ausschluss zu besiegeln.[241] Der BGH verlangt für eine Stimmpflicht kraft Treuepflicht für Fälle, in denen es zu einem Eingriff in die Mitgliedschaft des Gesellschafters kommt, die Erfüllung mehrerer Voraussetzungen. Zunächst wird der Anwendungsbereich einer solchen Stimmpflicht auf besonders gelagerte Ausnahmefälle begrenzt. Daneben wird gefordert, dass die Maßnahme unter Berücksichtigung der unter den Gesellschaftern bestehenden Rechtsbeziehungen „dringend erforderlich“ und den zu belastenden Gesellschaftern „zumutbar“ ist.[242] Zumutbar sei eine Maßnahme nur, wenn die schützenswerten Belange des einzelnen Gesellschafters nicht entgegenstünden.[243] Des Weiteren führt der BGH einen Begriff in die Diskussion ein, welcher bisher keine Rolle gespielt hat. Er erkennt an, dass in dem zur Entscheidung vorgelegten Fall die

238 Vgl. BGH, Urt. v. 19.10.2009 – II ZR 240/08, NZG 2009, S. 1347 ff.

239 Vgl. BGH, Urt. v. 19.10.2009 – II ZR 240/08 [Rz. 28], NZG 2009, S. 1347 ff. [S. 1349 li. Sp. unten].

240 Vgl. BGH, Urt. v. 19.10.2009 – II ZR 240/08 [Rz. 29], NZG 2009, S. 1347 ff. [S. 1349 re. Sp. Mitte].

241 Vgl. BGH, Urt. v. 19.10.2009 – II ZR 240/08 [Rz. 22], NZG 2009, S. 1347 ff. [S. 1349 li. Sp. oben].

242 Vgl. BGH, Urt. v. 19.10.2009 – II ZR 240/08 [Rz. 23], NZG 2009, S. 1347 ff. [S. 1349 li. Sp. oben].

243 Vgl. BGH, Urt. v. 19.10.2009 – II ZR 240/08 [Rz. 23], NZG 2009, S. 1347 ff. [S. 1349 li. Sp. oben].

angestrebte Sanierungsmaßnahme „wirtschaftlich sinnvoll“[244] gewesen sei, also einer Prüfung durch eine betriebswirtschaftliche Prognose standgehalten hätte. Der BGH geht davon aus, dass die Treuepflicht im Rahmen der Beschlusskontrolle nicht nur die Minderheit vor der Mehrheit schützt, sondern umgekehrt auch den Missbrauch einer Sperrminorität durch die Minderheit verhindern kann.[245]

2) Stellungnahme

In dieser Entscheidung erkennt der BGH an, dass sich aus der gesellschafterlichen Treuepflicht konkrete, den einzelnen Gesellschafter belastende Zustimmungspflichten ableiten lassen. Die zugrunde liegenden Wertungen bedeuten nichts Anderes als eine Abkehr von der früheren Weigerung des BGH, einzelnen Gesellschaftern mehr Lasten aufzubürden.[246] Die Voraussetzungen, die für eine Zustimmungspflicht zu einem Beschluss genannt werden, der die Minderheitsgesellschafter ausschließt, entsprechen den bisherigen vom BGH aufgestellten Kriterien[247] zur Bejahung einer Nachschusspflicht kraft Treuepflicht. Die Belastung ist in beiden vom BGH zu entscheidenden Fallkonstellationen vergleichbar. Zwar war die konkrete Gesellschaft in dem der Entscheidung „Sanieren oder Ausscheiden“ zugrunde liegenden Sachverhalt faktisch kurz vor dem wirtschaftlichen Ende, die Mitgliedschaft folglich wirtschaftlich nichts mehr wert. Trotzdem ist der Ausschluss eine vergleichbare Belastung, wie es eine Nachschusspflicht wäre. Denn die Gesellschafter verpassen durch den zwangsweisen Austritt die Möglichkeit, an einer Rettungsmaßnahme und damit einer Wiederaufwertung ihrer Mitgliedschaft zu partizipieren. Daher überzeugt es, dass der BGH an einen zwangsweisen Ausschluss die gleichen Voraussetzungen knüpft

244 Vgl. BGH, Urt. v. 19.10.2009 – II ZR 240/08 [Rz. 25], NZG 2009, S. 1347 ff. [S. 1349 li. Sp. Mitte].

245 Vgl. *K. Schmidt*, der den BGH in seiner weiteren Argumentation „mit geradezu schlafwandlerischer Sicherheit auf schon 1794 vom ALR gelegten Spuren […] wandeln“ sieht, vgl. *ders.* JZ 2010, S. 125 [S. 127 li. Sp. unten und zu Letzterem S. 127 re. Sp. oben].

246 Den gedanklichen Zusammenhang der Entscheidungsgründe mit § 65 II 6 ALR und den sich daraus ergebenden Denkansätzen betont auch *K. Schmidt*, JZ 2010, S. 125 ff. [S. 127 re. Sp. Mitte].

247 Vgl. zunächst BGH, Urt. v. 04.07.2005 – II ZR 354/03 [Rz. 30, 31], NZG 2005, S. 753 ff.; in der Folge aufgenommen in: BGH, Urt. v. 23.01.2006 – II ZR 306/04, NZG 2006, S. 306, [S. 308 li. Sp. unten]; ebenso BGH, Urt. v. 05.03.2007 – II ZR 282/05, NZG 2007, S. 381 f. [S. 381 re. Sp. unten] und in BGH, Urt. v. 19.03.2007 – II ZR 73/06, NZG 2007, S. 382 [S. 384 re. Sp. oben].

wie an eine Nachschusspflicht kraft Treuepflicht, denn die Belastung ist nahezu identisch. Bereits bekannt sind die Beschränkung auf besonders gelagerte Ausnahmefälle und die Voraussetzung der Zumutbarkeit. Letztere wird in diesem Urteil durch den Begriff der „schützenswerten Belange“ ergänzt. Des Weiteren verwendet der BGH anstelle des bisher verwendeten Begriffes der „Gebotenheit“ den der „dringenden Erforderlichkeit“.

Hervorzuheben ist die Feststellung des BGH, dass die Begründung weiterer Belastungen bei gesellschaftsrechtlichen Maßnahmen und die Wirkung des Belastungsverbotes in einer *Gesamtbetrachtung* abzuwägen sind. Der BGH stellt fest, dass eine durch § 707 BGB verbotene Mehrbelastung durch einen Mehrheitsbeschluss mit jener zu vergleichen ist, die dem Gesellschafter bei einer Liquidation gemäß § 735 BGB droht. Damit löst sich das Gericht von einer rein formalen Betrachtung des Belastungsbegriffs in Bezug auf § 707 BGB. Vielmehr wird jetzt eine wirtschaftliche Betrachtung der möglichen Alternativen vorgenommen. Erneut werden die Folgen eines Nachschussbeschlusses nicht formal-juristisch beurteilt, sondern im Rahmen einer wirtschaftlichen Gesamtbetrachtung abgewogen, wobei die Folgen einer drohenden Abwicklung nicht ausgeblendet werden. Spätestens mit dieser Entscheidung wird deutlich, dass das Belastungsverbot des § 707 BGB nicht formalistisch angewendet werden kann. Bezogen auf die Sanierungssituation war schon die Vorentscheidung des Kammergerichts aus dem Jahre 2008 in eine Sackgasse geraten. Den sanierungsunwilligen Gesellschaftern sei ein Ausscheiden schlicht nicht zumutbar, da dieses „nach jeder Richtung hin [...] eine faktische Nachschusspflicht“[248] begründe. Weder das Ausscheiden noch die Teilnahme an einer Kapitalerhöhung seien zumutbar gewesen. Damit wurde klargestellt, dass die Belastung durch Nachschüsse im Sinne des § 707 BGB und jene durch Nachschüsse im Sinne der §§ 735 ff. BGB, wenn auch der Höhe nach möglicherweise unterschiedlich, bezüglich der Belastungswirkung wirtschaftliche betrachtet identisch sind. Der BGH hat diesen Gedanken aufgegriffen und einen Vergleich der Höhe der jeweiligen Belastung vorgenommen, um diejenige Alternative zu ermitteln, welche dem Gesellschafter zumutbar ist. Damit haben die Gerichte letztlich die scharfe Trennung zwischen formalen Nachschüssen gemäß § 707 BGB, einer Kapitalerhöhung und der Verlustausgleichspflicht gemäß §§ 735 ff. BGB verwischt. Die möglichen Belastungen werden verglichen und die am wenigsten belastende Möglichkeit für zumutbar erklärt.

---

248 KG, Urt. v. 19.09.2008 – 14 U 9/07; ebenso: KG, Urt. v. 20.11.2008 – 23 U 60/08, WM 2009, S. 2174 ff. [S. 2176 li. Sp. unten].

Der BGH hat folglich seine rein formale Betrachtung des Belastungsverbotes aufgegeben. Über diese Erkenntnis vermag auch nicht die Argumentation aus der Entscheidung „Sanieren oder Ausscheiden“ hinweg zu täuschen, in welcher der BGH ausführt, dass eine „mittelbare Nachschusspflicht“ für die sanierungsunwilligen Gesellschafter durch den Ausschluss gerade nicht entstehe.[249] Es handele sich nicht um „höhere Beiträge“, sondern die Gesellschafter stünden „finanziell besser da, als sie infolge ihrer Haftung gem. § 105 Absatz 3 HGB, § 735 BGB bei einer Liquidation stehen würden“.[250] Das war in für den der Entscheidung zugrunde liegenden Fall richtig, im Ergebnis war die Schlussfolgerung jedoch wenig konsequent. Denn die Liquidation war im vorliegenden Fall nicht zwingend die einzige Alternative, sodass der Ausschluss und damit die Ausfallhaftung nicht einfach mit den Folgen einer Liquidation zu vergleichen war. Die Gesellschafter, die sich an der Rettung nicht beteiligen und weiter in der Gesellschaft verbleiben, mögen im Einzelfall das Risiko eingehen, dass die Rettung in Ermangelung ihres Beitrages scheitert. Für diesen Fall gibt der Vergleich zwischen der Ausfallhaftung nach Ausschluss und einem Liquidationsnachschuss Sinn. Die Liquidation ist aber nicht die einzige Alternative, denn die Sanierung kann auch erfolgreich sein und damit eine Werterhöhung der Anteile der nachschussverweigernden Gesellschafter nach sich ziehen. Warum der BGH hier auf die Folgen der sofortigen Liquidation als einzige Alternative abstellt, wird aus praktischen Gesichtspunkten deutlich. Es fehlte ansonsten schlichtweg ein Vergleichsmaßstab. Es ist kein Grund ersichtlich, warum ein Vergleich zwischen der Belastung eines Ausschlusses und der Belastung einer Liquidation hier zwingend ist. Tatsächlich werden die ausgeschlossenen Gesellschafter genötigt, sofort den auf sie entfallenen Teil der Ausfallhaftung einzuzahlen, was den verbleibenden Gesellschaftern die Möglichkeit eröffnet, im kleinen Kreis mit den Beiträgen der sanierungsunwilligen Gesellschaftern die Rettung voranzutreiben.[251] Inwiefern das kein „mittelbarer Nachschuss“ ist oder die Gesellschafter hierdurch weniger belastet würden, wird nicht deutlich. Der ausscheidende Gesellschafter muss zahlen, weil er nicht zahlen wollte. Grundsätzlich überzeugt die Absicht des BGH, „Trittbrettfahrer“ von einem Erfolg der Anstrengungen der Mehrheit auszunehmen. Dem Ergebnis ist aus dieser Perspektive zuzustimmen. Auch der

---

249 Vgl. BGH, Urt. v. 19.10.2009 – II ZR 240/08 [Rz. 29, 32], NZG 2009, S. 1347 ff. [S. 1349, 1350].

250 BGH, Urt. v. 19.10.2009 – II ZR 240/08 [Rz. 32], NZG 2009, S. 1347 ff. [S. 1350 li. Sp. unten].

251 Die Ausscheidenden leisten also letztlich doch einen Sanierungsbeitrag, vgl. *K. Schmidt*, JZ 2010, S. 125 [S. 129 li. Sp. oben].

Ansatz, durch einen Vergleich der Belastungen die weniger belastende Alternative für die Auszuschließenden zu finden und diese dadurch ebenfalls nicht mehr als nötig zu belasten, kann gefolgt werden. Inkonsequent ist jedoch die Schlussfolgerung in Bezug auf die Belastung durch Nachschüsse. Die Minderheit wird gezwungen, die Gesellschaft zu verlassen und ihren Haftungsanteil der Gesellschaft zu überlassen, solange dieser geringer ist als der Betrag eines Nachschusses bei einer Liquidation. Tatsächlich findet weder eine Liquidation statt, noch wollten die Gesellschafter die Gesellschaft verlassen. Sie zahlen letztlich einen Beitrag, der ihnen in vergleichbarer Höhe im Rahmen der Kapitalmaßnahmen abverlangt worden wäre, sind jedoch von jeder Möglichkeit einer Rendite auf ihre Investition ausgeschlossen.[252]

Als Fazit lässt sich Folgendes festhalten. Es kommt einerseits zu einer faktischen Nachschusspflicht, da die Minderheit ansonsten nicht mehr mit ihrem Verbleib in der Gesellschaft rechnen kann. Dies ist aber nach dem BGH durch die Treuepflicht gerechtfertigt. Trotz anderslautender Bekundung im Urteil hat der BGH damit klargestellt, dass § 707 BGB einer Nachschusspflicht kraft Treuepflicht grundsätzlich nicht entgegensteht und die bis dahin äußerst zurückhaltende Handhabung der Nachschusspflicht kraft Treuepflicht durch den BGH aufgegeben sein dürfte. Abschließend soll erwähnt sein, dass der BGH die von ihm aufgeführten Kriterien in einer auf diesem Urteil aufbauenden Folgeentscheidung vom 25.01.2011[253] („Sanieren oder Ausscheiden II")[254] dahin gehend ergänzte, dass er das Vorliegen einer „positiven Fortführungsprognose" mit in seine Abwägungen aufnahm. Dies darf als Präzisierung der bereits geforderten „dringenden Erforderlichkeit" verstanden werden.

3. *Zusammenfassung*

Rechtsprechung und Literatur waren sich lange Zeit einig, dass das Belastungsverbot gemäß § 707 BGB eine Zahlungspflicht der Gesellschafter über das im Gesellschaftsvertrag verankerte Maß ausschließt. Bis auf wenige Stimmen lehnte die Literatur eine Nachschusspflicht kraft Treuepflicht ab. In den letzten Jahren

252 *K. Schmidt* zieht hierzu folgendes Fazit: „Sie [die Minderheitsgesellschafter] tragen aufgrund ihrer persönlichen Haftung nach § 739 BGB als unfreiwillige Sanierungshelfer zur Entschuldung des Sanierungsobjekts Gesellschaft bei und sind definitiv von jeder Teilnahme am ungewissen Sanierungserfolg ausgeschlossen.", vgl. JZ 2010, S. 125 ff. [S. 130. re. Sp. oben].

253 Vgl. BGH, Urt. v. 25.01.2011 – II ZR 122/09, NZG 2011, S. 510 ff. [S. 513 li. Sp. unten].

254 Vgl. *Schöne*, ZIP 2015, S. 501 ff. [S. 501 li. Sp. Mitte].

hat sich jedoch zumindest in der Rechtsprechung ein deutlicher Wandel vollzogen. Am weitesten geht dabei das OLG Celle in seinen beiden Parallelverfahren.[255] In seinen Entscheidungen gelangt das OLG von einer formalistischen Betrachtung zu einer wirtschaftlichen Betrachtung der Belastung der beteiligten Gesellschafter. In Einklang mit dem BGH wird zwar auch weiterhin festgestellt, dass eine bloße Sanierungsbedürftigkeit an sich nicht ausreichen kann, um eine Nachschusspflicht zu begründen. Eine Zustimmungspflicht zu einem Nachschussbeschluss und damit einer Nachschusspflicht kraft Treuepflicht sei aber dann gegeben, wenn die zumutbaren Belastungen erforderlich seien, um gemeinsam geschaffene Werte zu erhalten oder wesentliche Verluste zu vermeiden. Ebenso wie von der Rechtsprechung des BGH wird auch von dem OLG Celle die Erfüllung von besonders hohen Anforderungen verlangt, sodass eine Nachschusspflicht kraft Treuepflicht nur in besonderen Ausnahmefällen infrage kommt. Das OLG wägt die Belastungen durch eine Auflösung der Gesellschaft mit jenen ab, die durch eine Nachschussleistung bei positiver gesamtwirtschaftlicher Zukunftsprognose entstünden. Der BGH widerspricht dem OLG Celle in seinem Hinweisbeschluss,[256] soweit das Gericht die vom BGH geforderten Anforderungen an eine Nachschusspflicht kraft Treuepflicht absenkt. Erneut werden die Kriterien der Gebotenheit und Zumutbarkeit („unter Berücksichtigung seiner eigenen schutzwürdigen Belange“)[257] angeführt. Die besonders hohen Anforderungen seien auch dann nicht erfüllt, wenn der Vergleich der Nachschusszahlungen mit den ansonsten drohenden Haftungsbelastungen eine geringere Belastung durch die Nachschüsse ergebe. Die Haftung belaste nämlich lediglich in dem zum jetzigen Zustand überschaubaren Rahmen der Gesamtschulden, während die Nachschüsse eine erneute Belastung bedeuteten, neben denen die Altschulden und die Haftung hierfür weiter bestünden. In der Folgeentscheidung „Sanieren oder Ausscheiden“[258] erfolgt die Bestätigung dieser Auffassung. Der BGH hält im Fall einer mehrheitlich beschlossenen Sanierung mit Kapitalerhöhung den Ausschluss eines sanierungsunwilligen Minderheitsgesellschafters für legitim. Er nimmt an dieser Stelle einen Vergleich der Belastung durch ein Ausscheiden und der damit verbundenen Haftung auf einen Auseinandersetzungsfehlbetrag und einer ebensolchen Belastung durch eine sofortige Liquidation vor.

---

255 Vgl. OLG Celle, Urt. v. 21.12.2005 – 9 U 96/05 (n. rkr.), NZG 2006, S. 225 f.; OLG Celle, Urt. v. 17.08.2005 – 9 U 33/05, NZG 2006, S. 17 f.

256 Vgl. BGH, Hinweisbeschl. v. 26.03.2007 – II ZR 22/06.

257 BGH, Hinweisbeschl. v. 26.03.2007 – II ZR 22/06, NZG 2007, S. 582 ff. [S. 582 re. Sp. unten].

258 Vgl. BGH, Urt. v. 19.10.2009 – II ZR 240/08, NZG 2009, S. 1347 ff.

Formal bleibt der BGH seiner Argumentation aus dem Hinweisbeschluss[259] vom 26.03.2007 treu, wenn er nämlich die *konkrete Belastung* durch den Nachschuss der *konkreten Belastung* durch die zum aktuellen Zeitpunkt ermittelbaren Haftung auf die Gesellschaftsschulden gegenüberstellt. Der Unterschied zum OLG Celle besteht darin, dass das OLG Celle zwar ebenso auf „besondere Ausnahmefälle", oder „besondere hohe Anforderungen" und die „Zumutbarkeit" abstellt, jedoch diese Kriterien auf Fälle anwendet, bei denen künftig „Verluste vermieden" oder „wesentliche gemeinsam geschaffene Werte erhalten" werden sollen. Der BGH hingegen vergleicht nicht die künftigen Gewinn- und Verlustchancen, sondern will die Belastung durch Ausschluss des Gesellschafters (Ausfallhaftung) mit den Belastungen vergleichen, die bei einer sofortigen Liquidation der Gesellschaft entstünden. Wie gezeigt wurde, vermag dies nicht zu überzeugen, vielmehr kommt das OLG Celle in seinen Entscheidungen einer praktisch besseren und dogmatisch saubereren Lösung näher als der BGH.

4. *Besonderheiten der Publikumsgesellschaften*

Die Rechtsprechung des BGH zur Nachschusspflicht kraft Treuepflicht zeichnet sich dadurch aus, dass sie weit überwiegend Fälle behandelt, in denen keine gesetzestypischen Personengesellschaften mit einigen wenigen Gesellschaftern betroffen waren, sondern sogenannte Publikumspersonengesellschaften.[260] Diese unterscheiden sich von üblichen Personengesellschaften dadurch, dass sie auf die Ansammlung von möglichst viel Kapital durch Aufnahme einer unbegrenzten Anzahl von Gesellschaften ausgerichtet sind. Obwohl bereits weitere Kriterien diskutiert wurden, hat sich für die Definition einer Publikumsgesellschaft die „hohe Mitgliederzahl" als bisher einzig beständiges Kriterium herausgebildet.[261] Nach einer Entscheidung des OLG Stuttgart sei die Publikums-KG gerade dadurch charakterisiert, dass sie auf die Beteiligung einer unbestimmten Vielzahl erst noch zu werbender Gesellschafter angelegt sei.[262] Die Gesellschafter beteiligten

259 Vgl. BGH, Hinweisbeschl. v. 26.03.2007 – II ZR 22/06.

260 Vgl. BGH, Urt. v. 04.07.2005 – II ZR 354/03, NZG 2005, S. 753; OLG Celle, Urt. v. 21.12.2005 – 9 U 96/05, NZG 2006, S. 225; BGH Urt. v. 19.10.2009 – II ZR 240/08, NZG 2009, S. 1347; OLG Stuttgart, Urt. v. 31.03.2010 – 14 U 20/09, DB 2010, S. 1058; BGH, Urt. v. 25.01.2011 – II ZR 122/09, NZG 2011, S. 510. Auch folgende Entscheidungen ergingen zu Publikumsgesellschaften: BGH, Urt. v. 23.01.2006 – II ZR 306/04, NZG 2006, S. 306 ff.; BGH, Urt. v. 23.01.2006 – II ZR 126/04, NZG 2006, S. 379 ff.

261 Vgl. MüKo/*Grunewald*, § 161 HGB Rn. 106–109; Baumbach/Hopt/*Roth*, Anh § 177a HGB Rn. 52.

262 Vgl. OLG Stuttgart, Urt. v. 27.08.2008 – 14 U 50/07 [Rz. 48], DStR 2009, S. 651.

sich nur kapitalistisch an der Gesellschaft und würden mehr oder weniger zufällig zusammen geführt.[263] Zwischen den Kapitalanlegern untereinander sowie zwischen ihnen und den Gründungsgesellschaftern bestünden regelmäßig keine persönlichen oder sonstigen Beziehungen, wie sie für Personengesellschaften, die dem gesetzlichen Leitbild entsprechen, typisch seien.[264] Die Publikumsgesellschaften verfügten häufig über zahlreiche, oft viele Hundert Kommanditisten.[265] Es könnte (soweit es sich nicht beispielsweise um einen „geschlossenen Fonds" handelt) eine unbestimmte Vielzahl weiterer Anleger beitreten, da die Gesellschaft nicht auf einen festen Mitgliederbestand angelegt sei.[266] Eine wesentliche Eigenschaft der Publikumsgesellschaft ist also die gering ausgeprägte persönliche Beziehung zwischen den Gesellschaftern. Diese ergibt sich daraus, dass die Gesellschafter lediglich als Anleger auftreten und in großer Anzahl in der Gesellschaft zusammentreffen. Allerdings hat das OLG Stuttgart in einer Entscheidung die Eigenschaft einer Publikumsgesellschaft sogar bei einer Gesellschaft mit 45 Kommanditisten verneint, da sich aus der Gesamtstruktur weiterhin ein persönlicher Bezug zwischen den Gesellschaftern ergab.[267] Der BGH verneinte in einer älteren Entscheidung aus dem Jahre 1975 zu einer Kommanditgesellschaft mit etwa 50 Mitgliedern die Eigenschaft einer Publikumspersonengesellschaft. Eine Publikumsgesellschaft sei darauf angelegt, zur Kapitalansammlung eine unbestimmte Vielzahl von Kommanditisten aufzunehmen.[268] Unternehmungen dieser Art brächten es mit sich, dass die Kommanditisten („Anlagegesellschafter") untereinander und zu den eigentlichen Unternehmensgesellschaftern in keinerlei persönlichen oder sonstigen näheren Beziehungen stünden, wie es in der normalen Kommanditgesellschaft regelmäßig der Fall sei.[269] Bezug nehmend auf seine Entscheidung vom 04.07.2005[270] entschied der BGH in seinen Urteilen vom 23.01.2006[271] erneut, dass die von ihm aufgestellten Kriterien für

263 Vgl. OLG Stuttgart, Urt. v. 27.08.2008 - 14 U 50/07 [Rz. 48], DStR 2009, S. 651.
264 Vgl. OLG Stuttgart, Urt. v. 27.08.2008 - 14 U 50/07 [Rz. 48], DStR 2009, S. 651.
265 Vgl. OLG Stuttgart, Urt. v. 27.08.2008 - 14 U 50/07 [Rz. 48], DStR 2009, S. 651.
266 Vgl. OLG Stuttgart, Urt. v. 27.08.2008 - 14 U 50/07 [Rz. 48], DStR 2009, S. 651.
267 Vgl. OLG Stuttgart, Urt. v. 27.08.2008 - 14 U 50/07 [Rz. 50], DStR 2009, S. 651.
268 Vgl. BGH, Urt. v. 14.04.1975 - II ZR 147/73, NJW 1975, S. 1318 ff., [S. 1319 li. Sp. unten].
269 Vgl. BGH, Urt. v. 14.04.1975 - II ZR 147/73, NJW 1975, S. 1318 ff., [S. 1319 li. Sp. unten].
270 Vgl. BGH, Urt. v. 04.07.2005 - II ZR 354/03, NZG 2005, S. 753.
271 Vgl. BGH, Urt. v. 23.01.2006 - II ZR 306/04, NZG 2006, S. 306 ff. und BGH, Urt. v. 23.01.2006 - II ZR 126/04, NZG 2006, S. 379.

eine Nachschusspflicht kraft Treuepflicht bei Publikumsgesellschaften Anwendung finden. Die Anwendbarkeit wurde in der Entscheidung vom 25.01.2011 bestätigt.[272] Es kann also kaum ein berechtigter Zweifel daran bestehen, dass die gesellschafterliche Treuepflicht auch bei Publikumsgesellschaften unter den dargestellten Bedingungen eine Nachschusspflicht hervorbringen kann. Die persönliche Nähe der Gesellschafter in einer personalistisch geprägten Gesellschaft hat zwar Einfluss auf die Intensität der Treuepflicht, dies ist jedoch nicht das entscheidende Kriterium, soweit es um Nachschussbeschlüsse zur Rettung gemeinsam geschaffener Werte geht. Vielmehr intensiviert sich die Treuepflicht in dem Maße, wie der Gesellschafter durch sein Abstimmungsverhalten auf die gesellschaftsbezogenen Interessen seiner Mitgesellschafter *Einfluss nehmen* und auf diese einwirken kann, was der BGH für Aktionäre einer AG in seiner „Girmes"-Entscheidung gerade im Hinblick auf die Treuepflicht von Minderheitsgesellschaftern bereits festgestellt hat.[273]

5. *Eigene Stellungnahme*

Die Rechtsprechung der Obergerichte und insbesondere des BGH zur Nachschusspflicht kraft Treuepflicht hat in den letzten zwanzig Jahren eine wesentliche Richtungsänderung erfahren. Selbst wenn man zugrunde legt, dass die Gerichte immer wieder auf den Ausnahmecharakter ihrer Entscheidungen hinweisen, in denen eine Nachschusspflicht kraft Treuepflicht bejaht wurde, tritt eine Entwicklung deutlich zutage. Die Gerichte haben ihre ablehnende Position verlassen und eine Nachschusspflicht kraft Treuepflicht mittlerweile anerkannt. An dieser Feststellung vermag auch die Forderung nach der Erfüllung „besonders hoher Anforderungen" nichts zu ändern. Diese werden im allgemeinen Zivilrecht – etwa im Fall von Generalklauseln wie „Treu und Glauben" gemäß § 242 BGB – ebenfalls erhoben, ohne dass die Existenz der Institute selbst infrage gestellt würde. Es lässt sich feststellen, dass die allgemeine und abschließende Beschränkung von Leistungen der Gesellschafter auf das im Gesellschaftsvertrag versprochene Maß für die am Wirtschaftsverkehr teilnehmenden Personengesellschaften nicht nur höchst impraktikabel, sondern dogmatisch nicht gerechtfertigt ist. Die Darstellung der Rechtsprechung zur Nachschusspflicht kraft Treuepflicht hat gezeigt, dass die Frage nach einer Nachschusspflicht kraft Treuepflicht noch nicht abschließend und überzeugend beantwortet wurde, die Benennung von besonders

272 Vgl. BGH, Urt. v. 25.01.2011 – II ZR 122/09, NZG 2011, S. 510 ff.

273 Vgl. BGH, Urt. v. 20.03.1995 – II ZR 205/94 („Girmes") [Rz. 19], ZIP 1995, S. 819 ff. [S. 821 li. Sp. unten und re. Sp. oben].

allgemein gehaltenen Kriterien vielmehr Klärungsbedarf geschaffen hat. Die Zurückhaltung in Rechtsprechung und Literatur beruht auf der Annahme, dass das in § 707 BGB und § 53 Absatz 3 GmbHG zum Ausdruck kommende Belastungsverbot ohne Ausnahme für jede Art von Leistung der Gesellschafter gelten müsse. Es wird in der Folge zu zeigen sein, dass ein solcher Grundsatz der Vielschichtigkeit des Rechtsverhältnisses der Gesellschafter untereinander und den Anforderungen einer funktionierenden Gesellschaft nicht gerecht wird. Dies spiegelt sich in den jüngeren Entscheidungen des BGH wider. Wo einst mit Verweis auf das Belastungsverbot jede Beitragsleistung über den Wortlaut des Gesellschaftsvertrages hinaus abgelehnt wurde, wird nun eine Nachschusspflicht kraft Treuepflicht in Ausnahmefällen bejaht. Die Rechtsprechung hat in ihren Einzelfallentscheidungen zwar zunächst klargestellt, dass „Erforderlichkeit", „positive Fortführungsprognose" und „Zumutbarkeit" im Rahmen einer Sanierung („besondere Ausnahmesituation") die Kriterien sein sollen, die für die Bejahung einer Nachschusspflicht kraft Treuepflicht herangezogen werden sollen. Eine Nachschusspflicht kraft Treuepflicht kommt hingegen trotz Vorliegens dieser Voraussetzungen dann nicht in Betracht, wenn seitens der Mitgesellschafter eine „berechtigte Erwartungshaltung" hinsichtlich weiterer Nachschüsse nicht besteht.

III. Ergebnis

Die Untersuchung der Rechtsprechung hat gezeigt, dass der BGH seine Zurückhaltung früherer Jahre mittlerweile aufgegeben hat. Eine Nachschusspflicht kraft Treuepflicht wird bei Personengesellschaften und insbesondere bei Publikumsgesellschaften in Ausnahmefällen bejaht, nämlich wenn diese zur Rettung bereits geleisteter Beiträge oder gemeinsam geschaffener Werte dringend erforderlich ist und eine positive Fortführungsprognose besteht, die Leistung mithin wirtschaftlich sinnvoll ist. Minderheits- und individualschützende Anforderungen werden eingehalten, wenn die Leistung dem jeweiligen Minderheitsgesellschafter unter Berücksichtigung seiner schützenswerten Belange individuell zumutbar ist. Auch muss nach den Umständen des Einzelfalls seitens der Mehrheitsgesellschafter eine berechtigte Erwartungshaltung im Hinblick auf Nachschussleistungen bestehen, worauf an anderer Stelle nochmals einzugehen sein wird. In solchen Fällen stehe das Belastungsverbot gemäß § 707 BGB nicht entgegen. Hervorzuheben ist, dass der BGH überwiegend Fälle zu entscheiden hatte, in welchen Publikumsgesellschaften eine Rolle spielten, die wegen ihrer kapitalistisch geprägten Ausgestaltung einem vom BGH entwickelten Sondergesellschaftsrecht unterliegen.[274] Grundlage zur Bejahung einer Nachschusspflicht kraft Treuepflicht ist somit nicht allein das persönliche Näheverhältnis der Gesellschafter in einer personalistisch geprägten Personengesellschaft, sondern die Treuepflicht selbst, wie sie in jeder Personengesellschaft und auch in Publikumspersonengesellschaften Wirkung entfalten kann. Sie entspringt aus der Möglichkeit der Gesellschafter, auf die Rechtsgüter ihrer Mitgesellschafter Einfluss zu nehmen. In der Folge soll untersucht werden, wie die Voraussetzungen einer Nachschusspflicht kraft Treuepflicht präzisiert werden können.

C. Voraussetzungen einer Nachschusspflicht kraft Treuepflicht

I. Einführung

Im Folgenden soll eine Analyse der dogmatischen Einordnung einer Nachschusspflicht kraft Treuepflicht vorgenommen werden. Zunächst ist danach zu fragen, ob der hier vertretenen These und der dargestellten Rechtsprechung des BGH nicht doch das Belastungsverbot des § 707 BGB entgegensteht. Darauf folgt eine Auseinandersetzung mit der Frage, ob die Treuepflicht im Personengesellschaftsrecht eine so starke Wirkung entfalten kann, dass sich aus ihr unter bestimmten Voraussetzungen auch eine Verpflichtung zur Leistung von Nachschüssen ergeben kann. Dabei sollen die bereits genannten Anforderungen an eine Nachschusspflicht kraft Treuepflicht präzisiert werden. Wie gezeigt, steht die Literatur einer Nachschusspflicht kraft Treuepflicht sehr zurückhaltend gegenüber und hat lediglich auf die jüngeren Entscheidungen der Obergerichte reagiert. Eine genauere Auseinandersetzung mit der Herleitung und Wirkung einer Nachschusspflicht kraft Treuepflicht fand hierbei nicht statt, vielmehr wird schlicht konstatiert, dass man die Weigerung eines Gesellschafters, einer im Interesse der Gesellschaft liegenden Erhöhung seiner Beitragspflicht zuzustimmen, nur in ganz seltenen Fällen als treuwidrig würde ansehen können.[275]

II. Belastungen und § 707 BGB

Das Belastungsverbot stellt keinesfalls einen absoluten Schutz der Gesellschafter vor jeder weiteren Inanspruchnahme und jedweder weiteren Belastung dar. Vielmehr soll gezeigt werden, dass sich das Belastungsverbot lediglich auf weitere Beiträge der werbenden Gesellschaft bezieht, die diese für die reguläre

---

274 Vgl. Baumbach/Hopt/*Roth*, Anh. § 177a HGB, Rn. 53.

275 Vgl. MüKo/*Schäfer*, § 705 BGB Rn. 233; MüKo/*Schäfer*, § 707 BGB Rn. 1: Sanierungsbedürftigkeit reiche nicht aus.

Weiterführung oder gar Erweiterung ihres Geschäftsbetriebes benötigt, nicht jedoch auf Belastungen, die bereits im Gesetz angelegt sind oder jene, die sich aus einer lediglich gemeinsam mit Erfolg durchzuführenden Sanierung zur Rettung gemeinsam geschaffener Werte ergeben, soweit die bereits herausgearbeiteten Voraussetzungen vorliegen. In der Folge sollen die nach geltender Rechtslage existierenden Ausnahmen zum Belastungsverbot untersucht werden, um zu analysieren, ob sich eine Nachschusspflicht kraft Treuepflicht als eine weitere Ausnahme zum Belastungsverbot darstellen lässt.

1. *Haftung gemäß § 128 HGB und § 426 BGB*

a) *Inhalt der Haftung*

Gemäß § 128 HGB haften alle persönlich haftenden Gesellschafter[276] primär und damit wie ein selbstschuldnerischer Bürge für die Verbindlichkeiten der Gesellschaft.[277] Hier zeigt sich die bereits dargestellte Problematik der Mehrbelastung im Innenverhältnis. Ist ein Gesellschafter im Außenverhältnis als Gesamtschuldner gemäß § 128 HGB (analog) verpflichtet, kann im Innenverhältnis gemäß §§ 421 ff. sowie 812 ff. BGB ein Ausgleich zu seinen Lasten ausfallen, wenn nämlich die Mitgesellschafter nicht solvent sind. Das Risiko des Ausfalls wird folglich auf den in Anspruch genommenen Gesellschafter verschoben. Dies ist die Entscheidung des Gesetzgebers, welcher die Gesellschafter einer Personengesellschaft den Gesamtschuldnern in einem mehrseitigen Schuldverhältnis gleichgestellt hat.

b) *Stellungnahme zur Haftung des Gesellschafters als Argument für eine Nachschusspflicht kraft Treuepflicht*

Der BGH betont regelmäßig, dass die Haftung der Gesellschafter kein Argument für eine Nachschusspflicht kraft Treuepflicht sei.[278] Die Argumentation des BGH greift dogmatisch zu kurz. Erstens geht es bei der hier behandelten Frage darum, ob Nachschüsse für die Gesellschaft eingefordert werden können, und dies unabhängig vom Stand der Schulden im Außenverhältnis. Und zweitens verkennt dieses Argument, dass die Gesellschafter nämlich „letztlich sowieso zahlen

---

276 § 128 HGB wird sowohl für OHG, KG als auch GbR (analog) angewandt, vgl. MüKo/*Karsten Schmidt*, § 128 HGB Rn. 4.

277 Vgl. Staub/*Mathias Habersack*, § 128 HGB Rn. 26.

278 Vgl. BGH, Urt. v. 23.01.2006 – II ZR 126/04 [Rz. 24], NZG 2006, S. 379 ff. [S. 380 re. Sp. unten]; BGH, Hinweisbeschl. v. 26.03.2007 – II ZR 22/06 [Rz. 12], NZG 2007, S. 582 ff. [S. 583 li. Sp. unten und re. Sp. oben].

müssen", den elementaren Unterschied zwischen Schuld und Haftung. Ein beschlossener Nachschuss lässt einen direkten Anspruch der Gesellschaft gegen jeden einzelnen Gesellschafter entstehen, also eine Schuld. Die Inanspruchnahme durch Gläubiger der Gesellschaft begründet eine Haftung der Gesellschafter, gegen die diese jedoch gemäß § 129 Absatz 1 HGB Einwendungen und Einreden jeglicher Art geltend machen können.[279]

Der Unterschied soll anhand eines Beispiels verdeutlicht werden. So wird sich eine Gesellschaft nach den Grundsätzen eines „ehrbaren Kaufmanns" verhalten, wenn sie Vertrauen im Markt erzeugen will. Eine regelmäßig mit den gleichen Lieferanten in Geschäftsbeziehungen stehende Personenhandelsgesellschaft wird selten auf die Einrede der Verjährung zurückgreifen, will sie nicht die weitere Zusammenarbeit für die Zukunft gefährden und Vertrauen verlieren. Kommt es aber zum Haftungsfall, ist der Geschäftsbetrieb in der Regel bereits eingestellt und die Gesellschafter werden die Einrede zum Schutz des eigenen Privatvermögens erheben, da sie jetzt keinen Ruf mehr zu verlieren haben.

Nachschussschuld und Verbindlichkeitshaftung sind folglich dogmatisch streng voneinander zu trennen. Für die Argumentation lässt sich aber der Grundgedanke verwerten, dass das Gesetz in § 128 HGB davon ausgeht, dass die Gesellschafter letztlich gemeinschaftlich für die Verbindlichkeiten ihrer Gesellschaft haften müssen. Der BGH hat die Unterscheidung zwischen (eigener Nachschuss-)Schuld und Haftung (für Gesellschaftsschulden) nicht vorgenommen. In seinem Hinweisbeschluss vom 26.03.2007[280] argumentiert der BGH, dass weder die Innenhaftung gemäß § 735 BGB, noch die Außenhaftung gemäß § 128 HGB als Argument für die Begründung einer Nachschusspflicht herhalten könne, da § 128 HGB nur zu einer „anteiligen Zahlungspflicht" führe, eine Weiterführung mit Nachschussmitteln jedoch das Risiko weiterer Verluste mit sich bringe. Auf die dogmatisch klare Unterscheidung zwischen einer Haftung für Gesellschaftsschulden und die Begründung einer neuen Schuld gegenüber der Gesellschaft geht das Gericht nicht ein. Vielmehr wird festgestellt, dass gemäß § 128 HGB lediglich eine anteilige Haftung (im Innenverhältnis der Gesellschafter) drohe. Dies kann in mehrfacher Hinsicht nicht überzeugen. Zunächst wird der Unterschied zwischen Schuld und Haftung[281] nicht beachtet. Hier hätte das Gericht eine klare dogmatische Linie ziehen können. Mit guten Argumenten kann man

---

279 Vgl. Baumbach/Hopt/*Roth*, § 129 HGB Rn. 1.

280 Vgl. BGH, Hinweisbeschl. v. 26.03.2007 – II ZR 22/06, NZG 2007, S. 582 f. [S. 583 re. Sp. oben].

281 § 128 HGB erzeugt gerade eine gesetzliche Haftung für fremde Schuld – nämlich die der Gesellschaft, vgl. Staub/*Mathias Habersack*, § 128 HGB Rn. 10.

dies auch unterlassen, wenn man darauf abstellt, dass in den allermeisten Fällen die Haftung für die Verbindlichkeiten gleichwohl einer Schuld im Innenverhältnis gleichkommt und der dogmatische Unterschied marginal ist. Dies ist der Fall, wenn keine besonderen Einwendungen und Einreden im Außenverhältnis greifen.

Dass der BGH die vermeintlich unterschiedliche Belastung der Höhe nach betont, indem er darauf abstellt, dass gemäß § 128 HGB lediglich eine anteilige Pflicht entstünde, ist juristisch kaum überzeugend. Denn alle Gesellschafter, die der persönlichen Haftung unterliegen, können gemäß § 128 HGB als Gesamtschuldner in Anspruch genommen werden. Die Verpflichtung, für alle Schulden im Außenverhältnis einzustehen, trifft also jeden einzelnen Gesellschafter gemäß §§ 421 ff. BGB, und dies sogar nach seinem Ausscheiden im Rahmen der Nachhaftung gemäß §§ 736 Absatz 2 BGB, 160 HGB. Der Ausgleich im Innenverhältnis gemäß § 426 BGB ist hiervon zu unterscheiden. Es besteht die Gefahr – und hierin liegt ja die praktische Begründung für die Gesamtschuld – dass ein Innenausgleich nach dem Haftungsfall an der Bonität der Mitgesellschafter scheitern kann. Soweit absehbar ist, dass diese Haftung eintreten wird, werden häufig die Vermögenswerte der Gesellschafter, die der Haftung zur Verfügung stehen, dem Zugriff der Gläubiger entzogen und stehen nicht mehr im Rahmen einer Zwangsvollstreckung zur Verfügung. Wenn der BGH die persönliche Haftung nicht als Argument für eine Nachschusspflicht kraft Treuepflicht heranziehen will, da durch die Leistung der Nachschüsse ein noch höheres Ausfallrisiko durch die Fortführung der Gesellschaft bestehe, muss er das Gegenargument der unüberschaubaren Haftung der Gesellschafter als Gesamtschuldner im Außenverhältnis ebenfalls gelten lassen. Denn ob ein weiterer Verlust eintritt oder ausbleibt, hängt von der konkreten Gesellschaft ab. Für ein Ausfallrisiko hat der Gesetzgeber mit der Schaffung der Gesamtschuld als Rechtsinstitut bereits die Gefahr eines Ausfalls einzelner Schuldner berücksichtigt. Der Innenausgleich kann aus wirtschaftlichen Gründen scheitern. Das wirtschaftliche Risiko soll sich nach dem Willen des Gesetzgebers somit nicht zulasten des Gläubigers, sondern innerhalb des Kreises der Gesellschafter verwirklichen.

Abschließend bleibt noch ein Gedanke festzuhalten, welcher sich nicht dem Vorwurf der dogmatischen Vermischung von „Schuld" und „Haftung" aussetzt, sondern deren gleichartige Belastung im Gesetz selbst verortet. Das Belastungsverbot des § 707 BGB soll die Gesellschafter vor zusätzlichen, nicht versprochenen und damit nicht absehbaren *Beiträgen* schützen. Zu den *Beiträgen* gehört nach *K. Schmidt* das Folgende: jedes Zweck fördernde Tun oder Unterlassen, etwa das Zurverfügungstellen des Namens für eine Gesellschaftsfirma, die Belieferung der Gesellschaft, die Kreditgefährdung, die Überlassung von Geschäftsräumen, Marken, Arbeitnehmern oder Geräten, das Unterlassen von Wettbewerb, die *persönliche Haftung* und selbst das pure Halten von Vermögen bei der Gesellschaft.[282] Wenn das Belastungsverbot die zwangsweise Übernahme zusätzlicher Beiträge verhindern soll, umfasst das somit nicht nur die Übernahme zusätzlicher Schuld, sondern ebenfalls die Übernahme von zusätzlicher Haftung. In dem Maße, in dem sowohl Schuld als auch Haftung durch das Belastungsverbot ausgeschlossen sind, kann das Argument der ohnehin bestehenden Belastung durch externe Haftung herangezogen werden, um eine Belastung durch Nachschüsse kraft Treuepflicht zu begründen. Denn in eben dem Ausmaß, in welchem durch die Nachschüsse die Haftung vermieden wird, wird auch eine weitere Belastung im Sinne des Belastungsverbotes vermieden, welche in § 128 HGB lediglich eine gesetzliche Ausnahme gefunden hat.

c) Zwischenfazit

Es kann festgehalten werden, dass die Existenz der Außenhaftung der Gesellschafter gemäß § 128 HGB (analog) allein kein ausreichendes Argument für eine Nachschusspflicht kraft Treuepflicht ist. Dies gilt insbesondere im Hinblick auf die beschränkte Haftung des Kommanditisten. Die Existenz der Außenhaftung zeigt aber, dass den Gesellschaftern einer Personengesellschaft kraft Gesetzes die Belastung mit den Verbindlichkeiten der Gesellschaft und das Risiko eines Ausfalls der Mitgesellschafter im Rahmen der Gesamtschuld zugewiesen werden. Es wird deutlich, dass sowohl ein durch Mehrheit beschlossener Nachschuss zur Rettung gemeinsam geschaffener Werte als auch die Außenhaftung gleich hohe Belastungen darstellen können, und dass eine unterlassene Rettung der Gesellschaft die Belastung im Rahmen einer Außenhaftung erhöhen kann. Darüber hinaus wurde gezeigt, dass durch die gesamtschuldnerische Haftung einzelne Gesellschafter trotz ihres Ausgleichsanspruches viel größeren Belastungen ausgesetzt sein können als ihre Mitgesellschafter. Dies kann etwa der Fall sein, wenn die Mitgesellschafter vermögenslos sind. Auch in solchen Fällen ist die Konstellation, dass eine Mehrheit Nachschüsse beschließt, nicht unrealistisch. Denn die Gesellschafter selbst (Minderheit wie Mehrheit) mögen über kein vollstreckbares Vermögen verfügen. Für die Sanierung der Gesellschaft könnten aber durchaus Mittel Dritter, etwa des Ehepartners, zur Verfügung stehen. Die Außenhaftung der Gesellschafter einer Personengesellschaft und eine Nachschusspflicht kraft

---

282 Vgl. *K. Schmidt*, Gesellschaftsrecht § 20 S. 568 (Hervorhebung durch den Verfasser dieser Untersuchung).

Treuepflicht bedeuten vergleichbare Belastungen der Gesellschafter, mit dem Unterschied, dass eine Nachschusspflicht unter den herausgearbeiteten Bedingungen die Möglichkeit einer Belastungsreduktion durch Sanierung in sich trägt. Die Außenhaftung kann somit nicht als alleiniges Argument eine Nachschusspflicht kraft Treuepflicht begründen. Sie ist aber ein wesentlicher Bestandteil der notwendigen Abwägung der Interessen, soweit eine wirtschaftliche Betrachtungsweise der Handlungsalternativen vorgenommen wird.

2. *Der Nachschuss bei Liquidation und Ausscheiden gemäß §§ 735, 739 BGB*

a) *Inhalt der Haftung bei Liquidation und Ausscheiden*

Habermeier fasst den Grundgedanken der §§ 735, 739 BGB zusammen, wenn er darlegt, dass § 707 BGB eine über den gesellschaftsvertraglich vereinbarten Beitrag hinausgehende Inanspruchnahme des Gesellschafters nur während der Gesellschaftsdauer ausschließe.[283] Unberührt davon bliebe namentlich die Pflicht zur Verlustdeckung im Zuge der Liquidation oder des Ausscheidens eines Gesellschafters gemäß §§ 735, 739 BGB.[284] Diese im Gesetz angelegte Differenzierung dürfte auch dem typischen Parteiwillen entsprechen. Während es den Gesellschaftern in aller Regel kaum zumutbar sei, während des normalen Geschäftsbetriebs ständig Verluste auszugleichen, entspreche es dem Prinzip rücksichtsvollen Verhaltens gegenüber dem Geschäftsverkehr, im Fall der Auflösung der Gesellschaft oder im Fall des Ausscheidens eines Gesellschafters dafür Sorge zu tragen, dass weder Dritte noch die Mitgesellschafter Verlustrisiken zu tragen haben.[285] §§ 735 und 739 BGB laufen hierbei parallel, da Benachteiligungen des Ausscheidenden verhindert werden sollen, auch wenn eine echte Auseinandersetzung unterbleibt.[286] Der Schutz des § 707 BGB greift somit nur für Beitragserhöhungen in der werbenden Gesellschaft ein, schließt die Haftung für die Gesellschaftsschulden aber nicht aus, was schon durch § 128 HGB (analog) klargestellt wird.[287] Die Nachschussverpflichtung im Fall von Ausscheiden oder Auflösung und Liquidation soll zeitlich erst dann eingreifen, wenn für den Einzelnen das wirtschaftliche Ende absehbar ist und es somit zu einer Abrechnung der einzelnen Verlustbeiträge kommt, welche zu diesem Zeitpunkt berechnet

283 Vgl. Staudinger/*Habermeier*, § 707 BGB Rn. 7.
284 Vgl. Staudinger/*Habermeier*, § 707 BGB Rn. 7.
285 Vgl. Staudinger/*Habermeier*, § 707 BGB Rn. 7.
286 Vgl. MüKo/*Schäfer*, § 738 BGB Rn. 1.
287 Vgl. MüKo/*Schäfer*, § 735 BGB Rn. 1, 2.

werden können. Diese vom Gesetz vorgenommene Abgrenzung zwischen Belastungsverbot in der werbenden Gesellschaft und Haftung für die Verluste bei Ausscheiden und Abwicklung wird schon durch § 128 HGB (analog) durchbrochen oder zumindest relativiert. Die zeitliche Komponente spielt somit nicht die entscheidende Rolle, die ihr das Gesetz beimisst.

b) Stellungnahme

Die Nachschusspflicht in der Liquidation veranschaulicht noch einmal die bereits bezüglich der Ausfallhaftung gefundenen Ergebnisse. Es handelt sich hierbei um eine Schuld, die der Gesellschaft gegenüber besteht. Jeder Gesellschafter hat nach den Beteiligungsverhältnissen seinen Anteil am Verlust auszugleichen. Soweit dieser von einem Gesellschafter nicht erlangt werden kann, haften die anderen für diesen Verlustanteil wie Gesamtschuldner, im Gegensatz zu § 128 HGB (analog) jedoch gegenüber der Gesellschaft.[288] Hier können nun die gleichen Belastungsszenarien eintreten wie im Rahmen der Außenhaftung. Um dies zu vermeiden, werden häufig jene Gesellschafter, die mit ihrer Inanspruchnahme rechnen müssen, eine Sanierung anstreben. Gerade in jenen Fällen, in denen ihre Mitgesellschafter zwar mit ihrer Haftung teilweise ausfallen würden, ihr vorhandenes Restvermögen jedoch im Rahmen einer Sanierung ein notwendiger und ausreichender Betrag wäre, vermag ein Verweis auf § 707 BGB und das Belastungsverbot nicht zu überzeugen, da sich die sanierungsunwilligen Gesellschafter im Widerspruch zu ihren eigenen wirtschaftlichen Interessen verhalten. Hier muss die Mehrheit die Möglichkeit haben, alle Kräfte zu mobilisieren, um Schaden von allen Gesellschaftern abzuwenden.

c) Zwischenfazit

Der Blick auf die §§ 735–739 BGB verdeutlicht und bestätigt noch einmal die bereits zu § 128 HGB festgestellten Ergebnisse. Die Nachschussbelastung in der Liquidation stellt eine vom Gesetzgeber gewollte erhebliche Belastung der Gesellschafter dar, die als Personengesellschafter für die Verbindlichkeiten ihrer Gesellschaft haften müssen. Soweit es eine Möglichkeit gibt, diese Haftung zu vermeiden, ist es im Interesse aller Gesellschafter, diese Möglichkeit zu nutzen. Dies betrifft sowohl die Mehrheits- als auch die Minderheitsgesellschafter. Eine gesamtschuldnerische Haftung besteht auch hier, allerdings nicht gegenüber den Gesellschaftsgläubigern im Außenverhältnis, sondern gegenüber der

---

288 Vgl. MüKo/*Schäfer*, § 735 BGB Rn. 4, 5.

Gesellschaft im Innenverhältnis. Darüber hinaus besteht kein Unterschied zu den Ausführungen zu § 128 HGB.

3. *Nachhaftung – § 160 HGB*

a) *Bezug zur untersuchten Problematik*

Die Nachhaftung gemäß § 160 HGB regelt die Folgen des Ausscheidens eines Gesellschafters auf die von ihm während seiner Zugehörigkeit zur Gesellschaft übernommene Haftung. Formal hat § 160 HGB keinen Einfluss auf die Höhe der während dieser Zeit aufgelaufenen Verbindlichkeiten der Gesellschaft, für welche ein persönlich haftender Gesellschafter auch noch nach seinem Ausscheiden (zeitlich begrenzet) die Haftung übernehmen muss. Wirtschaftlich betrachtet stellt § 160 HGB jedoch eine weitere Ausnahme zu § 707 BGB dar. Denn wie in der Folge zu zeigen sein wird, ändert sich durch die in § 160 HGB angeordnete Nachhaftung zwar nicht der formale Betrag der auf den Ausscheidenden entfallenden möglichen Haftung, jedoch die Wahrscheinlichkeit der tatsächlichen Inanspruchnahme des ausscheidenden Gesellschafters.

b) *Inhalt der Nachhaftung*

In § 160 HGB ist die Nachhaftung nach dem Ausscheiden eines Gesellschafters angeordnet. § 160 HGB bezieht sich auf die Außenhaftung gemäß § 128 HGB. Dies gilt gemäß § 736 Absatz 2 BGB auch für die Gesellschaft bürgerlichen Rechts. Für alle vor seinem Austritt begründeten Verbindlichkeiten muss der Gesellschafter einstehen, wenn diese innerhalb von fünf Jahren fällig werden und hieraus Ansprüche gegen ihn gemäß § 197 Absatz 1 Nr. 3 bis 5 BGB festgestellt werden. Sowohl ein regulär ausgeschiedener als auch ein aus wichtigem Grund ausgeschlossener Gesellschafter ist bis zu fünf Jahre nach seinem Ausscheiden mit möglichen Ansprüchen auf Haftung für die Gesellschaftsschulden und damit zusammenhängenden Belastungen konfrontiert.

c) *Stellungnahme*

Die Nachhaftung gemäß § 160 HGB kann überraschende Belastungen für den ausgeschiedenen Gesellschafter mit sich bringen. Zwar hat der Gesellschafter mit seinem Ausscheiden – soweit er seinen Anteil an den ausstehenden Schulden geleistet hat – einen Freistellungsanspruch gegen die Gesellschaft, dieser besteht jedoch lediglich im Innenverhältnis.[289] Selbst in Fällen, in welchen ein

---

289 Vgl. MüKo/*Karsten Schmidt*, § 128 HGB Rn. 60.

Gesellschafter eine intakte Gesellschaft verlässt, welche noch Außenstände verbuchen muss, kann sich die wirtschaftliche Situation binnen fünf Jahren so weit entwickeln, dass die während der Mitgliedschaft begründeten Schulden nicht mehr aus dem Gesellschaftsvermögen beglichen werden können. Wurde keine Sicherheit gemäß § 738 Absatz 1 Satz 3 BGB geleistet, besteht eine Haftung des Gesellschafters gemäß §§ 128, 160 HGB fort, ohne dass er im Innenverhältnis einen Ausgleich finden würde. Der Gesellschafter nimmt in dieser Konstellation somit bezüglich der Altschulden über fünf Jahre lang am wirtschaftlichen Schicksal der Gesellschaft teil, obwohl er nach seinem Ausscheiden keinen Einfluss mehr auf die Entscheidungen der Gesellschafter und das wirtschaftliche Handeln der Gesellschaft hat. Eine Tilgung aller Altverbindlichkeiten zum Zeitpunkt des Ausscheidens wäre wünschenswert, ist aber nicht der Regelfall, was schon durch die Existenz des § 160 HGB deutlich wird. Die vom Gesetz geforderte Freistellung im Innenverhältnis wird gerade in wirtschaftlich schwierigen Situationen, welche eine Inanspruchnahme der Altgesellschafter überhaupt erst nötig machen, oftmals scheitern. Es stellt sich an dieser Stelle die Frage, warum das Gesetz im Rahmen der Haftung für Altverbindlichkeiten eine fünfjährige Wartefrist ansetzt, in welcher hohe Haftungsrisiken entstehen können, jedoch andererseits jedwedes erzwungenes Sanierungsengagement eines aktiven Gesellschafters zugunsten seiner Einlage und der seiner Mitgesellschafter verhindern sollte.

d) Zwischenfazit

Die Nachhaftung gemäß § 160 HGB birgt das hohe Risiko einer bei Ausscheiden nicht vorhersehbaren Verwirklichung der Haftung des ausscheidenden Gesellschafters durch Fehlentscheidungen der verbleibenden Gesellschafter. Der ausscheidende Gesellschafter hat keinen Einfluss mehr auf die wirtschaftlichen Entscheidungen innerhalb der Gesellschaft und kann den Eintritt einer möglichen Verwirklichung seiner persönlichen Haftung nicht mehr verhindern. Die Belastung des ausscheidenden Gesellschafters kann durch die nach dem Ausscheiden ohne sein Zutun getätigten Geschäfte dahin gehend zunehmen, dass etwaiges zur Schuldentilgung benötigtes Gesellschaftsvermögen verloren geht. Soweit keine Sicherheit geleistet wurde, bedeutet dies ein zwar summenmäßig begrenztes Risiko, im Einzelfall drohen aber erhebliche Belastungen. Der Gesetzgeber hat vorgesehen, dass einzelne Gesellschafter nach ihrem Ausscheiden für die während ihrer Mitgliedschaft begründeten Schulden in voller Höhe in Anspruch genommen werden können. Soweit keine Sicherheit geleistet wurde und die Gesellschaft in einer wirtschaftlichen Krise ihr Vermögen stückweise verliert, müsste nach den Regeln der Gesamtschuld ein ausgeschiedener

Gesellschafter im Einzelfall für sämtliche Altverbindlichkeiten einstehen. Diese Entscheidung hat der Gesetzgeber in dem Bewusstsein getroffen, dass der Gesellschafter nach seinem Ausscheiden keinen Einfluss auf die Geschäftsführung der Gesellschaft hat. Die damit einhergehende Belastung kommt einer solchen sehr nahe, die durch einen Nachschussbeschluss entstünde. Auch hier ist der Gesellschafter nicht dazu in der Lage, allein über die Verwendung seiner Beiträge zu entscheiden, und trägt ein Verlustrisiko. Allerdings konnte gezeigt werden, dass Nachschüsse zur Sanierung einer Gesellschaft unter den aufgezeigten Voraussetzungen immer die Möglichkeit in sich tragen, bereits verloren geglaubte Beiträge zurückzuerlangen oder die Außenhaftung für Gesellschaftsverbindlichkeiten zu reduzieren oder vollständig zu vermeiden. Diese Möglichkeit ist im Rahmen der Nachhaftung gemäß § 160 HGB nicht mehr gegeben. Augenscheinlich steht dem das Belastungsverbot gemäß § 707 BGB nicht entgegen. Durch § 160 HGB kann im Einzelfall jedoch eine höhere Belastung des sanierungsunwilligen Gesellschafters verursacht werden als jene, die durch einen Nachschussbeschluss eintreten würde, soweit die herausgearbeiteten Kriterien erfüllt sind.

4. Sanierung und Aufopferung – § 906 Absatz 2 BGB

a) Bezug zur untersuchten Problematik

In der Folge wird zu untersuchen sein, inwiefern der in § 906 Absatz 2 BGB zugrunde gelegte und im Gesellschaftsrecht Anwendung findende Aufopferungsgedanke als weitere Ausnahme zum Belastungsverbot gemäß § 707 BGB als Argument für eine Nachschusspflicht kraft Treuepflicht fruchtbar gemacht werden kann. Soweit sich eine Nachschusspflicht kraft Treuepflicht und ihre Voraussetzungen in bereits von Rechtsprechung und Lehre entwickelte Fallgruppen persönlicher Haftung oder weiterer wirtschaftlicher Belastung einreihen und die Voraussetzungen an eine solche weitere Belastung vergleichbar sind, kann das Belastungsverbot nicht mehr *per se* gegen eine Nachschusspflicht kraft Treuepflicht ins Felde geführt werden.

b) Inhalt des Aufopferungsgedankens

In der Folge soll untersucht werden, wie sich der allgemeine Aufopferungsgedanken im Gesellschaftsrecht auswirkt und ob sich hieraus Argumente für eine Nachschusspflicht kraft Treuepflicht ableiten lassen. Der Aufopferungsgedanke ist dem deutschen Recht alles andere als fremd. Die herrschende Lehre sieht

§ 906 Absatz 2 BGB als Ausdruck der Aufopferung.[290] *Bitter* weist darauf hin, dass in einem in der Insolvenz durchzuführenden Sanierungsverfahren einzelne Gesellschafter oftmals als „Trittbrettfahrer“ der Sanierungsanstrengungen anderer in Erscheinung treten.[291] Diesen käme mitunter ein wirksames Druckmittel zu. *Bitter* bildet das Beispiel einer GmbH, deren Überschuldung die Geschäftsanteile der Gesellschafter wirtschaftlich entwerte. Eine in der Praxis häufig vorkommende[292] übertragende Sanierung scheitere aber oftmals daran, dass ökonomisch ins Gewicht fallende Werte – wie zum Beispiel Markenrechte oder öffentlich-rechtliche Genehmigungen – an den Rechtsträger und damit an die von den Gesellschaftern gehaltenen Geschäftsanteile geknüpft seien, welche der Verwalter nach der Insolvenzordnung (wegen der Höchstpersönlichkeit dieser Rechte) nicht verwerten könne.[293] Obwohl die Gesellschafter „verspielt“ hätten, könnten sie nicht zur Aufgabe ihrer Anteile gezwungen werden.[294] Eine der gesellschafterlichen Treuepflichten nahekommende Verbindung zwischen den Gesellschaftern und den Gläubigern bestehe nicht.[295] Allerdings bestehe ein „System fließender Übergänge“ von „Rücksichtnahme- und Aufopferungspflichten in Krise und Insolvenz“.[296] Allein die Einwirkungsmöglichkeit auf Interessen Dritter begründe in solchen Fällen Rücksichtnahmepflichten.[297] Spiegelbildlich zu den Aufopferungen der Gläubiger – etwa durch erzwungene Überlassung der zur Betriebsfortführung benötigten Gegenstände, an welchen Aussonderungsrechte gemäß §§ 21 Absatz 2 Satz 1 Nr. 5, 135 Absatz 3 InsO bestehen – treffe den Gesellschafter mitunter die Pflicht, gegen Wertausgleich auf seine Gesellschafterposition zu verzichten und die Anteile herauszugeben.[298] Da die Gesellschafter mit ihren Gesellschafterdarlehen nachrangig und mit ihren Einlagenforderungen gemäß §§ 39 Absatz 1 Nr. 5, 199 InsO sogar doppelt nachrangig seien, spräche vieles dafür, die ohnehin bei Liquidation des Unternehmensträgers erfolgende Enteignung der Gesellschafter hinzunehmen. So könnte eine Enteignung der Gläubiger durch ein Scheitern der übertragenden Sanierung vermieden werden.[299] *Bitter*

290 Vgl. *Bitter*, ZGR 2010, S. 147 ff. [S. 182 unten].
291 Vgl. *Bitter*, ZGR 2010, S. 147 ff. [S. 149 Mitte].
292 Vgl. *Bitter*, ZGR 2010, S. 147 ff. [S. 155 Mitte].
293 Vgl. *Bitter*, ZGR 2010, S. 147 ff. [S. 150 unten].
294 Vgl. *Bitter*, ZGR 2010, S. 147 ff. [S. 162 oben].
295 Vgl. *Bitter*, ZGR 2010, S. 147 ff. [S. 172 oben].
296 Vgl. *Bitter*, ZGR 2010, S. 147 ff. [S. 172 Mitte].
297 Vgl. *Bitter*, ZGR 2010, S. 147 ff. [S. 175 Mitte, 183 Mitte].
298 Vgl. *Bitter*, ZGR 2010, S. 147 ff. [S. 180 unten].
299 Vgl. *Bitter*, ZGR 2010, S. 147 ff. [S. 191, 193 unten].

spricht sich daher für eine Treuhandlösung aus. Auch die Gesellschaftsanteile können durch den Insolvenzverwalter verwertet werden, der Gesellschafter behielten lediglich die Stellung als Sicherungstreuhänder für Ansprüche gemäß § 199 InsO oder es entstehe eine Verwaltungstreuhand zugunsten der Gläubiger, soweit Ansprüche aus § 199 InsO ausgeschlossen seien.[300]

c) *Stellungnahme*

Zwar bildet *Bitter* sein Fallbeispiel mit einer GmbH, der Aufopferungsgedanke ist jedoch auch auf Personengesellschaften übertragbar. *Bitters* Ausführungen vermögen dahin gehend zu überzeugen, dass gerade bei der „Regellösung" der übertragenden Sanierung die untätig bleibenden und auf Maßnahmen Dritter hoffenden Trittbrettfahrergesellschafter nicht privilegiert werden dürfen. Der Zugriff des Insolvenzverwalters auf das Vermögen der Gesellschaft, nicht aber auf die Anteile *an* der Gesellschaft führt in Konstellationen, in denen gerade an die Anteile am Rechtsträger existenzielle Werte geknüpft sind, zu einer durch nichts zu rechtfertigenden Blockadeposition der Gesellschafter. Diese haben die Sanierungssituation zu verantworten, können aber in der Sanierung erneut Einfluss auf den Ablauf der Maßnahmen nehmen und somit den Gläubigern und dem Verwalter in der Sanierung Zugeständnisse abringen. Die Situation der „Sanierung" stellt alle Beteiligten vor die besondere Herausforderung, gemeinsam für ein Wiedererstarken des Unternehmens zu sorgen. Dies führt in der Folge nicht zu einem schuldrechtlichen Verhältnis zwischen Gesellschaftern und Gläubigern, aus dem Treuepflichten entspringen. Jedoch entsteht eine Art „Gefahrengemeinschaft", die Gesellschafter und Gläubiger wechselseitig zu Opfern zwingt. Die Gesellschafter verlieren ihren Einfluss auf die laufenden Geschäfte und Zugriff auf das von ihnen bereitgestellte Kapital, soweit es in die Insolvenzmasse fällt, und können überlassene Gegenstände, welche zur Fortführung des Betriebes erforderlich sind, zunächst gemäß § 135 Absatz 3 InsO nicht zurückfordern. Die Gläubiger können nicht vollstrecken und müssen gemäß § 21 Absatz 2 Nr. 5 InsO – zumindest vorübergehend – auf Aussonderung verzichten. Diese Belastungen können insbesondere die Gläubiger vor existentielle Probleme stellen. Ihnen wird wie den Gesellschaftern eine Aufopferung abverlangt. Diese Konstellation berechtigt zu der Annahme, dass es zu gegenseitigen Rücksichtnahmepflichten kommen muss. Wie dieses Verhältnis ausgestaltet sein soll, lässt *Bitter* offen. So spricht er von einer „Sonderbeziehung", ohne nähere Definition deren

300 Vgl. *Bitter*, ZGR 2010, S. 147 ff. [S. 200 oben].

schuldrechtlichen Charakters.[301] Dies soll an dieser Stelle nicht näher vertieft werden, da die Rechtsbeziehungen im Insolvenzverfahren nicht Gegenstand der Untersuchung sind.

Es kann Folgendes festgehalten werden. Wie sich bereits aus § 1 InsO ergibt, ist die Insolvenzordnung im Gegensatz zur früheren Konkursordnung darauf angelegt, die Sanierung des insolventen Unternehmens zu ermöglichen und „den Verbundwert des schuldnerischen Vermögens nach Möglichkeit zu erhalten".[302] Damit hat sich – soweit die Sanierung beschlossen ist – der Gesellschaftszweck auf Rettung des Bestandes geändert. Wie sich aus der Entscheidung „Sanieren oder Ausscheiden"[303] ergibt, ist die Minderheit unter Umständen zur Zustimmung etwaiger Maßnahmen verpflichtet, wenn sie durch die Mehrheit beschlossen wird. Den Gläubigern – die im Zweifel die geringste Verantwortung für die wirtschaftliche Situation tragen – kann im Rahmen einer sanierenden Fortführung die Belastung auferlegt werden, auf Herausgabe von Aussonderungsgegenständen vorübergehend verzichten zu müssen. Die Nichterfüllung der Forderungen und das Vollstreckungsverbot stellen in gleicher Weise eine erhebliche Belastung des konkreten Gläubigers dar. Ebenso belastend wirkt sich aus, dass die Gesellschaftsanteile nicht in die Masse fallen und den Gesellschaftern im Regelszenario einer übertragenden Sanierung bei Vorliegen von an den Rechtsträger gebundenen erheblichen Vermögenswerten, wie Patenten oder Marken, eine durch nichts zu rechtfertigende Sonder- und Blockadestellung zukommt. Auch dies bedeutet eine erhebliche Belastung der Gläubiger, für welche ein Verzicht auf Rechte und Forderungen – oder auch nur ein Verzicht auf deren Vollstreckung – der Belastung mit einer Zahlungspflicht gleichkommt. Gegenüber den Gläubigern sind die Gesellschafter nicht aus Treuepflicht gebunden, sondern lediglich zu Rücksichtnahme verpflichtet, welche aus der Einwirkungsmacht auf die Vermögenssphäre der Gläubiger entsteht. Zwischen Treuepflicht und Aufopferungspflicht gibt es einen fließenden Übergang.[304]

Vor diesem Hintergrund erscheint es als systemwidrig, dass die Gesellschafter in der Sanierung unter Berufung auf § 707 BGB die Zahlung jedweder zusätzlicher Beträge – und seien sie auch noch so unerheblich – verweigern können. Die Gläubiger akzeptieren in Sanierungsmodellen – auch außerhalb von Insolvenzplanverfahren – regelmäßig Stundungs- und Verzichtsklauseln. Sie sind in dieser Entscheidung zwar frei, werden in der Sanierungsphase durch

301 Vgl. *Bitter*, ZGR 2010, S. 147 ff. [S. 200 unten].

302 Vgl. *Bitter*, ZGR 2010, S. 147 ff. [S. 152 oben].

303 Vgl. BGH, Urt. v. 19.10.2009 – II ZR 240/08, NZG 2009, S. 1347 ff.

304 Vgl. *Bitter*, ZGR 2010, S. 147 ff. [S. 199].

die Ausgestaltung der InsO regelrecht zu einer Beteiligung an der Sanierung gedrängt, da ihnen sonst nur die Quote aus dem Planverfahren verbleibt. Die Gesellschafter hingegen sind durch das Gesetz zu keinen weiteren Opfern verpflichtet, kommen aber – wie von *Bitter* exemplarisch an der GmbH gezeigt – in bestimmten Fallkonstellationen in den Genuss der Anstrengungen Dritter. Dies vermag insbesondere in Situationen, in denen die Gesellschafter lange Zeit von der Gesellschaft wirtschaftlich profitiert haben, umso weniger zu überzeugen. Diese Fallkonstellation ähnelt jenen Fällen, in welchen die Rechtsprechung bei Gesellschaften mit beschränkter Haftung eine Existenzvernichtungshaftung bejaht hat. Für Personengesellschaften scheint sich diese Problematik nicht zu ergeben, da die Gesellschafter gemäß § 128 HGB für die Außenstände der Gesellschaft einzustehen haben und somit in jedem Fall haften. Dies ist jedoch nicht zwangsläufig der Fall. Soweit die aufgelaufenen Gesellschaftsschulden das Privatvermögen aller persönlich haftenden Gesellschafter und das Restvermögen der Gesellschaft übersteigen, gibt es oftmals nur eine einzige Möglichkeit der Schadensbegrenzung, nämlich den Gesellschaftern die Fortführung der Geschäfte zu ermöglichen, soweit dies wirtschaftlich vertretbar erscheint. Es läuft in solchen Fällen zwangsläufig auf Stundungs- oder Verzichtsvereinbarungen hinaus. Auch in diesen Fällen haben die Gesellschafter vielfach Spielraum, ihr weiteres Engagement für die Gesellschaft von weitreichenden Opfern der Gläubiger abhängig zu machen. Dies gilt insbesondere für Fälle, bei denen die Gesellschaft über wenige Restwerte verfügt, der Wert des Unternehmens vielmehr in dem Wissen, Können und den Kontakten der geschäftsführenden Gesellschafter besteht.

d) Zwischenfazit

Die Darstellung *Bitters* hat gezeigt, dass Sanierungsmaßnahmen, die auf eine Erhaltung des Geschäftsbetriebes abzielen, häufig mit Opfern der Gläubiger der Gesellschaft verbunden sind. Um die für die Situation verantwortlichen Gesellschafter nicht zu privilegieren, nimmt *Bitter* eine Sonderbeziehung zwischen Gesellschaftern und Gläubigern an, die die Gesellschafter in Verantwortung nimmt und zu Aufopferungen zwingen kann. Es kommt somit unabhängig von der gesetzlich angeordneten Haftung zu einer Verpflichtung der Gesellschafter, weitere Opfer zu bringen. Und so schreibt *Bitter*, dass im Interesse der Gemeinschaft der Sanierungsbeteiligten der einzelne Gesellschafter sein Eigeninteresse zurückstellen müsse, da eine Blockade der Sanierung auch die Vermögenssphäre der Mitgesellschafter erheblich tangiere.[305] Das Belastungsverbot stehe dem

305 Vgl. *Bitter*, ZGR 2010, S. 147 ff. [S. 178 unten].

nicht entgegen. Es vermag nicht zu überzeugen, dass im Fall von Nachschusspflichten kraft Treuepflicht eine andere Beurteilung angezeigt sein soll als in dem – hinsichtlich der Belastung – ähnlich gelagerten Fall des Eingreifens des Aufopferungsgedankens.

5. *Verzicht auf Gewinn*

a) Bezug zur untersuchten Problematik

Ähnlich wie Außen- und Innenhaftung (§§ 128 HGB, 735, 739 BGB) der Gesellschafter kann auch ein durch Gesellschafterbeschluss erzwungener Verzicht auf Gewinnausschüttung eine erhebliche wirtschaftliche Belastung – gleich einem Nachschuss – für den einzelnen Gesellschafter bedeuten, der wirtschaftlich auf die Ausschüttung als Verzinsung seiner Einlage angewiesen ist. Auch dies kann ein Verstoß gegen § 707 BGB und damit das Belastungsverbot bedeuten. Soweit dieser – etwa aus Treuepflicht – gerechtfertigt ist, liegt auch eine Nachschusspflicht kraft Treuepflicht als Ausnahme zum Belastungsverbot näher, soweit deren Voraussetzungen gleich hoch oder höher sind.

b) Anerkannte Gewinnverzichtspflichten

Für die Gesellschaft bürgerlichen Rechts ist die Verteilung eines Gewinnes gemäß § 721 BGB erst für den Zeitpunkt der Auflösung der Gesellschaft vorgesehen. Ist die Gesellschaft auf Dauer angelegt, so kann nach Abschluss des Geschäftsjahres und Beschluss über die Bilanzfeststellung ein Gewinnanspruch geltend gemacht werden.[306] In Ermangelung einer Mehrheitsklausel gilt für diesen Beschluss das Einstimmigkeitsprinzip gemäß § 709 Absatz 1 BGB. Bei der OHG und der KG ist zunächst ein Beschluss über den Jahresabschluss notwendig. Dieser hat in Ermangelung einer gesellschaftsvertraglichen Abrede einstimmig zu erfolgen.[307] Durch die Feststellung entstehen im Fall eines Gewinns Gewinnansprüche der einzelnen Gesellschafter. Sollte es nicht eine offenkundige Schädigung der Gesellschaft zur Folge haben, kann jeder Gesellschafter die Auszahlung des vollständigen, auf ihn entfallenden Gewinnanteils verlangen. Das Gesetz geht in § 122 Absatz 1 Halbsatz 2 HGB vom Grundsatz der Vollausschüttung aus.[308] Darüber hinaus soll dem einzelnen Gesellschafter ein Steuerentnahmerecht zustehen.[309] Da bei den Personenhandelsgesellschaften nicht

---

306 Vgl. MüKo/*Schäfer*, § 721 BGB Rn. 13.
307 Vgl. MüKo/*Priester*, § 120 HGB Rn. 64.
308 Vgl. MüKo/*Priester*, § 122 HGB Rn. 1, 26.
309 Vgl. Baumbach/Hopt/*Roth*, § 122 HGB Rn. 17.

die Gesellschaft, sondern die einzelnen Gesellschafter Steuersubjekt sind und sie für die Leistung der auf sie entfallenden Steuerbeträge Liquidität benötigen, wird in der Literatur mit unterschiedlichen Begründungen ein entsprechendes Steuerentnahmerecht gefordert. In der Begründung wird teilweise auf § 110 HGB zurückgegriffen, da der Gewinn im Gesellschaftsvermögen entsteht und der zur Steuerzahlung herangezogene Gesellschafter daher Aufwendungen in Gesellschaftsangelegenheiten tätige.[310] Eine Gegenansicht leitet dieses Recht aus der Treuepflicht der Gesellschafter ab.[311] Der BGH hat hierzu nicht eindeutig Stellung bezogen. Vielmehr weist er in seinem Urteil vom 29.03.1996 darauf hin, dass ein solches Steuerentnahmerecht dem Kommanditisten im konkreten Fall zugebilligt würde, einem aus der Treuepflicht abgeleiteten Steuerentnahmerecht grundsätzlich jedoch die Wertung des Gesetzes entgegenstünde, weshalb dies der Entscheidung des Einzelfalls durch den Tatrichter vorbehalten bliebe.[312] Es bleibt als Zwischenstand festzuhalten, dass im Fall einer Gewinnfeststellung durch die Gesellschafterversammlung jedem Gesellschafter ein anteiliger Gewinnanspruch zusteht. Ein Steuerentnahmerecht kann nach der Rechtsprechung im Einzelfall aus Treuepflichtgesichtspunkten angezeigt sein, dies sei aber eine Frage des Einzelfalles. Genau diese Ansprüche auf (anteilige) Gewinnauszahlung sind es, deren Geltendmachung durch die Gesellschafter im Einzelfall wiederum aus dem Gesichtspunkt der Treuepflicht untersagt sein kann. Der BGH hat hierzu in seinem Urteil vom 29.03.1996 formuliert, dass eine Grenze für die Ablehnung einer Thesaurierung dort bestünde, wo sich die Bildung von Rücklagen als erforderlich erweise, um das Unternehmen für die Zukunft lebens- und widerstandsfähig zu erhalten.[313] Ansatz- und Bewertungswahlrechte seien von den Gesellschaftern wahrzunehmen, wobei sie bei der Ausübung dieser Rechte wechselseitig der Treuepflicht unterlägen.[314] Ebenso äußerte sich das OLG Karlsruhe, wenn es feststellt, dass die Treuepflicht der Gesellschafter in Krisensituationen die Geltendmachung des Entnahmerechts verbiete.[315] Dass die Treuepflicht

310 Vgl. MüKo/*Priester*, § 122 HGB Rn. 61 m.w.Nw.

311 Vgl. Baumbach/Hopt/*Roth*, § 122 HGB Rn. 17; MüKo/*Priester*, § 122 HGB Rn. 59.

312 Vgl. BGH, Urt. v. 29.03.1996 – II ZR 263/94, NJW 1996, S. 1678 ff. [S. 1681 re. Sp. unten, S. 1682 li. Sp. oben].

313 Vgl. BGH, Urt. v. 29.03.1996 – II ZR 263/94, NJW 1996, S. 1678 ff. [S. 1681 li. Sp. unten].

314 Vgl. BGH, Urt. v. 29.03.1996 – II ZR 263/94, NJW 1996, S. 1678 ff. [S. 1681 li. Sp. oben].

315 Vgl. OLG Karlsruhe, Urt. v. 28.02.2003 – 4 U 08/02, NZG 2003, S. 429 f. [S. 430 re. Sp. oben].

neben der gesetzlichen Wertung des § 122 HGB, der den Gesellschaftern bei absehbar entstehenden Schäden Gewinnentnahmen verbietet, eine Schranke der Gewinnauszahlung darstellt, ist auch in der Literatur anerkannt.[316]

c) *Stellungnahme*

Die Pflicht zum Gewinnverzicht aus Treuepflicht ist ein weiteres Beispiel der wirtschaftlichen Belastung der Gesellschafter aus Treuepflicht und damit eine anerkannte Ausnahme vom Belastungsverbot. Denn der Verzicht auf Gewinnausschüttung kann nicht nur bei deren Besteuerung eine erhebliche Belastung für den Gesellschafter bedeuten. Stellt die Gewinnausschüttung die Verzinsung des vom Gesellschafter investierten Kapitals oder seiner eingebrachten Arbeitsleistung dar, geht er im Fall einer beschlossenen Thesaurierung, welcher er aus Treuepflichtgesichtspunkten zustimmen muss, zunächst leer aus und muss sich mit einer Wertsteigerung der Gesellschaft und damit seiner Mitgliedschaft begnügen. Soweit die Gewinnausschüttungen der Gesellschaft den Unterhalt des Gesellschafters zu gewährleisten bestimmt waren, bringt dies den einzelnen Gesellschafter womöglich an den Rand des wirtschaftlichen Ruins. Das zusätzliche Erfordernis eines Merkmals „Zumutbarkeit“[317] hat in der Rechtsprechung keinen Widerhall gefunden. Hatte das OLG Karlsruhe in der Entscheidung vom 28.02.2003 darauf abgestellt, dass die Begleichung der Steuerschuld aus anderem Einkommen dem Gesellschafter zumutbar sein müsse,[318] wurde dies vom BGH offen gelassen. Neben der Steuerbelastung wurden keine wirtschaftlichen Betrachtungen in Erwägung gezogen. Vielmehr war der BGH darauf ausgewichen, dass ein Steuerentnahmerecht eine Frage des Gesellschaftsvertrages – oder des Einzelfalles – sei.[319] Es zeigt sich, welche Belastungen trotz des Belastungsverbotes des § 707 BGB auf den einzelnen Gesellschafter zukommen können. Dies entspringt nicht zwangsläufig der Wertung des Gesetzes oder dem Gesellschaftsvertrag und kann somit auch nicht als eine gesetzliche Ausnahme zu § 707 BGB bezeichnet werden. Vielmehr besteht nach dem Gesetz das Vollausschüttungsgebot, das neben dem Entnahmerecht gemäß § 122 Halbsatz 1 HGB den Unterhalt der Gesellschafter sichern soll. Eine entsprechende Thesaurierungsklausel

316 Vgl. MüKo/*Priester*, § 122 HGB Rn. 38–41.

317 In Notlagen der Gesellschafter ist die Gesellschaft aus Treuepflicht gegebenenfalls zu Auszahlungen verpflichtet, vgl. MüKo/*Priester* § 122 HGB Rn. 38.

318 Vgl. OLG Karlsruhe, Urt. v. 28.02.2003 – 4 U 08/02, NZG 2003, S. 429 f. [S. 430 re. Sp. unten].

319 Vgl. BGH, Urt. v. 29.03.1996 – II ZR 263/94, NJW 1996, S. 1678 ff. [S. 1681 re. Sp. unten].

im Gesellschaftsvertrag sieht entweder eine automatische Thesaurierung vor oder sie ist als Mehrheitsklausel ausgestaltet, die den Anforderungen der Kernbereichslehre entspricht. In diesem Fall hat der einzelne Gesellschafter die Belastung nicht gegen seinen Willen übernommen, sondern ihr – antizipiert – zugestimmt. Die Rechtsprechung nimmt nun aus Treuepflichtgesichtspunkten eine Pflicht zum Verzicht auf dieses Recht sogar dann an, wenn gesellschaftsvertraglich ein Steuerentnahmerecht vereinbart wurde, wobei zu beachten ist, dass diese Beträge lediglich einen Teil des zustehenden Gewinnanspruchs umfassen. Die dargestellten Entscheidungen behandeln den Vorrang der Gewinnthesaurierung, also jene Fälle, in denen zwar der Bestand der Gesellschaft bedroht sein mag, die Gesellschaft nach dem Jahresabschluss aber immer noch einen Gewinn ausweisen kann. Selbst in dieser Situation kann den Gesellschaftern – Komplementären wie auch Kommanditisten – aus Treuepflichtgesichtspunkten eine Verzichtspflicht und somit eine Belastung auferlegt werden. Ergänzend sei ein Argument aus der Diskussion um das Steuerentnahmerecht angeführt, welches die Folgen eines Verzichts deutlich einordnet. Für ein grundsätzliches (Steuer-)Entnahmerecht spreche, dass – in dem Fall, dass der ein Gesellschafterbeschluss eine Thesaurierung bestimmt – Steuerzahlungen des Gesellschafters ohne entsprechende Erstattungsansprüche gegenüber der Gesellschaft *im Ergebnis Zuschüsse* darstellen, zu denen der Gesellschafter gemäß § 707 BGB nicht verpflichtet sei.[320] Eine unterlassene Steuerausschüttung ist folglich eine Belastung im Sinne des § 707 BGB. Eine unterlassene Ausschüttung des vollständigen Gewinns belastet den Gesellschafter noch intensiver. Steuerrechtlich ist der Gesellschafter Schuldner der Steuer, zahlt also auf eine eigene Schuld und nicht etwa auf die der Gesellschaft. Würde ihm eine Steuerentnahme versagt, wäre er genauso belastet wie bezüglich der Gesamtheit der Gewinnausschüttung, welche er ebenso für andere Zahlungspflichten verwenden könnte. Ein Verzicht auf das Steuerentnahmerecht ist somit genauso zu behandeln wie eine Gewinnthesaurierung. Es kommt jeweils zu einer Belastung, welche zunächst gegen § 707 BGB verstößt, aber aus Treuepflichtgesichtspunkten gerechtfertigt ist. Dies ist auch im Interesse des Gesellschafters, da es seine Gesellschaft ist, deren Bestand gestärkt und deren Wert gegebenenfalls erhöht wird.[321] Es bleibt aber dabei, dass es sich hierbei um einen erzwungenen Beitrag handelt, der das Belastungsverbot tangiert, was durch die gesellschafterliche Treuepflicht gerechtfertigt ist.[322]

320 Vgl. MüKo/*Priester*, § 122 HGB Rn. 59 (Hervorhebungen durch den Verfasser.

321 Vgl. *Priester*, DStR 2007, S. 28 [S. 31].

322 Vgl. *Haar*, NZG 2007, S. 601 ff. [S. 603 li. Sp. Mitte].

Dass dieses Problem vielfach unter dem Gesichtspunkt von Mehrheitsentscheidungen und Kernbereichslehre diskutiert wird, überrascht nicht. Wie bereits zu Beginn dieser Untersuchung angedeutet wurde, werden die Sphären „Gesellschafterstellung" und „Privatvermögen" von Rechtsprechung und Literatur häufig vermischt. Kernbereichslehre und Belastungsverbot bilden zwar eine Schutzrichtung (gegen Rechtsbeeinträchtigungen), jedoch sind sie klar voneinander abzugrenzen. Dass beide Institute gerade bei unterlassenen Gewinnausschüttungen verwechselt werden, findet seine Ursache insbesondere darin, dass das Gewinnbezugsrecht dem Kernbereich der Mitgliedschaft zugeordnet wird,[323] ein Verzicht auf Gewinnausschüttung trotz Erhöhung des Anteilswertes jedoch eine wirtschaftliche Belastung des Privatvermögens verursacht. Gerade durch das Stehenlassen der Gewinne und der Thesaurierung kommt es zu einer Anwachsung der Kapitalanteile der Gesellschafter, da Gewinnrücklagen bei Personengesellschaften nicht gebildet werden.[324] Dadurch kommt es zu einer Anwachsung der Kapitalkonten.[325] Gesellschaftsverträge können mehrere Konten vorsehen und die Buchungen von Gewinnen und Verlusten sowie weiterer Einlagen etwa auf variablen Kapitalkonten II vorsehen.[326] Es handelt sich dann um einen Teil des Eigenkapitals.[327] Gewinne können auch auf weiteren Konten gebucht werden, welche als Darlehenskonten ausgestaltet sind. Es handelt sich dann um den Ausschüttungsanspruch der Gesellschafter gegen die Gesellschaft, also um Fremdkapital.[328] Diese Gestaltung ist zwar möglich, ist aber in dem hier vorausgesetzten Normalfall des Gesetzes nicht vorgesehen. Das Gesetz sieht im Recht der Personenhandelsgesellschaften keine freien Gewinnrücklagen vor.[329] Es kommt folglich zwangsläufig zu einer Erhöhung der Einlage des Gesellschafters.[330] Besonders deutlich wird dies beim Kommanditisten. Soweit dieser seine Einlage geleistet hat, nimmt er an künftigen Verlusten nur noch mit der Einlage teil. Künftige Gewinne werden gemäß § 169 Absatz 1 Satz 2 Halbsatz 2 HGB

---

323 Vgl. MüKo/*Enzinger*, § 119 HGB Rn. 65.
324 Vgl. *Haar*, NZG 2007, S. 601 ff. [S. 603 li. Sp. oben].
325 Beim Kommanditisten allerdings begrenzt auf seine Pflichteinlage; darüber hinausgehende Buchungen auf ein separates Darlehenskonto, vgl. MüKo/*Grunewald*, § 167 HGB Rn. 14–17.
326 Vgl. MüKo/*Priester*, § 120 HGB Rn. 106.
327 Vgl. MüKo/*Priester*, § 120 HGB Rn. 29,
328 Vgl. MüKo/*Priester*, § 120 HGB Rn. 106.
329 Vgl. *Huber* in: GS Knobbe-Keuk, S. 203 ff. [S. 203 oben].
330 Vgl. *Huber* in: GS Knobbe-Keuk, S. 203 ff. [S. 203 oben]; Haar, NZG 2007 S. 601 ff. [S. 603 li. Sp. oben].

dazu verwendet, vorangehende Verluste auszugleichen, bis der Betrag der Einlage wieder erreicht wurde. Bereits festgestellte Gewinne müssen gemäß § 169 Absatz 2 HGB nicht dazu verwendet werden, künftige Verluste auszugleichen. Genau diese Privilegierung wird durch die Buchung von Gewinnanteilen in einem Rücklagenkonto umgangen. Die bezogenen Gewinne des Kommanditisten würden dann für spätere Verluste herangezogen. Es handelt sich letztlich um Eigen- und Risikokapital.[331]

Ein Verstoß gegen § 707 BGB, welcher im Einzelfall unter dem Gesichtspunkt der Treuepflicht gerechtfertigt ist, liegt bei einer gegen den Willen eines Minderheitsgesellschafters durchgeführten Gewinnthesaurierung[332] oder einem solchen Verzicht auf das Steuerentnahmerecht vor. Der Begriff des Beitrages in § 707 BGB entspricht dem Beitragsbegriff im engeren Sinne des § 706 BGB, meint also insbesondere Einlage- und andere vermögenswerte Leistungen,[333] ist allgemein jedoch „jedes den Gesellschaftszweck fördernde Tun oder Unterlassen".[334] Dass auch ein erzwungenes Stehenlassen von Gewinnen eine gegen das Belastungsverbot verstoßende Beitragsleistung bedeutet, macht ein Blick auf das Recht der GmbH deutlich. Die Kapitalaufbringungs- und Kapitalerhaltungsregeln sind bei der GmbH wegen der gesetzlichen Haftungsbeschränkung auf das Gesellschaftsvermögen naturgemäß von besonderer Bedeutung. Folgendes Beispiel soll verdeutlichen, dass es nicht zu einer Ausschüttung und erzwungenen Einzahlung kommen muss, um von der „Leistung eines Beitrages" im Sinne des § 707 BGB zu sprechen, sondern dass bereits die Thesaurierung eine Leistung darstellt. So wurden auf das „Ausschüttungs-Rückhol-Verfahren", bei welchem die Gesellschafter vor dem Jahre 2001 aus steuerlichen Gründen die ausgeschütteten Gewinne sofort wieder in die GmbH einlegten, die Regeln über die verdeckte Forderungseinbringung oder die verdeckte Sacheinlage angewandt.[335] Dies fand seinen Grund darin, dass es sich wirtschaftlich betrachtet in diesen Fällen „nicht um eine Zuführung neuer Liquidität durch Barmittel, sondern um eine Umwidmung der Ausschüttungsforderungen der Gesellschafter in Eigenkapital" handele, „so dass im Ergebnis diese Ausschüttungsforderungen den wirklichen Gegenstand der Einlagen" bildete.[336] Dass es folglich nicht auf die Zahlungsvorgänge ankommt, sondern auf das wirtschaftliche Endergebnis, verdeutlicht die Tatsache, dass die

---

331 Vgl. *Huber* in: GS Knobbe-Keuk, S. 203 ff. [S. 210 Mitte].

332 A.A. MüKo/*Priester*, § 122 HGB Rn. 55.

333 Vgl. MüKo/*Schäfer*, § 707 BGB Rn. 1; MüKo/*Schäfer*, § 706 BGB Rn. 3.

334 Vgl. MüKo/*Karsten Schmidt*, § 105 HGB Rn. 177, 178.

335 Vgl. MüKo/*Schwandtner*, § 19 GmbHG Rn. 201 ff.

336 Vgl. MüKo/*Schwandtner*, § 19 GmbHG Rn. 201.

Rechtsprechung in solchen Fällen bei der GmbH die Regeln über die verdeckte Sacheinlage dann nicht anwendet, wenn gleichzeitig die Regeln über die Kapitalerhöhung aus Gesellschaftsmitteln gemäß §§ 57c ff. GmbHG erfüllt sind.[337] Trotz der Aus- und Wiedereinzahlung wird dies somit im Ergebnis wie eine Kapitalerhöhung aus eigenen Mitteln behandelt. Darüber hinaus unterfällt dem Begriff der Beitragsleistung auch der Verzicht auf eine Forderung. Der BGH hat schon im Jahre 1984 für eine Publikumspersonengesellschaft entschieden, dass die Minderheitsgesellschafter aufgrund der gesellschafterlichen Treuepflicht gezwungen sein können, einem Beschluss zuzustimmen, welcher die Verzinsung von Kapitaleinlagen aufhebt, was einem solchen Verzicht gleichkommt.[338] Die thesaurierten Gewinne werden durch den Thesaurierungsbeschluss als Rücklagen verbucht und dadurch zu Eigenkapital. Soweit die Gewinne nicht auf Darlehenskonten gebucht und somit als Fremdkapital behandelt werden, erhalten die Gesellschafter keinen Auszahlungsanspruch. Da eine Entnahme über die gesetzlichen Regelungen des § 122 Absatz 1 HGB hinaus grundsätzlich nicht möglich ist, verbleibt der Großteil des Kapitals in der Gesellschaft und steht den Gesellschaftern nicht zur Verfügung, die sich gegebenenfalls anderweitig finanzieren müssen. Im Fall der Insolvenz unterfallen sie außerdem dem haftenden Vermögen der Gesellschaft. Die ohnehin bestehende persönliche Haftung eines Gesellschafters ändert hieran nichts. Denn einerseits wird er durch den Thesaurierungsbeschluss daran gehindert, den auf ihn entfallenden Gewinn anderweitig mit einer höheren Verzinsung anzulegen. Und andererseits wird durch die Thesaurierung zulasten der Gesellschafter der Betrag erhöht, der bis zum Zeitpunkt einer möglichen Überschuldung verloren gehen kann. Die Haftung für die Schulden mag in beiden Fällen den gleichen Betrag bedeuten, lediglich auf dem Wege in die Überschuldung wurden nunmehr auch noch die früheren – thesaurierten – Gewinne aufgezehrt.

d) Zwischenfazit

In demselben Maße, wie der BGH an vielen Stellen das Belastungsverbot gemäß § 707 BGB bemüht, um weitere Leistungspflichten der Gesellschafter abzulehnen, wird an anderer Stelle über das Belastungsverbot stillschweigend hinweggegangen. Es macht wirtschaftlich keinen Unterschied, ob eine zusätzliche *Zahlung* erfolgen muss oder ob auf eine Forderung verzichtet oder diese gestundet werden

337 Vgl. MüKo/*Schwandtner*, § 19 GmbHG Rn. 208 m.w.Nw. zur Rspr.

338 Vgl. BGH, Urt. v. 05.11.1984 – II ZR 111/84, NJW 1985, S. 974 f. [Leitsatz]; ebenso bezüglich einer gewinnmindernden Erhöhung der Tätigkeitsvergütung für einen Mitgesellschafter: BGH, Urt. v. 10.06.1965 – II ZR 06/63, NJW 1965, S. 1960 [Leitsatz].

muss. Beides kann sich wirtschaftlich gleichermaßen belastend auswirken. Dies ist im Gesetz nicht vorgesehen, sondern wird vom BGH aus der Treuepflicht abgeleitet. Es handelt sich somit um eine Ausnahme vom Belastungsverbot, welche durch Treuepflicht gerechtfertigt ist.

6. *Ergebnis*

Die Untersuchung hat gezeigt, dass nach geltendem Recht Ausnahmen vom Belastungsverbot bestehen. Die Haftung der Gesellschafter für die Schulden der Gesellschaft gemäß § 128 HGB (analog), die Nachhaftung gemäß § 160 HGB als auch die Haftung gemäß §§ 735, 739 BGB stellen (erhebliche) Belastungen dar, die gesetzlich angeordnet sind. Darüber hinaus wurde gezeigt, dass es zu weiteren Belastungen kommen kann, die im Gesetz nicht vorgesehen sind. Die Untersuchung zum Aufopferungsgedanken und der vom BGH angenommenen Pflicht zum Verzicht auf Gewinn hat gezeigt, dass aus dem Treuepflichtgedanken vielfach weitere Belastungen für die Gesellschafter einer Personengesellschaft hergeleitet werden, die im Gesetz keine Stütze finden. Vielmehr wird in diesen Fällen die Treuepflicht bemüht, um die Pflicht zur Hinnahme von Belastungen zu begründen. Es lässt sich somit feststellen, dass Belastungen aus Treuepflicht mittlerweile von der Rechtsprechung anerkannt sind, das Belastungsverbot einer Leistung von Nachschüssen aus dogmatischer Sicht nicht entgegensteht, soweit dadurch an anderer Stelle Belastung vermieden wird. Zusätzlich fällt ins Gewicht, dass die gesetzlich angeordnete Haftung für die Gesellschaftsschulden eine massive Nachbelastung der Gesellschafter bedeuten kann. Die Sanierung der Gesellschafter kann in vielen Fällen diese Haftung zumindest erheblich verringern, wenn nicht gar vermeiden. Eine Nachschusspflicht kraft Treuepflicht soll die Aufbringung der hierzu erforderlichen Beiträge ermöglichen. Es ist in der Folge zu untersuchen, inwiefern die gesellschafterliche Treuepflicht eine ausreichende Grundlage für eine solche Nachschusspflicht sein kann.

III. Gesellschafterliche Treuepflicht

1. *Dogmatische Grundlage der Treuepflicht im Gesellschaftsrecht*

In der Folge soll skizziert werden, ob die bereits untersuchten Fallgruppen aus der Rechtsprechung und eine Nachschusspflicht auf die Treuepflicht der Gesellschafter untereinander gestützt werden kann. Der Begriff der Treuepflicht wurde von der Rechtsprechung entwickelt und ist mittlerweile allgemein anerkannt. Gesellschafter sind untereinander sowie auch im Verhältnis zur Gesellschaft zur

Loyalität verpflichtet.[339] Der Rechtsgrund der Treuepflicht wird teilweise im Allgemeinen zivilrechtlichen Grundsatz von Treu und Glauben gesehen, wie er in § 242 BGB zum Ausdruck kommt.[340] Andere sehen ihn in der gesellschaftsvertraglichen Förderpflicht des § 705 BGB.[341] Der genaue Rechtsgrund kann jedoch dahinstehen, soweit Einigkeit darüber besteht, dass die Treuepflicht aus dem Gesellschaftsvertrag oder bei Kapitalgesellschaften aus der Mitgliedschaft entspringt.[342] Aus der Treuepflicht entspringen sowohl Rücksichtnahme- als auch Handlungspflichten. Daher kann je nach Sachlage folglich sowohl § 242 BGB als auch § 705 BGB als Grundlage herangezogen werden. Da die gesellschafterliche Treuepflicht in Rechtsprechung und Literatur ein erhebliches Maß an Konkretisierung erfahren hat, tritt der tatsächliche Rechtsgrund in seiner Bedeutung mittlerweile zurück. Man kann sie mit *Ulmer* und *Schäfer* als eine „auf Richterrecht beruhende Generalklausel" bezeichnen.[343] Dies hat Auswirkungen auf die möglichen Rechtsfolgen der Treuepflicht, welche nach einer kurzen Darstellung zu den von Rechtsprechung und Lehre entwickelten Inhalten der Treuepflicht erörtert werden sollen.

2. *Inhalt der Treuepflicht*

Die gesellschafterliche Treuepflicht kann sowohl gegenüber der Gesellschaft als auch gegenüber den Mitgesellschaftern Wirkung entfalten.[344] Für die vorliegende Untersuchung soll der Inhalt der Treuepflicht der Gesellschafter untereinander näher beleuchtet werden. Die Treuepflicht gegenüber der Gesellschaft soll hingegen außer Betracht bleiben, denn die Gesellschaft ist im Rahmen der gemeinsamen wirtschaftlichen Tätigkeit der Gesellschafter lediglich ein Mittel zum Zweck und kein Selbstzweck. Soweit diese sich wirtschaftlich nicht mehr trägt,

---

339 Vgl. MüKo/*Karsten Schmidt*, § 105 HGB, Rn. 188.

340 Vgl. etwa Erman/*H.P. Westermann*, § 705 Rn. 49; MüKo/*Schubert*, § 242 BGB Rn. 177.

341 Vgl. Soergel/*Hadding/Kießling*, § 705 Rn. 58; ebenso *Lutter*, AcP 180 (1980), S. 84 (S. 102 ff., 103, 104 Mitte), der betont, die Treuepflicht gehe weiter als der allgemeine Grundsatz des § 242 BGB, der natürlich auch im Gesellschaftsrecht Anwendung finde.

342 Vgl. Staub/*Carsten Schäfer*, § 105 HGB Rn. 228.

343 Vgl. Staub/*Carsten Schäfer*, § 105 HGB Rn. 228 mit Verweis auf die von *Ulmer* betreute Vorauflage. Zustimmend ebenfalls *Hüffer*, FS Steindorff, 1990, S. 59 [78]; so auch: *Wiedemann*, Gesellschaftsrecht Bd. II, § 3 S. 192.

344 Vgl. nur BGH, Urt. v. 09.09.2002 – II ZR 198/00, NZG 2003, S. 73 [re. Sp. unten]; *K. Schmidt*, Gesellschaftsrecht, § 20 IV S. 589; *Heinrichs*, Mehrheitsbeschlüsse, § 7 S. 224 oben m.w.Nw.

sind Liquidation und Insolvenzverfahren die geeigneten Werkzeuge zur Beendigung. Eine Gesellschaft hat – unabhängig von den sich in ihr gegebenenfalls spiegelnden Interessen der Mitgesellschafter – kein eigenes Existenzinteresse. Die Treuepflicht bindet das Stimmverhalten des Gesellschafters nicht nur in den alltäglichen, sondern auch bei grundlegenden Entscheidungen. So ist mittlerweile anerkannt, dass auch die Pflicht zur Zustimmung zu einer Änderung des Gesellschaftsvertrages aus der Treuepflicht hergeleitet werden kann.[345] Dies steht auch nicht im Widerspruch zu ihrer eigenen Grundlage. Der Gesellschaftsvertrag kann sehr wohl Basis für eine Pflicht sein, die seine eigene Änderung und Anpassung verlangt.[346] *Winter* spricht – entgegen der teilweise dies bestreitenden Ansichten[347] – von der gesellschaftsvertraglichen Sonderverbindung als „Grundlage ihrer eigenen Änderung".[348] Besonders in Krisensituationen stellt sich die Frage nach Zustimmungspflichten kraft Treuepflicht, da in diesen Situationen naturgemäß unter Zeitdruck entschieden werden muss und die Einzelinteressen der Gesellschafter oftmals stark divergieren. Der BGH bestätigte in seiner Rechtsprechung, dass die Treuepflicht gerade in Krisensituationen den Mitgesellschaftern eine aktive Förderpflicht abverlange, insbesondere müsse ein Gesellschafter an Entscheidungen mitwirken, die der Sanierung der Gesellschaft dienen.[349] So soll auch der Widerspruch eines Kommanditisten gegen den Verkauf des Unternehmens einen Treuepflichtverstoß darstellen, wenn die „dauernde Unrentabilität" des Unternehmens feststehe.[350] Zur Bestimmung der Auswirkung der Treuepflicht und ihres Einfluss auf die gesellschafterliche Willensbildung wird zunächst danach differenziert, ob im konkreten Fall ein positives Tun oder ein bloßes Unterlassen gefordert wird. Eine Pflicht zum Unterlassen kann sich beispielsweise aus der willkürlichen Schädigung der Gesellschaft ergeben.[351] Bei den Handlungspflichten werden uneigennützige und eigennützige unterschieden.

345 Vgl. Staub/*Carsten Schäfer*, § 105 HGB Rn. 239 m.w.Nw.

346 Vgl. Staub/*Carsten Schäfer*, § 105 HGB Rn. 239, 240.

347 Vgl. Staub/*Carsten Schäfer*, § 105 HGB Rn. 240 m.w.Nw.

348 Vgl. *Winter*, Treubindungen, S. 32 oben. Im Vergleich zur Störung der Geschäftsgrundlage führt *Winter* aus, dass dem Richter im Prozess trotz der konstruktiven Unterschiede in beiden Fällen ein voluntativer Entscheidungsspielraum zur Verfügung steht, „der unter Berücksichtigung der im ursprünglichen Vertrag zum Ausdruck gekommenen Wertungen und unter Offenlegung der Entscheidungsgrundlagen auszufüllen ist", S. 32.

349 Vgl. BGH, Urt. v. 20.03.1995 – II ZR 205/94 („Girmes"), NJW 1995, S. 1738 ff.

350 So in BGH, Urt. v. 17.12.1959 – II ZR 81/59, NJW 1960, S. 434 [re. Sp. unten].

351 Vgl. Staub/*Carsten Schäfer*, § 105 HGB Rn. 230.

Erstere beziehen sich auf die Förderung des Gesellschaftszwecks und die Geschäftsführung.[352] Hier sind die Gesellschafter kraft Vertrag gebunden, sodass die Treuepflicht ein hohes Maß an Loyalität verlangt. Bei den eigennützigen Handlungspflichten sind die konkreten Interessen der Gesellschafter betroffen. Es geht hier unter anderem um die Ausübung des Stimmrechtes insbesondere bei Entscheidungen über die Gewinnverwendung, sodass hier der Wirkung der Treuepflicht im Verhältnis zur Entscheidungsfreiheit der Gesellschafter engere Grenzen gesetzt sind.[353] Besonders intensiv wirkt sich die Treuepflicht bei der Ausübung von Geschäftsführungsrechten aus.[354]

Die überblicksartige Darstellung der von Rechtsprechung und Lehre hinsichtlich der konkreten Auswirkung der Treuepflicht zwischen den Gesellschaftern hat gezeigt, dass aus konkreten Fällen abstrakte, allgemeingültige Pflichten abgeleitet wurden, ohne dass hierbei eine Einschränkung hinsichtlich des jeweils zugrunde liegenden Gesellschaftsvertrags gemacht wurde. Vielmehr scheinen die dargestellten Fallgruppen Allgemeingültigkeit beanspruchen zu können. Die Ergebnisse zur Wirkung der Treuepflicht können gerade unabhängig von der konkreten Ausgestaltung der jeweiligen Gesellschaft Geltung beanspruchen, selbst wenn *K. Schmidt* betont, dass der Umfang der Treuepflicht vom jeweiligen Einzelfall abhinge,[355] was der BGH in seiner Entscheidung „Sanieren oder Ausscheiden II" ebenfalls hervorhebt.[356] Überzeugend geht das OLG Düsseldorf in einer jüngeren Entscheidung davon aus, dass die konkrete Ausprägung der Treuepflicht gerade nicht von einer Bestimmung im Gesellschaftsvertrag abhängig ist, da die Treuepflicht dann als allgemeines Rechtsinstitut überflüssig sei und ihr Anwendungsbereich unnötig eingeengt würde.[357] Die Allgemeingültigkeit der dargestellten Fallgruppen hat für die Konkretisierung des Inhalts der Treuepflicht auch im Rahmen von Nachschussentscheidungen eine wichtige Konsequenz.

Richtigerweise muss man als *Grundlage* für die Treuepflicht zunächst den Gesellschaftsvertrag heranziehen, also den Vertrag, der die Gesellschafterstellung der handelnden Personen erst begründet. Ohne die wirksame Gründung der Gesellschaft sind die dargestellten Treuepflichten nicht denkbar, selbst wenn

---

352 Vgl. Staub/*Carsten Schäfer*, § 105 HGB Rn. 230.

353 Vgl. Staub/*Carsten Schäfer*, § 105 HGB Rn. 230.

354 Vgl. MüKo/*Karsten Schmidt*, § 105 HGB Rn. 191 m.w.Nw.

355 Vgl. MüKo/*Karsten Schmidt*, § 105 HGB Rn. 190.

356 Vgl. BGH, Urt. v. 25.01.2011 – II ZR 122/09, NZG 2011, S. 510 ff. [S. 512 re. Sp. unten].

357 Vgl. OLG Düsseldorf, Urt. v. 27.06.2014 – I-16 U 149/13 [n.rkr.], ZIP 2014, S. 2183 ff. [S. 2185 re. Sp. unten].

man annimmt, dass die Ausgestaltung der Treuepflichten objektivem Recht unterliegt.[358] Wie gezeigt wurde, werden jedoch einzelne Handlungs- und Unterlassungspflichten aus der Treuepflicht als allgemeine Pflichten entwickelt, die unabhängig von der Auslegung des konkreten Gesellschaftsvertrages allgemeingültige Geltung beanspruchen können. Diese Erkenntnis lässt den Schluss zu, dass bezüglich einer Vielzahl von aus der Treuepflicht entwickelten Handlungs- und Unterlassungspflichten die Auslegung des konkreten Gesellschaftsvertrages nach den allgemeinen Regeln nicht relevant ist. Vielmehr können die die Interessen der Mitgesellschafter wahrenden Rücksichtnahmepflichten Allgemeingültigkeit beanspruchen.

Die Rettung bereits geleisteter Beiträge im Rahmen einer Sanierung ist ob der positiven wirtschaftlichen Auswirkungen als im Interesse aller Gesellschafter liegend anzunehmen. Schon ein kurzer Blick auf die zu § 241 Absatz 2 BGB entwickelten Grundsätze[359] zeigt, dass die von Rechtsprechung und Lehre entwickelten Rücksichtnahmepflichten auf die Interessen von Vertragspartnern zunächst objektiv und allgemeingültig bestimmt werden. Unabhängig von Einzelfällen, in denen einem Gesellschafter etwa aus Gründen steuerlicher Gestaltung die Zuweisung von Verlustanteilen anstelle von Gewinnen vorteilhaft erscheinen würde, kann allgemein davon ausgegangen werden, dass die Erhaltung gemeinsam geschaffener Werte grundsätzlich im Interesse aller Gesellschafter und daher auch im Interesse der Minderheit ist, auch wenn diese im konkreten Fall etwa aus Risikoaversion eine die Sanierung ablehnende Entscheidung trifft. Unter Zugrundelegung der bereits dargestellten Fallgruppen darf man annehmen, dass es nicht nur im allgemeinen Interesse aller Gesellschafter ist, diese Werte durch Sanierung zumindest teilweise zu erhalten, sondern weiterhin im speziellen Interesse der Minderheit selbst liegt, ihre eigenen Beiträge vor dem endgültigen Verlust zu bewahren. Die Minderheit wäre nicht nur durch die Treuepflicht gegenüber der Mehrheit gebunden, vielmehr müsste sie sich ihr eigenes, natürliches Interesse gegen sich gelten lassen. Diese Überlegungen werden von der bereits erwähnten Entscheidung des OLG Düsseldorf unterstützt, da das Gericht feststellt, dass die Konkretisierung der Treuepflicht im Wege einer *Interessenabwägung* zu erfolgen habe.[360] Diese Überlegungen haben wiederum zur Folge, dass ein wie auch immer gearteter, besonderer Vertrauenstatbestand für die

358 Vgl. MüKo/*Karsten Schmidt*, § 105 HGB Rn. 188.

359 Vgl. zu den hierzu entwickelten Fallgruppen nur MüKo/*Bachmann*, § 241 BGB Rn. 46 ff.

360 Vgl. OLG Düsseldorf, Urt. v. 27.06.2014 – I-16 U 149/13 [n.rkr.], ZIP 2014, S. 2183 ff. [S. 2185 re. Sp. unten].

Bejahung einer Nachschusspflicht kraft Treuepflicht nicht erforderlich ist. Das von der Rechtsprechung[361] aufgeworfene Kriterium einer „berechtigten Erwartungshaltung“ muss folglich dahin gehend interpretiert werden, dass eine solche Erwartungshaltung bei Vorliegen der bereits herausgearbeiteten Voraussetzungen (dringende Erforderlichkeit zur Rettung gemeinsam geschaffener Werte; positive Fortführungsprognose; Zumutbarkeit) für eine Nachschusspflicht kraft Treuepflicht als berechtigt anzunehmen ist, wenn das konkrete Gesellschafterverhältnis unter Auslegung des Gesellschaftsvertrages eine solche Haltung *nicht ausschließt*. Auch hier bestätigt die Entscheidung des OLG Düsseldorf die gefundenen Ergebnisse, da für das Gericht eine durch Interessenabwägung erfolgte Konkretisierung der Treuepflicht auch dann möglich bleibt, wenn sich im Gesellschaftsvertrag oder in sonstigen Umständen *kein* Anknüpfungspunkt für eine *berechtigte Erwartungshaltung* der Gesellschafter finden lasse.[362] Inwiefern ein Ausschluss einer solchen berechtigten Erwartungshaltung durch Gestaltung des Gesellschaftsvertrages bewirkt werden kann, soll an anderer Stelle untersucht werden.

An dieser Stelle kann festgehalten werden, dass ein besonderes Vertrauen der Gesellschafter hinsichtlich einer freiwilligen Beteiligung ihrer Mitgesellschafter an Sanierungsmaßnahmen nicht notwendig ist, da es – in Parallele zu den dargestellten Fallgruppen zur Treuepflicht – der allgemeinen Lebenserfahrung entspricht, dass die Rettung bereits geleisteter Einlagen stets im Interesse eines Gesellschafters liegt. Im gleichen Maße, wie es die Treuepflicht gebietet, den Mitgesellschaftern keinen Schaden zuzufügen, muss der Minderheitsgesellschafter sein Eigeninteresse an einer wirtschaftlichen Besserstellung gegen sich gelten lassen, soweit ihm die hierfür erforderlichen Maßnahmen zumutbar sind. Bereits die Darstellung der von Rechtsprechung und Lehre entwickelten Grundsätze zu einer Verzichtspflicht hinsichtlich der Auszahlung eines Gewinnanteils hat gezeigt, dass genau dieses allgemeine Interesse der Gesellschafter am gewinnbringenden Fortbestand der Gesellschaft den Einzelnen zu weitreichenden wirtschaftlichen Opfern zwingen kann. Es darf daher angenommen werden, dass genau dieses abstrakte Interesse an der Rettung wirtschaftlicher Werte einem allgemeinen Interesse eines jeden Gesellschafters entspricht. Der Minderheitsgesellschafter muss nicht nur auf dieses Interesse seiner (Mehrheits-)Mitgesellschafter Rücksicht nehmen, sondern zusätzlich muss er sich dieses Interesse auch dann

361 Vgl. BGH, Urt. v. 25.01.2011 – II ZR 122/09, NZG 2011, S. 510 ff. [S. 512 re. Sp. unten].

362 Vgl. OLG Düsseldorf, Urt. v. 27.06.2014 – I-16 U 149/13 [n.rkr.], ZIP 2014, S. 2183 ff. [S. 2185 re. Sp. unten].

entgegenhalten lassen, wenn das Aufbringen weiterer zumutbarer Mittel nicht seinem Willen entsprechen mag. Letzteres, nämlich der Zwang zu weiteren, zumutbaren Beiträgen, kann unter den dargestellten Bedingungen kraft Treuepflicht von der Minderheit verlangt werden.

3. Zwischenfazit

Die gesellschafterliche Treuepflicht ist für die Personengesellschaften mittlerweile in vollem Umfang anerkannt. Es handelt sich um ein richterrechtlich geprägtes Rechtsinstitut als Ausfluss von § 242 BGB. Die Treuepflicht entfaltet Wirkung sowohl zwischen den Gesellschaftern und der Gesellschaft als auch zwischen den Gesellschaftern untereinander. Sie kann in Einzelfällen die Pflicht bedeuten, im Rahmen der Gesellschafterversammlung in einer bestimmten Weise abzustimmen.

Der Inhalt der Treuepflicht wurde für viele Fallgruppen mittlerweile unabhängig von der Auslegung des konkreten Gesellschaftsvertrages abstrakt entwickelt. Es gibt nach der allgemeinen Lebenserfahrung im Rechtsverkehr bestimmte Interessen von Gesellschaftern, auf die seitens der Mitgesellschafter Rücksicht genommen werden muss, die andererseits auch jeder Gesellschafter gegen sich selbst gelten lassen muss. Hierzu gehört das Interesse, dass gemeinsam geschaffene Werte durch die Sanierung der Gesellschaft gerettet und dem Gesellschafts- und somit mittelbar den Gesellschaftervermögen erhalten bleiben.

IV. Zwischenergebnis

1. Belastungen und § 707 BGB

Es existieren mannigfaltige Ausnahmen zum Belastungsverbot gemäß § 707 BGB. Teilweise finden diese Ausnahmen ihre Stütze im Gesetz, wie etwa in §§ 128, 160 HGB, 735, 739 BGB. Darüber hinaus wurden von Rechtsprechung und Lehre weitere Ausnahmen zum Belastungsverbot entwickelt. Hierzu zählen der Aufopferungsgedanke im Rahmen einer Sanierung, wie auch eine aus Treuepflicht abgeleitete Verpflichtung der Gesellschafter, auf ihr Steuerentnahme- oder gar Gewinnausschüttungsrecht (vorübergehend) zu verzichten. Diese Ausnahmen zeigen bereits, dass sich die von der Rechtsprechung entwickelte Nachschusspflicht kraft Treuepflicht in der Krise einer Gesellschaft in ein bereits etabliertes Netz von Belastungen einbettet, die nach geltendem Recht bestehen und teilweise aus der Treuepflicht abgeleitet werden.

2. *Gesellschafterliche Treuepflicht*

Die gesellschafterliche Treuepflicht entspringt dem von den Gesellschaftern abgeschlossenen Gesellschaftsvertrag. Der Inhalt der Treuepflicht richtet sich nach den konkreten Verhältnissen der Gesellschaft und ist somit grundsätzlich von der Auslegung des Gesellschaftsvertrags abhängig. Darüber hinaus hat die Untersuchung gezeigt, dass auch abstrakte, vom konkreten Vertrag unabhängige Pflichten existieren. Zu deren Begründung ist keine konkrete Formulierung im Gesellschaftsvertrag erforderlich. Dies betrifft insbesondere die allgemeinen Rücksichtnahmepflichten, deren Ausgestaltung zwar durch den Gesellschaftsvertrag beeinflusst werden kann, deren Existenz jedoch keiner ausdrücklichen Vereinbarung bedarf. Die gesellschaftsbezogenen Interessen der Mitgesellschafter sind von jedem Gesellschafter bei seinen Entscheidungen zu berücksichtigen. Unabhängig von besonderen Einzelfällen existieren typische, abstrakte Interessen, die auch ohne besondere Regelung im Gesellschaftsvertrag von allen Gesellschaftern aus Treuepflicht zu berücksichtigen sind. Hierzu gehört die Erwirtschaftung von Gewinn, die Vermeidung von Verlust und die Erhaltung oder Rettung gemeinsam geschaffener Werte. Eine sanierungsunwillige Minderheit muss aus Treuepflicht sowohl das Interesse der Mehrheit an der Erhaltung gemeinsam geschaffener Werte als auch ihr eigenes Interesse an einer solchen Erhaltung gegen sich gelten lassen, selbst wenn im Einzelfall aus Risikoaversion eine Sanierung unter Aufbringung weiterer Beiträge von der Minderheit nicht angestrebt wird. Es bedarf zur Begründung einer Nachschusspflicht kraft Treuepflicht keines besonderen Vertrauenstatbestandes. Vielmehr existiert ein allgemeines Interesse aller Gesellschafter daran, unter Einsatz zumutbarer Nachschüsse gemeinsam geschaffene Werte wieder zu gewinnen. Liegen die bei der Darstellung der Rechtsprechung zur Nachschusspflicht kraft Treuepflicht skizzierten Voraussetzungen (s.o.) vor, liegt ein „besonderer Ausnahmefall“ vor, in welchem das Interesse der Mehrheit an einer Rettung das Interesse der Minderheit an der Vermeidung weiterer Belastungen dahin gehend überwiegt, sodass die Minderheitsgesellschafter aus gesellschafterlichen Treuepflicht zur Zustimmung und Leistung gezwungen sind. Es liegt dann kein Verstoß gegen das Belastungsverbot vor. In der Folge wird zu untersuchen sein, unter welchen Voraussetzungen die Gestaltung des Gesellschaftsvertrages eine *berechtigte Erwartungshaltung* aller Gesellschafter verhindern und somit eine Nachschusspflicht kraft Treuepflicht ausschließen kann.

V. Ausschluss einer Nachschusspflicht kraft Treuepflicht durch Gestaltung

Aufbauend auf den bereits dargestellten Ergebnissen ergibt sich die Frage, ob und wie sich Gesellschafter vor der Inanspruchnahme auf Grundlage einer Nachschusspflicht kraft Treuepflicht schützen können. Der Gesellschaftsvertrag und die aus ihm entspringende Treuepflichtbindung zwischen den Gesellschaftern unterliegt der Willensbildung der Gesellschafter und kann durch diese entsprechende Gestaltung erfahren.[363] Wie dargestellt wurde, basiert die Nachschusspflicht kraft Treuepflicht nicht auf einem durch aktives Handeln zu schaffenden Vertrauenstatbestand, zu dessen Begründung der Wortlaut des Gesellschaftsvertrages oder ein bestimmtes (Abstimmungs-)Verhalten der Gesellschafter notwendig ist, da das abstrakte Interesse der Gesellschafter die Grundlage der Nachschusspflicht bildet. Daher vermag die Treuepflicht unter den herausgearbeiteten Bedingungen eine Nachschusspflicht zu begründen, und zwar unabhängig davon, ob der betroffene Minderheitsgesellschafter durch sein Verhalten einen Vertrauenstatbestand geschaffen hat oder nicht. Die herausgearbeiteten Kriterien (dringende Erforderlichkeit zur Rettung gemeinsam geschaffener Werte; positive Fortführungsprognose; Zumutbarkeit) sind konkret genug, um eine Anwendung der Nachschusspflicht kraft Treuepflicht auf sanierungsbedürftige Gesellschaften zu begrenzen und eine Nachschusspflicht kraft Treuepflicht bei werbenden Gesellschaften auszuschließen. Jedoch ist es in der Realität weder für die Gründungsgesellschafter noch für später eintretende Gesellschafter absehbar, ob und wann eine solche Sanierungssituation zu einem späteren Zeitpunkt entsteht und ob sie zu diesem Zeitpunkt bereit sind, ihnen zumutbare zusätzliche Beiträge zu leisten. Fraglich ist, ob die Aufnahme einer Ausschlussklausel für Nachschüsse in den Gesellschaftsvertrag die Entstehung einer Nachschusspflicht kraft Treuepflicht verhindern könnte.[364] Wie gezeigt wurde, ist der Gesellschaftsvertrag zwar Grundlage der Treuepflicht, jedoch spielt die Auslegung des Gesellschaftsvertrages für die Wirkung der Treuepflicht in den dargestellten Fallgruppen und auch für eine Nachschusspflicht kraft Treuepflicht keine wesentliche Rolle, da nicht der Gesellschaftsvertrag, sondern das abstrakte Interesse der Gesellschafter Grundlage für die konkrete Nachschusspflicht ist.

---

363 *Fleischer/Harzmeier* sprechen von „Modulationen der mitgliedschaftlichen Treuepflicht", vgl. *Fleischer/Harzmeier*, NZG 2015, S. 1289 ff. [S. 1297].

364 Vgl. hierzu nur BGH, Urt. v. 25.01.2011 – II ZR 122/09 [Rz. 22, 23], NZG 2011, S. 510 ff. [S. 513 li. Sp. oben].

Es bietet sich an, die bereits herausgearbeiteten Kriterien für eine Nachschusspflicht kraft Treuepflicht ins Auge zu fassen. Der BGH entschied in seinem Urteil vom 25.01.2011[365] („Sanieren oder Ausscheiden II") den Fall eines als Publikumspersonengesellschaft organisierten Immobilienfonds, in welchem es um die Begründung einer Zustimmungspflicht zu Nachschusszahlungen ging, denen die Gesellschafter nur durch Austritt entgehen konnten. Zusätzlich zu den bereits in „Sanieren oder Ausscheiden" aufgestellten Kriterien urteilte der BGH in dieser Entscheidung, dass eine Nachschusspflicht kraft Treuepflicht *auch* davon abhinge, ob die Minderheitsgesellschafter bei den Mehrheitsgesellschaftern eine *berechtigte Erwartungshaltung* in Bezug auf die Bereitschaft zur Leistung weiterer Beiträge erzeugt hätten.[366] Eine auf Treuepflicht gestützte Zustimmungspflicht könne dann nicht hergeleitet werden, wenn das Gesellschaftsverhältnis eine solche Erwartungshaltung schon nicht begründe.[367] Für den zu entscheidenden Fall lehnt der BGH eine solche Erwartungshaltung ab. Der Gesellschaftsvertrag sah in dem der Entscheidung zugrunde liegenden Fall vor, dass „die Erhöhung des Gesellschaftskapitals […] nur mit Zustimmung aller Gesellschafterstimmen zulässig" war. Für Nachschussbeschlüsse sah der Gesellschaftsvertrag durch Verweisung dieselbe Regelung vor. In der Entscheidung „Sanieren oder Ausscheiden II" stellt der BGH damit klar, dass sich die Mehrheitsgesellschafter gegenüber den Minderheitsgesellschaftern nur dann auf eine Nachschusspflicht kraft Treuepflicht berufen können, wenn die Auslegung des Gesellschaftsvertrages (unter Zugrundelegung des Abstimmungsverhaltens der betroffenen Gesellschafter) die berechtigte Erwartungshaltung der Gesellschaftermehrheit begründet. In einer jüngeren Entscheidung geht der BGH noch einen Schritt weiter und stellt fest: „Diese Treuepflicht ist jedem Gesellschaftsverhältnis ohne ausdrückliche Regelung immanent. Ein Gesellschaftsvertrag kann allerdings diese Treuepflicht ausdrücklich oder im Wege der Auslegung konkretisierende Regelungen enthalten, die insbesondere die aus der Treuepflicht folgende Zustimmungspflicht für bestimmte Sachverhalte einschränken oder an weitere Voraussetzungen knüpfen."[368] Damit kehrt der BGH das Regel-Ausnahmeverhältnis um. Dies ist nachvollziehbar. Wie bereits dargestellt wurde, entspricht es der allgemeinen Lebenserfahrung, dass ein Gesellschafter ein allgemeines Interesse an der Rettung

---

365 Vgl. BGH, Urt. v. 25.01.2011 – II ZR 122/09, NZG 2011, S. 510 ff.

366 Vgl. BGH, Urt. v. 25.01.2011 – II ZR 122/09, NZG 2011, S. 510 ff. [S. 512 re. Sp. unten und S. 513 li. Sp. oben]; vgl. auch OLG Düsseldorf, Urt. v. 27.06.2014 – I-16 U 149/13 [n. rkr.], ZIP 2014, S. 2183 ff. [S. 2185 re. Sp. unten].

367 Vgl. BGH, Urt. v. 25.01.2011 – II ZR 122/09 [Rz. 21, 22], NZG 2011, S. 510 ff.

368 Vgl. BGH, Urt. v. 09.06.2015 – II ZR 420/13 [Rz. 23], NZG 2015, S. 995 ff.

gemeinsam geschaffener Werte hat und sich entsprechend verhalten wird, soweit ihm diese Rettung zumutbar ist. Die Treuepflicht besteht unabhängig von der konkreten Ausgestaltung des Gesellschaftsvertrages. Die Treuepflicht vermag folglich die Minderheitsgesellschafter nur dann nicht wirksam zu einer Nachschusspflicht zu verpflichten, wenn ihr eine (durch Auslegung zu ermittelnde) Bestimmung des Gesellschaftsvertrages entgegensteht, wofür wiederum die allgemeinen Auslegungsregeln gelten. Daher bleibt auch die Möglichkeit der konkludenten Abbedingung einer solchen Klausel möglich.

Ebenso kann festgestellt werden, dass auch ohne eine (nicht durch vertragliche Übung abbedungene) Ausschlussklausel eine berechtigte Erwartungshaltung der (späteren) Gesellschaftermehrheit dann nicht besteht, wenn die (späteren) Minderheitsgesellschafter jeweils individuell durch ihre Geschäftsführung, ihre Äußerungen und ihr Abstimmungsverhalten deutlich zum Ausdruck gebracht haben, dass sie jede weitere Leistung von Nachschüssen ablehnen. Bei der Auslegung des Gesellschaftsvertrages kommen nach den allgemeinen Regeln auch die außerhalb des Vertrages liegenden Sachverhalte wie die alltägliche Übung des Vertrages zum Tragen.[369] Auch ohne eine Ausschlussklausel kann folglich die von der Rechtsprechung geforderte *berechtigte Erwartungshaltung*, welche ob des dargestellten abstrakten Eigeninteresses der Gesellschafter allgemein zu bejahen ist, erschüttert werden, sodass eine Nachschusspflicht kraft Treuepflicht in einem solchen Fall ausscheidet.

Für Publikumspersonengesellschaften gelten sowohl im Hinblick auf die Vertragsauslegung als auch die Vertragsänderung gewisse Besonderheiten. Derlei Gesellschaftsverträge sind objektiv auszulegen, mithin spielen die individuellen Vorstellungen der Gründungsgesellschafter grundsätzlich keine Rolle, sondern es sind nur die für jeden Dritten erkennbaren Umstände zu berücksichtigen.[370] Auch für Publikumspersonengesellschaften gilt, dass deren Vertrag konkludenten Änderungen zugänglich ist.[371] Soweit entsprechende Entscheidungen und Übereinkommen der Gesellschafter entsprechend dokumentiert werden, stände einer konkludenten Änderung des Vertrages auch bei unterbliebener Wortlautanpassung somit nichts entgegen, soweit die Umstände nicht auf eine reine Vertragsdurchbrechung hindeuteten.[372]

Es bleibt festzuhalten, dass eine berechtigte Erwartungshaltung grundsätzlich besteht, solange sie nicht durch die Umstände infrage gestellt wird. Wer letzten

369 Vgl. hierzu nur MüKo/*Karsten Schmidt*, § 105 HGB Rn. 149 m.w.Nw.
370 Vgl. MüKo/*Grunewald*, § 161 HGB Rn. 115.
371 Vgl. MüKo/*Grunewald*, § 161 HGB Rn. 122.
372 Vgl. hierzu MüKo/*Grunewald*, § 161 HGB Rn. 122.

Endes Teil der Mehrheit und wer Teil der Minderheit ist, hängt von Zufällen und tagespolitischen Lageeinschätzungen ab. Niemand darf aus der Verantwortung gelassen werden können, sich im letzten Moment doch noch gegen eine Mehrbelastung zu stellen, die er unter unwesentlich anderen Vorzeichen von seinen Mitgesellschaftern eingefordert hätte.

VI. Minderheitenschutz – Hürden für eine Nachschusspflicht kraft Treuepflicht

Eine Nachschusspflicht kraft Treuepflicht betrifft das Vermögen aller leistungsverpflichteten Gesellschafter und damit grundsätzlich den Schutzbereich des Art. 14 GG. Der Schutzbereich des Art. 14 GG umfasst neben dem klassischen „Eigentumsbegriff" auch Vermögenswerte wie Gewinnbeteiligungen.[373] Das Vermögen an sich ist zwar von Art. 14 GG nicht umfasst, jedoch hat das BVerfG entschieden, dass der Schutzbereich von Art. 14 GG dann eröffnet sein kann, „wenn die Geldleistungspflichten den Pflichtigen übermäßig belasten und seine Vermögensverhältnisse grundlegend beeinträchtigen würden".[374] Des Weiteren ist auch die Fallgestaltung denkbar, dass alle Gesellschafter Beiträge zu leisten haben, die nicht in Geld zu erbringen sind, womit Art. 14 GG hinsichtlich der Eigentumsgarantie direkt tangiert würde. Zwar zielt die Begrifflichkeit der „Nachschüsse" darauf ab, dass Zahlungen in Geld zu leisten sind, es sind aber auch andere Leistungen möglich, etwa durch Verzicht auf Gewinnauszahlung oder etwa Darlehensrückzahlung. Diese Rechtspositionen betreffen dann direkt die Eigentumsgarantie, stellen aber auch eine ebenso starke Belastung im Sinne des § 707 BGB dar wie eine Leistung von Geld. Eine Nachschusspflicht tangiert das private Vermögen in nicht unerheblichem Maße, der Schutzbereich des Art. 14 GG könnte somit eröffnet sein. In der Folge soll daher untersucht werden, welche Schutzwirkung Art. 14 GG allgemein im Gesellschaftsrecht entfaltet, ob der Schutzbereich eröffnet ist und ein Eingriff durch einen Mehrheitsbeschluss gerechtfertigt wäre.

1. Wirkung des Art. 14 GG im Gesellschaftsrecht

Das Rechtsverhältnis der Gesellschafter untereinander bestimmt sich nach dem von den Gesellschaftern abgeschlossenen Gesellschaftsvertrag und nach dem zwingenden Recht. Soweit der Vertrag Regelungslücken aufweist, werden

373 Vgl. *Hofmann*, Minderheitsschutz, § 3 S. 100 [unten und Fn. 445 m.w.Nw.].

374 Vgl. BVerfG, Beschl. v. 24.09.1965 – 1 BvR 228/65, NJW 1965, S. 2247 f. [S. 2248]; siehe auch *Kimminich*, Bonner Kommentar zum GG, Art. 14 GG Rn. 50.

diese durch das Gesetz oder durch Auslegung geschlossen. Wenn auch danach noch Regelungslücken bestehen, kommt es zu einer „Ausstrahlung" der Grundrechte als „objektive Werteordnung"[375] auf das konkrete Gesellschaftsverhältnis. Es kommt nach der herrschenden Meinung lediglich zu einer mittelbaren Drittwirkung der Grundrechte im Privatrecht. Die Grundrechte entfalten ihre Schutzwirkung im Privatrecht dadurch, dass sie durch sogenannten „offene Tatbestände", also insbesondere Generalklauseln wie § 242 BGB, in das Privatrecht „einbrechen" und somit ihre Ausstrahlungswirkung entfalten.[376] Eine weitere Darstellung der Diskussion, inwiefern es auch zu einer unmittelbaren Anwendung der Grundrechte im Zivilrecht und insbesondere im Gesellschaftsrecht bedarf, kann hier unterbleiben. Die konkret untersuchte Problematik entscheidet sich an der Reichweite und Wirkung der gesellschaftsrechtlichen Treuepflicht. Diese stellt als Ausfluss des § 242 BGB eine Rechtspflicht dar, welche einem „offenen Tatbestand", nämlich der Generalklausel „Treu und Glauben", entspringt. Eine unmittelbare Drittwirkung wäre vorliegend somit nicht erforderlich, da ein „offener Tatbestand" vorliegt. Eine Auseinandersetzung mit dieser Problematik kann folglich unterbleiben.[377] Es kann bereits jetzt festgestellt werden, dass die Grundrechte und insbesondere Art. 14 GG spiegelbildlich sowohl aufseiten der Minderheit als auch aufseiten der Mehrheit Wirkung entfalten kann und somit eine Abwägung im Sinne einer praktischen Konkordanz geboten sein wird. Dies hat dann zur Folge, dass die bereits im Rahmen der Rechtsprechung zur Nachschusspflicht geforderten Voraussetzungen „Geeignetheit", „Erforderlichkeit" und „Verhältnismäßigkeit i.e.S." anwendbar sind.[378] Die Verhältnismäßigkeit muss auch hier in jedem Fall gewahrt werden.[379] *Hofmann*[380] argumentiert folgerichtig, dass es gerade im Gesellschaftsrecht und insbesondere bezüglich des Begriffs der „Treuepflicht" und bezüglich § 242 BGB auf eine Auseinandersetzung mit den „althergebrachten" Prüfungspunkten eines Grundrechtseingriffes

---

375 Vgl. BVerfG, Urt. v. 15.01.1958 – 1 BvR 400/57, NJW 1958, S. 257 ff. [Leitsatz und S. 258 li. Sp. oben] (BVerfGE 7, S. 198 ff. – „Lüth"); BVerfG, Beschl. v. 06.11.1968 – 1 BvR 501/62, NJW 1969, S. 227 ff. [S. 227 re. Sp. oben] (BVerfGE 24, S. 278 ff. – „GEMA") und *Hofmann*, Minderheitsschutz, § 3 S. 78 m.w.Nw.

376 Vgl. *Hofmann*, Minderheitsschutz, § 3 S. 81 m.w.Nw.; BVerfG, Urt. v. 15.01.1958 – 1 BvR 400/57, NJW 1958, S. 257 ff. [Leitsatz] (BVerfGE 7, S. 198 ff.).

377 Vgl. hierzu *Hofmann*, Minderheitsschutz, § 3 S. 121.

378 Vgl. *Hofmann*, Minderheitsschutz, § 3 S. 94 [unten].

379 Vgl. *Hofmann*, Minderheitsschutz, § 3 S. 105.

380 Vgl. *Hofmann*, Minderheitsschutz, § 3 S. 121 [Mitte] und S. 122 [oben].

ankäme.[381] Offenkundig meint *Hofmann* damit, dass es nicht lediglich zu einer „Ausstrahlung" von Art. 14 GG auf die „Treuepflicht" und damit durch §§ 242, 705 BGB in das Gesellschaftsrecht kommen soll, sondern dass vielmehr alle bei einer Grundrechtsbeeinträchtigung relevanten Prüfungspunkte des öffentlichen Rechts auch hier Anwendung finden müssen. Die Treuepflicht soll somit nicht im Sinne des Art. 14 GG ausgelegt werden, vielmehr sollen durch den offenen Tatbestand der §§ 242, 705 BGB die Prüfungskriterien eines Eingriffs in den Schutzbereich von Art. 14 GG und die dahinter stehenden Wertungen Einzug in das Gesellschaftsrecht halten.

2. *Schutzbereich des Art. 14 GG*

Zum Schutzbereich des Art. 14 GG im Rahmen des Gesellschaftsrechtes zählen typische Mitgliedschaftsrechte, also auch die Vermögensrechte[382] wie das Recht auf Teilhabe an ausgeschütteten Erträgen und am Liquidationserlös.[383] Im Rahmen dieser Erwägungen soll die „außergesellschaftliche Belastung" etwa durch einen Verzicht auf Erlös mit einer ebensolchen durch eine Nachschusszahlung als wirtschaftlich gleich belastend angenommen werden. Der Schutzbereich wäre also eröffnet, da der Schutz des Belastungsverbotes gemäß § 707 BGB nicht kürzer greifen kann als die Rechtsposition „Anspruch auf Liquidationserlös".

3. *Eingriff*

Durch einen Beschluss der Gesellschaftermehrheit, Nachschüsse einzufordern oder eine Gewinnausschüttung zu unterlassen, etwa um Rücklagen zu bilden, wird in die durch Art. 14 GG geschützten Rechte des einzelnen Gesellschafters eingegriffen.

4. *Rechtfertigung*

a) Einführung

Hofmann geht davon aus, dass es im Rahmen der Rechtfertigung des Eingriffs *nicht* auf eine Abwägung der *Individual*interessen ankomme, da es ein dem „Allgemeininteresse" des öffentlichen Rechts entsprechendes „Kollektivinteresse",[384] nämlich das „Gesellschaftsinteresse" gebe, welches in die Abwägung mit

381 Vgl. *Hofmann*, Minderheitsschutz, § 3 S. 121 [Mitte] und S. 122 [oben].
382 Vgl. *Hofmann*, Minderheitsschutz, § 3 S. 125 [unten].
383 Vgl. *Hofmann*, Minderheitsschutz, § 3 S. 125 [unten].
384 Vgl. *Hofmann*, Minderheitsschutz, § 3 S. 134 [Mitte].

aufzunehmen sei.[385] Dies kann für die vorliegende Untersuchung vernachlässigt werden. Es existiert kein Eigeninteresse der Gesellschaft an ihrem eigenen Bestand, welches über das Interesse der Mitgesellschafter am Erhalt ihrer Einlage hinausgehen würde. Darüber hinaus werden bei Nachschussbeschlüssen die privaten Vermögensinteressen der Gesellschafter tangiert. Weiter soll angenommen werden, dass der Nachschussbeschluss gerade zur Rettung der erbrachten Einlagen erfolgt, also auch die Interessen der Minderheitsgesellschafter betrifft. Es muss somit eine Abwägung der Interessen der Mehrheit mit denen der Minderheit erfolgen. Dem Interesse an einer Rettung der Gesellschaft und der bereits getätigten Einlagen und geleisteten Beiträge steht das Interesse an einer Minimierung weiterer Verluste gegenüber. Art. 14 GG entfaltet zunächst für das Minderheits- als auch für das Mehrheitsinteresse Schutzwirkung. Letztlich kommt es zu einer Abwägung der Interessen im Rahmen der praktischen Konkordanz.[386] Zunächst ist festzustellen, dass ein Nachschussbeschluss der Mehrheit, welcher gegen das Belastungsverbot verstößt und somit einen Eingriff in die Recht der Minderheit auf Höhe der Kernbereichslehre bedeutet, einer inhaltlichen Rechtfertigungskontrolle unterliegt und nicht lediglich einer Missbrauchskontrolle.[387] *Hofmann*[388] verweist in seinen Ausführungen zu den „inhaltlichen Rechtmäßigkeitsvoraussetzungen" eines solchen Beschlusses auf die bereits behandelte Rechtsprechung des BGH[389] und die Kriterien einer solchen Inhaltskontrolle mit den bereits herausgearbeiteten Begriffen „Wohle der Gesellschaft", „Gesellschaftsinteresse", „Gebotenheit", „Erforderlichkeit" und „Verhältnismäßigkeit".[390] Hier schließt sich der Kreis zu den vorangegangenen Untersuchungen und Ergebnissen. In gleicher Parallele sind *Hofmanns*[391] Ausführungen zu „rechtsformbedingten Ausnahmen" seines Beschlussprüfungskonzeptes zu sehen, wo er auf die Besonderheiten von „Bestimmtheitsgrundsatz" und „Kernbereichslehre" eingeht, welche im Rahmen dieser Untersuchung bereits verortet wurden und deren Minderheitsschutzcharakter (in Bezug auf den mittlerweile obsoleten

385 Vgl. *Hofmann*, Minderheitsschutz, § 3 S. 134 [Mitte].

386 Letztlich in Bezug auf Gesellschafterinteresse und Gesellschaftsinteresse auch *Hofmann*, wenn er formuliert: „Die Wirkung des Art. 14 GG im Gesellschaftsrinnenverhältnis ist daher doppelseitig.", vgl. *Hofmann*, Minderheitsschutz, § 3 S. 146.

387 Vgl. *Hofmann*, Minderheitsschutz, § 4 S. 156 ff.

388 Vgl. *Hofmann*, Minderheitsschutz, § 4 S. 162 [oben].

389 Siehe nur BGH, Urt. v. 10.10.1994 – II ZR 18/94, NJW 1995, S. 194 ff. [S. 195 li. Sp. unten und re. Sp.]

390 Vgl. *Hofmann*, Minderheitsschutz, § 4 S. 162 [oben].

391 Vgl. *Hofmann*, Minderheitsschutz, § 4 S 197 ff. [S. 225].

Bestimmtheitsgrundsatz lediglich hinsichtlich „qualifizierter Bestimmtheitserfordernisse“) ebenso festgestellt wurde.

b) Einzelne Kriterien

1) Zweck

Zunächst ist der „legitime Zweck“ der Maßnahme als Prüfungskriterium zu nennen. Dieses Kriterium ist Teil der verfassungsrechtlichen Prüfungsreihenfolge und wurde vom BGH in seiner Rechtsprechung übernommen. Da die Existenz der Gesellschaft jedoch keinen Selbstzweck darstellt, darf nicht von dem Gesellschaftszweck, sondern ob der besonderen Krisensituation nur von dem Zweck gesprochen werden, dem die mit Mehrheit beschlossenen Nachschüsse dienen, nämlich der Rettung der bereits geleisteter Einlagen und Beiträge. Ein solcher Zweck ist in jedem Fall legitim, da er nicht einseitig die Mehrheit bevorzugt. Auch wenn die Mehrheitsgesellschafter höhere Beiträge geleistet und die Minderheitsgesellschafter daher ein geringeres Interesse an der Rettung der Gesellschaft hätten, würde die legitimierende Wirkung des Zwecks nicht beeinträchtigt. Vielmehr ist das unterschiedlich stark ausgeprägte Interesse an der Rettung im Rahmen der Verhältnismäßigkeit im engeren Sinne (Zumutbarkeit) zu überprüfen.[392]

2) Geeignetheit

Die Maßnahme ist geeignet, „wenn die Wahrscheinlichkeit erhöht wird, dass der angestrebte Erfolg eintritt, wenn der Erfolg also gefördert werden kann“.[393] Für die vorliegend untersuchte Problematik kann festgestellt werden, dass unter den bereits herausgearbeiteten Voraussetzungen (dringende Erforderlichkeit zur Rettung gemeinsam geschaffener Werte; positive Fortführungsprognose; Zumutbarkeit) ein Nachschuss der Gesellschafter abstrakt geeignet ist, die Wahrscheinlichkeit einer Sanierung und Rettung bereits getätigter Beiträge zu erhöhen. Für den konkreten Fall bedeutet dies, dass hier die betriebswirtschaftliche Prognose mit überwiegender Wahrscheinlichkeit zu dem Ergebnis kommt, dass die Sanierung durch Rettung bereits verloren geglaubter Beiträge eine geringere Belastung bedeutet als die sofortige Auflösung nebst Liquidationsnachschussverpflichtung.

---

392 Zur Begrifflichen Übereinstimmung von Proportionalität, Angemessenheit und Zumutbarkeit vgl. *Robbers*, Bonner Kommentar zum GG, Art. 20 GG Rn. 1919.

393 Vgl. Sachs/*Sachs*, Art. 20 GG Rn. 150; BVerfG, Beschl. v. 16.04.1971 – 1 BvR 52, 665, 667, 754/66, NJW 1971, S. 1255 ff. [S. 1256 re. Sp. unten].

3) Erforderlichkeit

Das Merkmal der Erforderlichkeit verlangt, dass von den geeigneten Mitteln das relativ mildeste Mittel gewählt wird. Unter mehreren zur Verfügung stehenden, gleich wirksamen Mitteln[394] muss dasjenige gewählt werden, welches die Rechtspositionen am geringsten einschränkt.[395] Ausgangspunkt dieser Untersuchung ist, dass keine andere Rettung – etwa durch Fremdfinanzierung oder andere Maßnahmen – mehr möglich ist, die Gesellschafter somit nur durch Leistung eigener Beträge eine Besserung herbeiführen können. Daher setzt die untersuchte Fragestellung voraus, dass die Nachschusszahlungen *aller* Gesellschafter auch zur Rettung gemeinsam geschaffener Werte (dringend) erforderlich sind.

4) Angemessenheit: Zumutbarkeit

Der Eingriff in die Rechtsposition durch die Maßnahme eines Nachschussbeschlusses müsste auch verhältnismäßig im engeren Sinne sein. Dies bedeutet, dass „Beeinträchtigungen [der Rechtsposition] nicht außer Verhältnis zum verfolgten Zweck stehen".[396] Diesem Begriff der „Proportionalität"[397] entspricht es, dass eine solche Maßnahme angemessen[398] und damit für den Betroffenen zumutbar[399] ist. An dieser Stelle wird die Ebene der abstrakten Betrachtung verlassen und auf das betroffene Individuum abgestellt. Der Begriff der Zumutbarkeit, wie er im Zusammenhang mit § 313 BGB verwendet wird, definiert der BGH folgendermaßen: Die Auflösung (oder Anpassung) eines Vertrages wegen Wegfalls der Geschäftsgrundlage müsse zur Vermeidung untragbarer, mit Recht und Gerechtigkeit schlechthin unvereinbarer Folgen unabweislich erscheinen.[400]

---

394 Vgl. BVerfG, Urt. v. 14.07.1999 – 1 BvR 2226/94, 2420/95, 2437/95, NJW 2000, S. 55 ff. [S. 65 re. Sp. unten].

395 Vgl. BVerfG, Beschl. v. 16.04.1971 – 1 BvR 52, 665, 667, 754/66, NJW 1971, S. 1255 ff. [S. 1256 re. Sp. unten].

396 Vgl. Sachs/*Sachs*, Art. 20 GG Rn. 154; siehe auch: BVerfG, Beschl. v. 06.02.1979 – 2 BvL 5/76, NJW 1979, S. 1345 ff. [S. 1345 re. Sp. unten]; BVerfG, Beschl. v. 09.05.1989 – 1 BvL 35/86, NJW 1989, S. 1985 ff. [S. 1985 re. Sp. Mitte]; BVerfG, Beschl. v. 17.07.1961 – 1 BvL 44/55, NJW 1961, S. 2011 ff. [S. 2015 li. Sp. oben].

397 Vgl. Sachs/*Sachs*, Art. 20 GG Rn. 154.

398 Vgl. BVerfG, Beschl. v. 09.08.1995 – 1 BvR 2263/94, NJW 1996, S. 709 ff. [S. 710 re. Sp. oben]; BVerfG, Beschl. v. 10.11.1998 – 1 BvR 2296, 1 BvR 1081/97, NJW 1999, S. 935 ff. [S. 936 re. Sp. unten].

399 Vgl. BVerfG, Beschl. v. 17.07.1961 – 1 BvL 44/55, NJW 1961, S. 2011 ff. [S. 2013 re. Sp. unten].

400 BGH, Urt. v. 26.09.1996 – I ZR 265/95, NJW 1997, S. 1702 ff. [S. 1704 li. Sp. oben].

Erforderlich sei eine umfassende Interessenabwägung unter Würdigung aller Umstände, insbesondere auch der Vorteile, die der betroffenen Partei neben den Nachteilen erwüchsen.[401] Der BGH hat dies bereits in seinen ersten Urteilen zur Nachschusspflicht kraft Treuepflicht als wesentliches Kriterium hervorgehoben. Im Ergebnis läuft dies auf eine Abwägung der beteiligten und beeinträchtigten Interessen hinaus.

(a) Abwägung der Interessen

Wie bereits ausgeführt wurde, ist das Interesse der Mehrheit an einer Rettung bereits geleisteter Beiträge gegen das Interesse der Minderheit abzuwägen, von einer weiteren Belastung verschont zu bleiben. Da es sich bei den Beiträgen und Einlagen von Gesellschaftern einer Personengesellschaft in vielen Fällen um den wesentlichen Teil ihres Vermögens handelt, ist das Rettungsinteresse der Mehrheit dem Interesse der Minderheit mindestens gleich zu setzen. Wie gezeigt wurde, kommt es jedoch bei Vorliegen der herausgearbeiteten Voraussetzungen zu einem Überwiegen des Interesses der Mehrheit. Dies setzt voraus, dass die Rettungsmaßnahme nach einer betriebswirtschaftlichen Prognose mit einer höheren Wahrscheinlichkeit Früchte tragen werden, als dass zusätzliche Verluste zu besorgen sind. Darüber hinaus müssen die Beiträge auch der Minderheit für eine solche erfolgsversprechende Prognose dringend erforderlich sein. Die eingeforderten Beträge dürfen das Maß der zu erwartenden Haftungssumme und damit die im Rahmen eines Liquidationsszenarios zu erwartenden Nachschüsse nicht übersteigen, und müssen dem Einzelnen zumutbar sein. Liegen diese Voraussetzungen vor, überwiegt das Interesse der Mehrheit an einer Rettung das Interesse der Minderheit an der Vermeidung weiterer Belastungen. Die Minderheit muss sich im Rahmen der Abwägung ihr eigenes Interesse entgegenhalten lassen, von einer erfolgreichen Sanierung ebenfalls zu profitieren.

(b) Keine Entscheidung des Gesetzgebers durch § 707 BGB

Der vorstehenden Abwägung steht § 707 BGB nicht entgegen. Wie gezeigt wurde, hat der Gesetzgeber für die hier untersuchte Problematik gerade keine abschließende Regelung getroffen. Vielmehr ist mittlerweile auch in der Rechtsprechung anerkannt, dass bei Vorliegen der Voraussetzungen einer Nachschusspflicht kraft Treuepflicht eine Zustimmungspflicht der Minderheit ausgelöst wird. § 707 BGB steht in diesen Fällen nicht entgegen.

---

401 BGH, Urt. v. 11.10.1994 – XI ZR 189/93, NJW 1995, S. 47 ff. [S. 48 re. Sp. unten] und Palandt/*Grüneberg*, § 313 BGB Rn. 24.

c) *Erfordernis weiterer Schutzkriterien zur Konkretisierung der „besonderen Ausnahmefälle"*

Über die hier dargestellte Beschlusskontrolle hinaus sind im Rahmen der Abwägung der Interessen von Mehrheit und Minderheit im Rahmen der praktischen Konkordanz folgende Prüfungspunkte zu berücksichtigen:

1) Gebotenheit

Der BGH hatte bereits frühzeitig gefordert, dass Eingriffe in die Positionen der Minderheitsgesellschafter im Sinne des Gesellschaftsinteresses geboten sein müssen.[402]

Dieses Merkmal wurde jedoch in der Entscheidung „Sanieren oder Ausscheiden"[403] nicht mehr erwähnt, sondern es wurde der Schwerpunkt auf eine „dringende Erforderlichkeit" gelegt.[404] Eine Einschränkung durch dieses Merkmal ist lediglich darin zu sehen, dass die Durchführung von Rettungsmaßnahmen ohne die Beiträge der jeweiligen Minderheit keinen Erfolg haben wird. Das ergänzende Merkmal „im Gesellschaftsinteresse" ist – wie mehrfach betont – hier dahin gehend zu verstehen, dass die Gesellschaft gerade kein eigenes Existenzinteresse hat, es hier vielmehr auf das Interesse ihrer Gesellschafter und die Rettung zumindest eines wesentlichen Teils der bereits geleisteten Beiträge ankommt.

2) Höchster Betrag: Höhe der Liquidationshaftung (§ 735)

Wie bereits im Urteil „Sanieren oder Ausscheiden" angedeutet, sieht der BGH die äußerst zumutbare Belastung in dem Betrag, welcher in einem „Alternativszenario sofortige Liquidation" zu leisten wäre. Dies vermag nach den bisherigen Untersuchungsergebnissen zu überzeugen. Die Treuepflicht*schuld* soll nicht weiter reichen als die *Haftungs*summe, also die durch Verwirklichung der persönlichen Haftung der Gesellschafter entstehende Belastung. Die Abwägung muss ferner darauf abstellen, ob die zu tätigenden Nachschüsse unter Berücksichtigung

402 Vgl. BGH, Urt. v. 10.10.1994 – II ZR 18/94, NJW 1995, S. 194 ff. [S. 195 re. Sp. Mitte]; BGH, Urt. v. 04.07.2005 – II ZR 354/03, NZG 2005, S. 753 f. [S. 754 re. Sp. unten]; BGH, Urt. v. 23.01.2006 – II ZR 306/04, NZG 2006, S. 306 ff. [S. 308 li. Sp. Mitte]; BGH, Urt. v. 23.01.2006 – II ZR 126/04, NZG 2006, S. 379 ff. [S. 380 re. Sp. unten]; BGH, Hinweisbeschl. v. 26.03.2007 – II ZR 22/06, NZG 2007, S. 582 f. [S. 582 re. Sp. unten].

403 Vgl. BGH, Urt. v. 19.10.2009 – II ZR 240/08 („Sanieren oder Ausscheiden"), NZG 2009, S. 1347 ff.

404 Vgl. BGH, Urt. v. 19.10.2009 – II ZR 240/08 („Sanieren oder Ausscheiden") [Rz. 23], NZG 2009, S. 1347 ff. [S. 1349 li. Sp. oben].

weiterer Ausfallrisiken in einem angemessenen Verhältnis zu den „rettbaren" Beträgen stehen. Es kann sich durchaus so darstellen, dass bereits hohe Beträge verloren gegangen sind, welche lediglich unter Zugrundelegung einer allzu positiven Prognose wiederzuerlangen wären. Um die Rettung jeglicher jemals geleisteter Beiträge geht es bei der Nachschusspflicht kraft Treuepflicht gerade nicht. Vielmehr ist zu prüfen, ob der Betrag der eingeforderten Nachschüsse geringer ist als der Betrag der möglichen Ausfallhaftung der Gesellschafter. Es kommt somit zu einer Gegenüberstellung dieser Beträge. Im Gegensatz zu den Ausführungen des BGH soll nach dem Ergebnis dieser Untersuchung in der Abwägung nicht die mögliche Liquidationshaftung mit der möglichen Austrittshaftung verglichen werden.[405] Die Liquidationshaftung ist vielmehr mit der Belastung durch Nachschüsse zu vergleichen.

3) Positive betriebswirtschaftliche Prognose

Die bisherigen Ausführungen bezogen sich auf die Rechtsprechung, welche die „Rettung gemeinsamer Werte" als Grund für Leistungspflichten der Gesellschafter genannt hat. Dass eine solche Rettung nicht nur „erforderlich" und „zumutbar", sondern überhaupt „möglich" sein muss, versteht sich hierbei von selbst. Die Lage für eine Sanierung muss sich so gestalten, wie es der BGH bereits in „Sanieren oder Ausscheiden" angenommen hat: Die Sanierung muss „wirtschaftlich sinnvoll" sein.[406] Wirtschaftlich sinnvoll kann aber eine solche Sanierung lediglich dann sein, wenn auf Grundlage einer positiven betriebswirtschaftlichen Prognose[407] eine Rettung dieser gemeinschaftlich geschaffenen Werte überwiegend wahrscheinlich ist.

5. *Treuepflicht der Mehrheitsgesellschafter*

Bei jeder Beschlusskontrolle ist die gesellschafterliche Treuepflicht zu berücksichtigen. Wie gezeigt, kann die Treuepflicht der Minderheit Nachschusspflichten und Zustimmungspflichten auslösen. Darüber hinaus entfaltet die Treuepflicht der Mehrheit auch Minderheitenschutz. In dem bereits besprochenen Urteil „Schutzgemeinschaftsvertrag II" führte der BGH aus, dass auch bei Vorliegen einer wirksam ermächtigenden Mehrheitsklausel ein Konsortialbeschluss im

---

405 Vgl. BGH, Urt. v. 19.10.2009 – II ZR 240/08 [Leitsatz], NZG 2009, S. 1347 ff.

406 Vgl. BGH, Urt. v. 19.10.2009 – II ZR 240/08 [Rz. 25], NZG 2009, S. 1347 ff. [S. 1349 li. Sp. Mitte].

407 „Positive Fortführungsprognose", vgl. BGH, Urt. v. 25.01.2011 – II ZR 122/09, NZG 2011, S. 510 ff. [S. 513 li. Sp. unten].

Einzelfall unwirksam sein und daher keine Bindungswirkung entfalten könne.[408] Das sei dann der Fall, wenn dieser Beschluss einen gesetzeswidrigen Inhalt habe oder die Mehrheit sich treuepflichtwidrig über beachtenswerte Belange der Minderheit hinwegsetze.[409] Insoweit bedürfe es – neben der formellen Legitimation der Mehrheitsmacht durch eine die Mehrheitsentscheidung deckende Mehrheitsklausel – einer inhaltlichen Wirksamkeitsprüfung der Mehrheitsentscheidung, wenn hinreichende Anhaltspunkte für eine treuwidrige Ausübung der Mehrheitsmacht oder für eine zweckwidrige Instrumentalisierung der Mehrheitsklausel vorlägen.[410] Soweit die Minderheit aus Treuepflichtgesichtspunkten bereits verpflichtet war, sich selbst an Nachschüssen zu beteiligen, ist der Anwendungsbereich dieses Schutzmechanismus jedoch begrenzt, denn die konkrete Belastung hat die Schwelle von „Erforderlichkeit" und insbesondere der „Zumutbarkeit" bereits genommen.

D. Zusammenfassung Kapitel 1

I. Nachschusspflicht und Mehrheitsklausel

1. Die Einführung weiterer Beitragspflichten durch einen Mehrheitsbeschluss betrifft nicht den Kernbereich der Mitgliedschaft, sondern das Belastungsverbot gemäß § 707 BGB. Es bedarf hierfür einer Mehrheitsklausel, welche den Nachschussbeschluss hinreichend legitimiert. Der Bestimmtheitsgrundsatz spielt für die formelle Legitimation der Mehrheit nach heutigem Verständnis keine Rolle mehr. Vielmehr muss sich durch Auslegung des Gesellschaftsvertrages nach den allgemeinen Regeln ergeben, ob eine Mehrheitsklausel einen Beschlussgegenstand umfasst.
2. Die Belastung einzelner Gesellschafter durch einen möglichen Mehrheitsbeschluss muss nach Art und Umfang bereits erkennbar sein. Es handelt sich hierbei um ein qualifiziertes Bestimmtheitserfordernis mit Individualschutzcharakter. Soweit Art und Umfang (nach Auslegung des Gesellschaftsvertrages) erkennbar sind, liegt eine antizipierte Zustimmung zu einem Nachschussbeschluss vor. Ein wichtiger Grund reicht anstelle einer

408 Vgl. BGH, Urt. v. 24.11.2008 – II ZR 116/08 [Rz. 25], NZG 2009, S. 183 ff. [S. 186 re. Sp. Mitte].

409 Vgl. BGH, Urt. v. 24.11.2008 – II ZR 116/08 [Rz. 25], NZG 2009, S. 183 ff. [S. 186 re. Sp. Mitte].

410 Vgl. BGH, Urt. v. 24.11.2008 – II ZR 116/08 [Rz. 25], NZG 2009, S. 183 ff. [S. 186 re. Sp. Mitte].

antizipierten Zustimmung nicht aus, einen Verstoß gegen das Belastungsverbot zu rechtfertigen.

3. Weist eine Mehrheitsklausel diese Erfordernisse nicht auf, ist sie nicht in der Lage, eine für alle Gesellschafter verbindliche Beitragserhöhung durch Mehrheitsbeschluss zu legitimieren. Es kommt zu einer relativen Unwirksamkeit eines solchen Mehrheitsbeschlusses gegenüber den jeweils nicht zustimmenden Minderheitsgesellschaftern.

II. Nachschusspflicht und Treuepflicht

1. Eine Nachschusspflicht kraft Treuepflicht besteht nach der Rechtsprechung unter folgenden Voraussetzungen:

   a) Außergewöhnliche Ausnahmefälle: Die Nachschüsse müssen für eine Rettung bereits erbrachter Beiträge im Rahmen einer Sanierungssituation eingesetzt werden. Diese Rettungsmaßnahmen müssen auf Grundlage einer betriebswirtschaftlichen, positiven Fortführungsprognose überwiegend wahrscheinlich sein. Nur dann ist die Maßnahme wirtschaftlich sinnvoll.
   b) Erforderlichkeit: Die Minderheit ist nur dann zur Zustimmung verpflichtet, wenn auch ihre Beiträge für das Erreichen des neuen Zwecks dringend erforderlich sind. Soweit die Mehrheitsgesellschafter dies bereits durch eigene Beiträge zu erreichen vermögen, ist der Weg einer Kapitalerhöhung durch die sanierungswilligen Gesellschafter, der die Minderheit zustimmen muss, das mildere Mittel.
   c) Zumutbarkeit: Die Nachschüsse müssen dem Einzelnen zumutbar sein. Des Weiteren dürfen sie nicht höher ausfallen als der von den betroffenen Gesellschaftern zu tragende Anteil an den Gesellschaftsschulden im Rahmen der Außen- oder Liquidationshaftung.

2. Im Rahmen Insolvenz abwendender Rettungsmaßnahmen entfaltet § 707 BGB für die Einforderung weiterer Beiträge durch Mehrheitsbeschluss keine Sperrwirkung. Soweit die gesellschafterliche Treuepflicht eine Zustimmung zu solchen Beiträgen auch durch die Minderheit verlangt, liegt kein Verstoß gegen § 707 BGB vor. Soweit die dargestellten Voraussetzungen (dringende Erforderlichkeit zur Rettung gemeinsam geschaffener Werte; positive Fortführungsprognose; Zumutbarkeit) vorliegen, reiht sich eine Nachschusspflicht kraft Treuepflicht sowohl in die vom Gesetz vorgesehenen Ausnahmen (Außenhaftung; Liquidationshaftung; Aufopferungsgedanke)

zum Belastungsverbot als auch in die von Rechtsprechung und Lehre hierzu entwickelten Fallgruppen ein.

3. Grundlage der gesellschafterlichen Treuepflicht ist der Gesellschaftsvertrag dar. Die Treuepflicht wirkt sich jedoch auch unabhängig vom konkreten Vertragsinhalt aus. Gerade im Falle einer Sanierung der Gesellschaft zur Rettung gemeinsam geschaffener Werte und geleisteter Beiträge muss jeder Gesellschafter auf die Erhaltungsinteressen seiner Mitgesellschafter Rücksicht nehmen und sein eigenes Rettungsinteresse gegen sich gelten lassen, soweit die von ihm verlangten Beiträge individuell zumutbar sind. Die Ausgestaltung der Treuepflicht unterliegt insofern zunächst nicht der Auslegung des Gesellschaftsvertrages, sondern einer Interessenabwägung.
4. Die von der Rechtsprechung aufgestellten Kriterien für die Zulässigkeit eines Nachschussbeschlusses durch Mehrheitsbeschluss bewirken bereits ein hohes Maß an Minderheits- und Individualschutz. Die Auslegung des Gesellschaftsvertrages kann eine Nachschusspflicht kraft Treuepflicht ausschließen, wenn er die allgemeine berechtigte Erwartungshaltung, dass auch die (spätere) Minderheit an einer Rettung Interesse hat, zerstört. *Insofern* ist die Wirkung der Treuepflicht der (konkludenten) Gestaltung im Gesellschaftsvertrag zugänglich.
5. Die Prüfung verfassungsrechtlicher Kriterien des Art. 14 GG hat ergeben, dass der Eingriff in das Eigentum – soweit er auch für vermögensgleiche Rechte zu bejahen ist – unter Zugrundelegung der herausgearbeiteten Voraussetzungen gerechtfertigt wäre. Soweit die Bedingungen einer solchen Rechtfertigung vorliegen, unterliegt in der Abwägung das Interesse der Minderheit an der Wahrung des Bestandes ihrer vermögenswerten Rechte dem Interesse der Mehrheit an der Rettung bereits geleisteter und gemeinsam erworbener Werte. § 707 BGB stellt hierbei keine vorweggenommene Inhaltsbestimmung des Eigentums durch den Gesetzgeber dar. Die Minderheit muss hierbei ihr eigenes Interesse, Verluste wieder auszugleichen und verlorenes Kapital wieder zu erlangen, gegen sich gelten lassen.

Kapitel 2. Gesellschaft mit beschränkter Haftung

A. Nachschusspflicht aus Beitragsklausel oder durch Mehrheitsbeschluss

I. Nachschusspflicht aus Beitragsklausel

Die Gesellschafter einer GmbH können ebenfalls bereits in der Satzung weitere Beitragspflichten im Sinne von Nachschüssen begründen. Soweit die Gesellschafter bereits in der Satzung versprechen, nach Eintritt bestimmter Bedingungen Nachschüsse zu leisten, handelt es sich um eine vertragliche Abrede. Im Gegensatz zu den gesellschaftsrechtlichen Bestimmungen des BGB und HGB kennt das GmbHG ein eigenes System für die Nachschusspflicht der Gesellschafter, das in den §§ 26–28 GmbHG geregelt ist. Ob die konkrete Satzungsklausel ausreicht, um Nachschusspflichten zu begründen, ist eine Frage der Auslegung. Soweit die Auslegung der Klausel ergibt, dass Nachschusspflichten begründet werden, kommen die §§ 26–28 GmbHG zur Anwendung. Bei einer Satzungsklausel, welche Nachschusspflichten der Gesellschafter begründet, wird man von einer körperschaftlichen Regelung ausgehen müssen, welche ob ihrer normähnlichen Qualität nur einer objektiven Auslegung zugänglich ist. Es muss sich folglich aus der Satzung selbst ergeben, ob eine Nachschusspflicht besteht oder nicht.[411] Diese Betrachtung gebietet der Gläubigerschutz, da den Gläubigern der Gesellschaft bei der Beurteilung der Kreditwürdigkeit einer Gesellschaft mit beschränkter Haftung lediglich die veröffentlichten Informationen zur Verfügung stehen. Die Auslegung einer Nachschussklausel unter Berücksichtigung subjektiver, außerhalb der Satzung liegender Elemente, scheidet daher aus. Soweit eine Nachschusspflicht durch Vertragsänderung und Einfügen einer Leistungsklausel nach Gründung der Gesellschaft eingeführt werden soll, bedarf es gemäß § 53 Absatz 3 GmbHG der Zustimmung aller betroffenen Gesellschafter.

---

411 Vgl. hierzu allgemein MüKo/*J. Mayer*, § 2 GmbHG Rn. 154, 157.

II. Nachschusspflicht durch Mehrheitsbeschluss

1. *Voraussetzungen für einen Mehrheitsbeschluss*

Der Gesetzgeber trägt der Mischform der GmbH als haftungsbeschränkte Kapitalgesellschaft, welche für einen überschaubaren Gesellschafterkreis konzipiert ist, dadurch Rechnung, dass gemäß § 47 Absatz 1 GmbHG das Mehrheitsprinzip gilt. Dieses kann zwar durch den Gesellschaftsvertrag ausgestaltet und modifiziert werden, insbesondere kann die Stimmgewichtung des § 47 Absatz 2 GmbHG individuell gestaltet und auch eine Zählung nach Köpfen vereinbart werden. Die Mehrheitsherrschaft gehört zu den Grundsätzen der GmbH-Struktur. Soweit Nachschusspflichten gemäß §§ 26 ff. GmbHG begründet werden sollen, muss dies in der Satzung geschehen. Eine Satzungsänderung, welche gemäß § 53 Absatz 2 GmbHG mit ¾-Mehrheit beschlossen werden muss, kann auch nachträglich Nachschusspflichten einführen, bedarf aber gemäß § 53 Absatz 3 GmbHG der Zustimmung aller von den Nachschusspflichten betroffenen Gesellschafter. Dies ist wiederum dann nicht erforderlich, wenn eine Satzungsklausel auch die nachträgliche Einführung von Nachschüssen durch einen Mehrheitsbeschluss deckt. Eine solche Klausel muss Art, Ausmaß und Umfang der Belastungen näher definieren.[412]

2. *Kernbereichslehre und Belastungsverbot*

Die bei den Personengesellschaften im Rahmen der Beschlussprüfung anzusiedelnde Kernbereichslehre findet auch bei der GmbH Anwendung.[413] Wie bereits im Rahmen der Personengesellschaften dargestellt, ist das Verhältnis von Kernbereichslehre zu dem hier untersuchten Belastungsverbot nicht eindeutig geklärt. Es wurde gezeigt, dass Nachschusspflichten das Belastungsverbot betreffen. Das Belastungsverbot gilt gemäß § 53 Absatz 3 GmbHG auch im Recht der GmbH. Eingriffe durch Nachschussbeschlüsse sind weder bei den Personengesellschaften noch bei der GmbH durch eine Mehrheitsklausel gedeckt, wenn

412 Vgl. MüKo/*Harbarth*, § 53 GmbHG Rn. 129.

413 Vgl. hierzu nur Baumbach/Hueck/*Fastrich*, § 14 GmbHG Rn. 14 ff.; Ulmer/*Jörg Paura*, § 72 GmbHG Rn. 9; Rowedder/Schmidt-Leithoff/*Schnorbus*, § 53 GmbHG Rn. 72; Michalski/Heidinger/Leible/J. Schmidt/*Hoffmann*, § 53 GmbHG Rn. 87; Roth/Altmeppen/*Roth*, § 53 Rn. 39; Scholz/*Seibt*, § 14 GmbHG Rn. 31 ff.; Scholz/*Karsten Schmidt* § 45 GmbHG Rn. 54 ff.; Scholz/*Priester* § 53 GmbHG Rn. 44 ff.; *Heinrichs*, Mehrheitsbeschlüsse, S. 166 f.; *Martens*, FS 100 Jahre GmbH-Gesetz, S. 607 ff. [S. 624]; *Winter*, Treubindungen, S. 130 ff. [S. 137].

diese nicht bereits die antizipierte Zustimmung des Gesellschafters zu Mehrleistungen beinhaltet.

III. Ergebnis

Hinsichtlich der Begründung von Nachschusspflichten im Gesellschaftsvertrag durch Beitragsklausel oder durch eine Nachschusspflichten umfassende Mehrheitsklausel weist das Recht der GmbH im Vergleich zum Recht der Personengesellschaften keine Besonderheit auf. Eine GmbH-Satzung ist grundsätzlich objektiv auszulegen. Soweit der Bestimmtheitsgrundsatz durch die Rechtsprechung in jüngster Zeit aufgegeben wurde, kann nichts anderes für das Recht der GmbH gelten, für welche kraft Gesetz das Mehrheitsprinzip gilt. Auch hier ist durch Auslegung zu ermitteln, ob eine Mehrheitsklausel die Einführung von Nachschüssen und die antizipierte Zustimmung aller Gesellschafter umfasst. Trotz der in den §§ 26 ff. GmbHG niedergelegten Nachschussregeln weist das Recht der GmbH keine Besonderheiten gegenüber den gesetzlichen Regelungen im Recht der Personengesellschaften auf. Zwar ist gemäß § 47 Absatz 1 GmbHG das Mehrheitsprinzip der gesetzliche Regelfall, jedoch muss gerade für eine nachträglich beschlossene Nachschusspflicht die (antizipierte) Zustimmung der betroffenen Gesellschafter gemäß § 53 Absatz 3 GmbHG vorliegen. Dies gilt sowohl für eine Beitragsklausel als auch für eine Mehrheitsklausel.

B. Nachschusspflicht aus wichtigem Grund

I. Einführung

In der Folge soll untersucht werden, ob im Recht der GmbH ein wichtiger Grund herangezogen werden kann, um einem ohne ausreichende Mehrheitsklausel gefassten Nachschussbeschluss auch gegenüber der Minderheit Wirksamkeit zu verleihen. In Parallele zum Recht der Personengesellschaften soll auch hier untersucht werden, ob nach der Rechtsprechung ein wichtiger Grund nicht nur für einen Ausschluss des Gesellschafters und damit einen Eingriff in den Kernbereich der Mitgliedschaft, sondern auch ein Verstoß gegen das Belastungsverbot durch einen wichtigen Grund gerechtfertigt werden kann. Das GmbHG sieht in § 34 die Möglichkeit einer Einziehung des Gesellschaftsanteils vor. Es ist mittlerweile anerkannt, dass – auch ohne das Vorliegen einer entsprechenden Satzungsregelung – der Gesellschafter einer GmbH aus wichtigem Grund durch

Mehrheitsbeschluss ausgeschlossen werden kann.[414] Dabei werden – unter Berücksichtigung der Besonderheiten der Kapitalgesellschaften – die Wertungen des § 140 HGB auf einen Ausschluss eines GmbH-Gesellschafters übertragen.[415] *Schröer* sieht in der Entwicklung von Rechtsprechung und Literatur die Herausbildung einer Gesamtanalogie[416] insbesondere der §§ 133, 140 HGB, die auch auf die kapitalistisch organisierte GmbH ausstrahlen und daher allgemeine Wirkung entfalten.[417] *Seibt* erkennt zwar das Erfordernis einer Ausschlussmöglichkeit aus wichtigem Grund an, sieht die Rechtsgrundlage hierfür aber nicht in einer Analogie zum Handelsrecht, sondern in der gesellschafterlichen Treuepflicht selbst begründet.[418] Wie man den weiteren Ausführungen von *Seibt* und den von ihm angeführten Beispielen für wichtige Gründe entnehmen kann, hat dies keine wesentlichen Auswirkungen auf die Qualität der wichtigen Gründe selbst.[419] Es kann somit insgesamt auf die zum Recht der Personengesellschaften gefundenen Ergebnisse zu den §§ 140, 133 HGB und die entsprechenden Fallgruppen (siehe Seite 33) verwiesen werden.

II. Nachschusspflicht aus wichtigem Grund

1. Geltung der Grundsätze aus dem Personengesellschaftsrecht

Bereits zum Recht der Personengesellschaften wurde erörtert, ob ein wichtiger Grund als Rechtfertigung für einen Verstoß gegen das Belastungsverbot herangezogen werden kann. Hierzu wurden die einzelnen Fallgruppen, in der ein wichtiger Grund etwa für einen Ausschluss eines Gesellschafters herangezogen wird, untersucht. Der Ausschluss eines Gesellschafters durch die Einziehung seines Anteils stellt einen massiven Eingriff in seine Gesellschafterstellung dar. Soweit dieser gerechtfertigt werden soll, müssen hohe Voraussetzungen erfüllt sein. In jedem Fall *intensiver* wäre jedoch eine in sein Privatvermögen eingreifende Nachschussverpflichtung, da der Eingriff nun nicht mehr nur den Gesellschaftsanteil, sondern die davon getrennte Vermögenssphäre des Gesellschafters betrifft und damit gegen das Belastungsverbot verstößt. Zur Klärung der Frage, ob ein wichtiger Grund im Recht der GmbH für die Begründung einer

---

414 Vgl. nur Ulmer/*Peter Ulmer/Mathias Habersack*, Anh. zu § 34 GmbHG Rn. 9 ff. m.w.Nw.

415 Vgl. Ulmer/*Peter Ulmer/Mathias Habersack*, Anh. zu § 34 GmbHG Rn. 9 m.w.Nw.

416 Gerade dies wird bestritten von *Spitze*, Der Ausschluss, S. 44 Mitte.

417 Vgl. *Schröer*, Der wichtige Grund, S. 58 ff. und 187 f.

418 Vgl. Scholz/*Seibt*, Anh. zu § 34 GmbHG Rn. 25.

419 Siehe Scholz/*Seibt*, Anh. zu § 34 GmbHG Rn. 30 m.w.Nw.

Nachschusspflicht und damit für die Rechtfertigung eines Verstoßes gegen das Belastungsverbot ausreichend sein kann, bietet sich eine Analyse des folgenden Urteils des OLG Brandenburg an.

2. *OLG Brandenburg, Urt. v. 01.06.2004 – 6 U 160/03*

Die Entscheidung des Brandenburgischen Oberlandesgerichts vom 01.06.2004[420] befasste sich mit dem Ausschluss eines GmbH-Gesellschafters, welcher die Bestellung einer Bürgschaft zugunsten der Gesellschaft verweigerte. Das OLG entschied, dass ein GmbH-Anteil nicht aus wichtigem Grund zwangseingezogen werden könne, wenn ein Gesellschafter die Übernahme einer Bürgschaft verweigere. Dies gelte allerdings nur dann, wenn keine Krise vorliege und der Gesellschaftsvertrag keine Nachschusspflicht vorsehe.[421] Dieser Tenor steht teilweise im Widerspruch zu den weiteren Ausführungen der Entscheidungsgründe. Denn das OLG stellt fest, dass die im konkreten Fall umstrittene Pflicht zur Stellung einer Bürgschaft einer Pflicht zur Leistung von Eigenkapital „im weitesten Sinne" oder „*rechtlich* gleich" stünde.[422] Das OLG führt aus, dass eine solche Pflicht und folglich eine Pflichtverletzung im zur Entscheidung vorgelegten Fall nicht vorliege, da keine Krise vorläge.[423] Weiter führt das Gericht aus, dass eine Pflicht zur Übernahme einer Bürgschaft auch nicht einer Nachschusspflicht entspringe, denn diese müsse als Einzahlung von Eigenkapital im Gesellschaftsvertrag geregelt sein.[424] Somit wird durch diese Differenzierung deutlich, dass die Formulierung im Leitsatz, „wenn keine Krise vorliegt und der Gesellschaftsvertrag keine Nachschusspflicht vorsieht",[425] die tatsächliche Aussage der Entscheidung verdeckt. Denn soweit hier das Vorliegen zweier Bedingungen kumulativ gefordert wird – „Krise" *und* „Regelung im Vertrag" – enthält die Entscheidung nichts Neues. Die Gesellschafter einer GmbH können nämlich auch ohne das Vorliegen einer Krise, also frei von jedwedem Bedarf, einen Nachschuss beschließen, solange dies in der Satzung vorgesehen ist. Einer Krise im Sinne einer „wirtschaftliche Notwendigkeit" bedarf es hierbei nicht.[426] In den Entscheidungsgründen werden diese beiden Bedingungen jedoch als alternative Möglichkeiten betrachtet. Eine

---

420 Vgl. OLG Brandenburg, Urt. v. 01.06.2004 – 6 U 160/03, OLGR Brandenburg 2006, S. 395 ff.

421 Vgl. OLG Brandenburg, Urt. v. 01.06.2004 – 6 U 160/03 [Leitsatz a.E.].

422 Vgl. OLG Brandenburg, Urt. v. 01.06.2004 – 6 U 160/03 [Rz. 29].

423 Vgl. OLG Brandenburg, Urt. v. 01.06.2004 – 6 U 160/03 [Rz. 29].

424 Vgl. OLG Brandenburg, Urt. v. 01.06.2004 – 6 U 160/03 [Rz. 30].

425 Vgl. OLG Brandenburg, Urt. v. 01.06.2004 – 6 U 160/03 [Leitsatz].

426 Vgl. nur Baumbach/Hueck/*Fastrich*, § 26 GmbHG Rn. 8.

Verpflichtung zur Bürgschaftsübernahme bestehe *auch nicht* unter dem Gesichtspunkt von Nachschüssen.[427]

3. *Stellungnahme*

In der Entscheidung wollte das OLG offenkundig zur Frage eines Ausschlussgrundes Stellung nehmen. Fraglich war, ob die Verweigerung einer Bürgschaftsstellung einen solchen wichtigen Grund darstellen kann. Das OLG stellte hierzu fest, dass eine Bürgschaftsstellung qualitativ der Zufuhr von Eigenkapital gleichkommt.[428] Sodann erklärt das Gericht, dass eine Pflicht zur Leistung einer solchen Bürgschaft vorliegend nicht in Betracht komme, da weder eine Krise vorliege noch eine Nachschusspflicht im Gesellschaftsvertrag begründet sei. Das Gericht stellt also fest, dass eine Bürgschaft eine Eigenkapitalzufuhr sei und dass vorliegend unabhängig von einer – ebenfalls nicht gegebenen – Nachschusspflicht in der Satzung in Ermangelung einer Krise eine Verpflichtung zur Stellung einer Bürgschaft hierzu und damit eine den wichtigen Grund begründende Pflichtverletzung nicht gegeben seien. Das Gericht scheint folglich davon auszugehen, dass allein das Vorliegen einer Krise eine Bürgschaftsstellung nicht nur erforderlich machen, sondern auch hierzu eine Pflicht begründen kann. Wird die Stellung einer Bürgschaft aber der Leistung von Eigenkapital gleichgestellt, bedeutet dies nichts Anderes als eine Nachschusspflicht wegen des Vorliegens einer Krise. Eine Nachschusspflicht auf Grundlage eines bloßen Sanierungsbedarfs hatte die Rechtsprechung bisher jedoch abgelehnt.[429] Es verbleibt die Interpretation, dass die Verweigerung einer Bürgschaft zwar eine Pflichtverletzung darstellen kann, was jedoch nur im Fall einer Unternehmenskrise die Voraussetzung eines wichtigen Grundes erfüllt.

III. Ergebnis

Im Personengesellschaftsrecht reicht ein wichtiger Grund nicht aus, um eine Nachschusspflicht zu begründen. Gleiches gilt für die GmbH. Das Urteil des OLG Brandenburg vermag an diesem Befund nichts zu ändern. Für einen folgenden Teil der Untersuchung soll lediglich festgehalten werden, dass die Leistung einer Bürgschaft einer Leistung von Eigenkapital rechtlich gleichgestellt

427 Vgl. OLG Brandenburg, Urt. v. 01.06.2004 – 6 U 160/03 [Rz. 30].

428 Vgl. OLG Brandenburg, Urt. v. 01.06.2004 – 6 U 160/03 [Rz. 29].

429 Vgl. nur OLG Celle, Urt. v. 21.12.2005 – 9 U 96/05 [Rz. 19], NZG 2006, S. 225 ff. mit Verweis auf BGH.

wird. Die Belastung der Gesellschafter durch die Übernahme einer Bürgschaft entspricht der Belastung durch die Leistung von Nachschüssen.

C. Die Möglichkeit einer Nachschusspflicht kraft Treuepflicht

I. Vorüberlegungen

Bei der GmbH gilt gemäß § 47 Absatz 1 das Mehrheitsprinzip. Für Änderungen der Satzung einer GmbH ist eine Mehrheit von ¾ der Stimmen vorgesehen. Das in § 53 Absatz 3 GmbHG für die GmbH normierte Belastungsverbot sieht für weitere Leistungspflichten die Zustimmung aller Gesellschafter vor. Insofern besteht eine klare Parallele zum Personengesellschaftsrecht. Es soll in der Folge untersucht werden, welche Positionen Rechtsprechung und Literatur zu der hier aufgeworfenen Frage nach einer Nachschusspflicht kraft Treuepflicht bei der GmbH vertreten.

II. Die Literatur zur Nachschusspflicht kraft Treuepflicht bei der GmbH

In der Literatur findet sich bisher keine ergiebige Stellungnahme zur Pflicht von Gesellschaftern einer GmbH, kraft Treuepflicht Nachschüsse zu leisten.

III. Rechtsprechung zur Nachschusspflicht bei der GmbH

Die Rechtsprechung hat in mehreren Entscheidungen dazu Stellung nehmen müssen, inwiefern die Gesellschafter einer GmbH nachträglich zu einer Erhöhung ihrer Beiträge gezwungen werden können.

1. BGH, Urt. v. 21.04.1977 – II ZR 155/75

a) Die Entscheidung

In seinem Urteil vom 21.04.1977[430] entschied der BGH, dass ein Gesellschafter im Verhältnis zu seinem Mitgesellschafter nicht verpflichtet sei, der Gesellschaft zur Abwendung des Konkurses weiteres Geld zu beschaffen.[431] In dieser auf eine GmbH bezogenen Entscheidung hatte ein Gesellschafter über Jahre die Gesellschaft finanziell gestützt und mit Eigenmitteln, Krediten und Bürgschaften versorgt, sodass der angestrebte und von seinem Mitgesellschafter als Geschäftsführer geleitete Geschäftsbetrieb überhaupt erst aufgenommen und fortgeführt

430 Vgl. BGH, Urt. v. 21.04.1977 – II ZR 155/75, WM 1977, S. 754 ff.
431 Vgl. BGH, Urt. v. 21.04.1977 – II ZR 155/75, WM 1977, S. 754 ff. [S. 755 li. Sp. unten].

werden konnte. Nachdem jedoch weitere Investitionen notwendig wurden, um einen großen Auftrag annehmen und durchführen zu können, verweigerte der bisher zahlungswillige Gesellschafter seine Mitwirkung. In der Insolvenz der GmbH verlangte der ehemalige Gesellschaftsgeschäftsführer von der Erbin seines früheren Mitgesellschafters Schadensersatz unter anderem wegen entgangenen Gehaltes oder Altersvorsorge. Der Mitgesellschafter, argumentierte sie, habe sich einem weiteren finanziellen Engagement nicht entziehen dürfen, da er zugesagt habe, den Betrieb der Gesellschaft aufrechtzuerhalten. Das Gericht stellte fest, dass der Mitgesellschafter durch seine allgemeine Zusage zu weiteren Zahlungen nicht verpflichtet gewesen sei. Eine solche Pflicht sei weder aus Treu und Glauben noch aus der gesellschafterlichen Treuepflicht ableitbar.[432] Allerdings fand der Inhalt eines früheren Urteils des Senats,[433] auf das in den Entscheidungsgründen verwiesen wird, in den Erwägungen keine Berücksichtigung. In dieser Entscheidung vom 27.09.1976 war festgestellt worden, dass Gesellschafter die in der Krise an ihre Gesellschaft gewährten Darlehen sich nicht zur Unzeit – also vor Erreichen des Darlehenszwecks – zurückzahlen durften. Hierbei ging es nämlich nach dem Senat um das Verbot, bereits Geleistetes zurückzugewähren und nicht – wie hier – um die Pflicht, neues Geld gewähren zu müssen.[434]

b) Stellungnahme

Über die versprochenen Beiträge hinaus sollen die Gesellschafter einer GmbH, selbst wenn die bisherige Übung in der konkreten Gesellschaft auf Leistungsfähigkeit und Leistungswilligkeit schließen lässt, nicht zu mehr Leistungen herangezogen werden können. Das Treueverhältnis zu den Mitgesellschaftern soll nicht ausreichen, eine solche Pflicht zu begründen. Damit ist die althergebrachte Position in dieser Frage beschrieben, wie sie auch im Personengesellschaftsrecht lange Zeit Geltung beanspruchte. Diese vermag in ihrer zu allgemeinen Aussage nicht zu überzeugen. Wie bereits gezeigt wurde, besteht im Personengesellschaftsrecht ob der Anerkennung objektiver Interessen der Gesellschafter eine berechtigte Erwartungshaltung, dass alle Gesellschafter die ihnen zumutbaren Leistungen erbringen, um gemeinsam geschaffene Werte und geleistete Beiträge bei Vorliegen einer positiven Fortführungsprognose zu erhalten oder wieder zu erlangen. In dem der Entscheidung des BGH vom 21.04.1977 zugrunde liegenden Fall hatte der Minderheitsgesellschafter einer GmbH diese kraft

432 Vgl. BGH, Urt. v. 21.04.1977 – II ZR 155/75, WM 1977, S. 754 ff. [S. 755 li. Sp. Mitte].
433 Vgl. BGH, Urt. v. 27.09.1976 – II ZR 162/75, NJW 1977, S. 104 ff. [S. 105 li. Sp. unten].
434 Vgl. BGH, Urt. v. 21.04.1977 – II ZR 155/75, WM 1977, S. 754 ff. [S. 755 re. Sp. oben].

Anrechnung objektiver Interessen bestehende Erwartungshaltung der Mitgesellschafter sogar noch bestärkt, indem er über Jahre zusätzliche Beiträge an die Gesellschaft leistete, ohne sich jeweils darauf zu berufen, dass diese Beiträge einmalig sein sollten und künftig nicht mehr mit weiterem Engagement seinerseits zu rechnen sei. Überzeugen kann die Argumentation des Gerichts nur für jene Fälle, in denen lediglich ein Teil der Gesellschafter leistungsbereit und leistungsfähig ist, die Sanierungsmaßnahmen somit einseitig verteilt wären. Hier wäre es dem einzelnen Gesellschafter schlichtweg unzumutbar, allein die Sanierung zu finanzieren, während die Gesellschaftermehrheit keine weiteren Vermögenswerte mehr beizusteuern in der Lage ist.

2. OLG Brandenburg, Urt. v. 01.06.2004 – 6 U 160/03

a) Die Entscheidung

In diesem bereits dargestellten Urteil vom 01.06.2004[435] führt das OLG Brandenburg aus, dass es der persönlichen Entschließungsfreiheit eines GmbH-Gesellschafters unterliege, bei Annahme unternehmerischer Unzweckmäßigkeit die Zufuhr von Eigenkapital zu verweigern.[436] Zwar seien Ausnahmefälle denkbar, in denen aus Gründen gesellschafterlicher Treuepflicht diese Entschließungsfreiheit eingeengt werden könne,[437] aber selbst dann könne in einem solchen Ausnahmefall nicht unberücksichtigt bleiben, dass der Gesellschafter nicht vermögend sei, also wirtschaftlich nicht ohne Weiteres für eine Bürgschaft der geforderten Größenordnung einstehen könne.[438] Das OLG war in seinem Urteil davon ausgegangen, dass die Stellung einer Bürgschaft im weitesten Sinne die Zufuhr von Eigenkapital darstelle oder dieser Zufuhr rechtlich gleich stünde.[439]

b) Stellungnahme

Das OLG Brandenburg geht davon aus, dass bei Vorliegen eines Ausnahmefalls die Entschlussfreiheit eines Gesellschafters so stark eingeengt sein kann, dass er wegen der ihn treffenden gesellschafterlichen Treuepflicht dazu angehalten sei, eine Bürgschaft für die Gesellschaftsschulden zu stellen. Da das OLG feststellt, dass dies der Leistung von Eigenkapital gleichkommt, hat das OLG folglich eine

---

435 Vgl. OLG Brandenburg, Urt. v. 01.06.2004 – 6 U 160/03, OLGR Brandenburg 2006, S. 395 ff.

436 Vgl. OLG Brandenburg, Urt. v. 01.06.2004 – 6 U 160/03 [Rz 29].

437 Vgl. OLG Brandenburg, Urt. v. 01.06.2004 – 6 U 160/03 [Rz 29].

438 Vgl. OLG Brandenburg, Urt. v. 01.06.2004 – 6 U 160/03 [Rz. 31].

439 Vgl. OLG Brandenburg, Urt. v. 01.06.2004 – 6 U 160/03 [Rz 29].

ausnahmsweise bestehende Verpflichtung zu Nachschussleistungen bestätigt. Bereits die Untersuchung des Rechts der Personengesellschaften hat gezeigt, dass eine Haftungsübernahme in demselben Maße belasten kann wie die Leistung weiterer Beiträge. Gleichzeitig stellt das OLG auf die Vermögensverhältnisse des betroffenen Gesellschafters ab, wenn es verlangt, dass die Vermögensverhältnisse des Gesellschafters nicht unberücksichtigt bleiben dürften, was nichts Anderes ist als die Bedingung der Zumutbarkeit einer solchen Nachschussleistung.[440]

IV. Ergebnis

Der kurze Überblick über einzelne Urteile hat gezeigt, dass die gesellschafterliche Treuepflicht bei der GmbH grundsätzlich als Basis für eine Nachschusspflicht kraft Treuepflicht herangezogen werden kann. Jedoch nahmen weder der BGH noch die Obergerichte bisher zur Nachschusspflicht kraft Treuepflicht im GmbH-Recht eindeutig Stellung. Lediglich die Entscheidung des OLG Brandenburg[441] weist eine Tendenz zur Anerkennung einer Nachschusspflicht kraft Treuepflicht auf. Das Gericht hatte hier eine Pflicht zur Stellung einer Bürgschaft kraft Treuepflicht für Ausnahmefälle angenommen. Stellt man dem die Untersuchung zu den Personengesellschaften gegenüber, die gezeigt hat, dass Belastungen im Sinne der §§ 707 BGB, 53 Absatz 3 GmbHG sowohl durch direkte Zahlungspflichten als auch durch Verzicht, Sicherheitsstellung et cetera entstehen können, zeigt dieses Urteil eine deutliche Tendenz. Diese hat jedoch keinen Einzug in die Rechtsprechung des BGH gefunden. Im Folgenden soll untersucht werden, ob die Treuepflicht im Recht der GmbH eine Nachschusspflicht begründen kann und welche Voraussetzungen hierfür erfüllt sein müssen.

D. Voraussetzungen einer Nachschusspflicht kraft Treuepflicht

I. Einführung

Wie schon im Recht der Personengesellschaften befasst sich die Untersuchung auch hier mit zwei Problemfeldern. Zunächst soll geklärt werden, ob bei der GmbH das Belastungsverbot gemäß § 53 Absatz 3 GmbHG einer Nachschusspflicht kraft Treuepflicht entgegensteht. Danach ist zu untersuchen, ob die Treuepflicht der GmbH-Gesellschafter eine so starke Wirkung entfalten kann, dass sich aus ihr eine Nachschusspflicht kraft Treuepflicht ergeben kann. Sodann bleibt zu

---

440 Vgl. OLG Brandenburg, Urt. v. 01.06.2004 – 6 U 160/03 [Rz. 31].

441 Vgl. OLG Brandenburg, Urt. v. 01.06.2004 – 6 U 160/03, OLGR Brandenburg 2006, S. 395 ff.

prüfen, ob die gefundenen Kriterien aus dem Recht der Personengesellschaften für eine Nachschusspflicht kraft Treuepflicht auch für die GmbH Geltung beanspruchen können. War die Literatur bei den Personengesellschaften bereits zurückhaltend, so findet eine Nachschusspflicht kraft Treuepflicht bei der GmbH in keiner relevanten Veröffentlichung Berücksichtigung.

II. ‚Belastungen' und § 53 Absatz 3 GmbHG

1. Einführung

Im Folgenden soll zunächst untersucht werden, ob die Belastungen der Gesellschafter mit zusätzlichen Leistungspflichten im Recht der GmbH ein vergleichbares Ausmaß wie im Personengesellschaftsrecht annehmen kann und inwiefern diese Leistungspflichten als Ausnahme zum Belastungsverbot gemäß § 53 Absatz 3 GmbHG eingeordnet werden können. In einem zweiten Schritt sollen die Treuepflicht bei der GmbH und ihre Wirkung untersucht werden. Im Folgenden soll zunächst die Außenhaftung der Gesellschafter im Recht der GmbH näher beleuchtet werden. Zum Recht der Personengesellschaften hatte die Untersuchung ergeben, dass die Außenhaftung der Gesellschafter allein nicht ausreicht, um eine Nachschusspflicht kraft Treuepflicht der Gesellschafter zu begründen. Jedoch konnte auch herausgearbeitet werden, dass die Außenhaftung im Rahmen der wirtschaftlichen Betrachtungsweise ein zusätzliches Argument für eine Nachschusspflicht kraft Treuepflicht darstellt. Daher soll in der Folge das Haftungskonzept der GmbH näher untersucht werden, um Parallelen zum Personengesellschaftsrecht herauszuarbeiten und die Möglichkeit der Übertragung der zum Personengesellschaftsrecht entwickelten Schlussfolgerungen hinsichtlich der *wirtschaftlichen Betrachtung* zu klären.

2. Außenhaftung der Gesellschafter bei der GmbH

Trotz des in § 13 Absatz 2 GmbHG angeordneten Haftungsprivilegs sah sich der BGH in der Vergangenheit vielfach genötigt, zu einer direkten Inanspruchnahme der Gesellschafter durch die Gesellschaftsgläubiger Stellung zu nehmen und bejahte in besonderen Einzelfällen einen Haftungsdurchgriff. Der BGH entwickelte im Laufe der Zeit ein eigenes Haftungskonzept für die Gesellschafter der GmbH. Der zunächst für Einzelfälle bejahte Haftungsdurchgriff wurde mit der Zeit nur noch auf ganz besondere Ausnahmefälle angewandt, in den letzten Jahren entwickelte der BGH ein Innenhaftungskonzept unter Heranziehung von § 826 BGB.

a) Die Rechtsprechung zur Außenhaftung

In der Entscheidung „Kindl Backwaren Vertrieb“ („KBV“) vom 24.06.2002[442] nahm der BGH seine Argumentation aus den Urteilen „TBB“[443] und „Bremer Vulkan“[444] auf und entwickelte sie weiter.[445] Der BGH stellte fest, dass das Gesellschaftsvermögen einer GmbH zur vorrangigen Befriedigung der Gesellschaftsgläubiger zweckgebunden und die Respektierung dieser Zweckbindung „unabdingbare Voraussetzung für die Inanspruchnahme des Haftungsprivilegs des § 13 Absatz 2 GmbHG“ sei.[446] Soweit auf das Gesellschaftsvermögen zugegriffen werde und dabei die „gebotene, angemessene Rücksichtnahme auf die Erhaltung der Fähigkeit der Gesellschaft zur Bedienung ihrer Verbindlichkeiten in einem ins Gewicht fallenden Maße“ außer Acht gelassen werde, liege ein Missbrauch vor, wodurch die Privilegierung gemäß § 13 Absatz 2 GmbHG entfalle.[447] Die in den genannten vorangegangenen Entscheidungen[448] entwickelte Anspruchsgrundlage war auch hier die des „sogenannten existenzvernichtenden Eingriffs“.[449] Dessen Voraussetzungen lägen dann vor, wenn die Gesellschafter der Gesellschaft Vermögen entziehen, welches zur Tilgung der Schulden erforderlich sei und den Gläubigern dadurch Nachteile entstünden.[450] Die Folge sei, dass die Gläubiger bei Vorliegen der genannten Voraussetzungen direkt auf die

---

442 Vgl. BGH, Urt. v. 24.06.2002 – II ZR 300/00 („KBV“), NZG 2002, S. 914 ff.

443 Vgl. BGH, Urt. v. 29.03.1993 – II ZR 265/91 („TBB“), NJW 1993, S. 1200 ff.

444 Vgl. BGH, Urt. v. 17.09.2001 – II ZR 178/99 („Bremer Vulkan“), NZG 2002, S. 38 ff.

445 Die Urteile stellen eine Neuorientierung des BGH dar, der zuvor den Haftungsbegriff auf eine konzernrechtliche Begründung gestützt hatte, zu einem missbrauchsorientierten Haftungsbegriff, der lediglich im Fall von „TBB“ noch konzernrechtlich unterfüttert war, vgl. *Wilhelm*, NJW 2003, S. 175 ff. [S. 176 li. Sp. oben].

446 Vgl. BGH, Urt. v. 24.06.2002 – II ZR 300/00 („KBV“), NZG 2002, S. 914 [Leitsatz].

447 Vgl. BGH, Urt. v. 24.06.2002 – II ZR 300/00 („KBV“) [Leitsatz], NZG 2002, S. 914 [Leitsatz].

448 Im Urteil „Bremer Vulkan“ – BGH, Urt. v. 17.09.2001 – II ZR 178/99, NZG 2002, S. 38 ff. [S. 39 re. Spalte oben] – war bereits von einer Haftung des Gesellschafters für die Verbindlichkeiten der Gesellschaft die Rede, falls ein „bestandsvernichtender Eingriff“ vorläge. Auch hier hatte das Gericht auf die Subsidiarität nach den Stammkapitalerhaltungsvorschriften gemäß §§ 30, 31 GmbHG hingewiesen.

449 Vgl. BGH, Urt. v. 24.06.2002 – II ZR 300/00 („KBV“), NZG 2002, S. 914 ff. [S. 915 re. Sp. oben].

450 Vgl. BGH, Urt. v. 24.06.2002 – II ZR 300/00 („KBV“), NZG 2002, S. 914 ff. [S. 915 re. Sp. oben].

Gesellschafter und deren Vermögen zugreifen könnten.[451] Dies führe somit zu einer unmittelbaren und persönlichen Haftung der Gesellschafter.[452] Der direkte Haftungsdurchgriff der Gläubiger auf die Gesellschafter einer GmbH sei dann möglich, wenn die Gesellschafter wegen Missbrauchs der Haftungsbeschränkung das Haftungsprivileg nicht mehr verdienten. Das sei dann der Fall, wenn die Gesellschafter in dem Maße in das Vermögen eingriffen, dass die Zweckbindung des Vermögens außer Acht gelassen werde und es an der erforderlichen Rücksichtnahme fehle. Wo die Schwelle zu einem solchen Missbrauch liegt, ließ das Gericht offen. Die Definition der „gebotenen, angemessenen Rücksichtnahme"[453] lässt weiten Interpretationsspielraum. Ebenfalls bleibt offen, was ein „ins Gewicht fallendes Maß"[454] sein soll, etwa ob dies im Verhältnis zum Stammkapital zu bestimmen wäre. *Wilhelm* sieht in der gewählten Definition daher „typische, in der Anwendung nicht prognostizierbare Missbrauchsfloskeln", die den Gerichten die Möglichkeit eröffne, immer dann einzugreifen, sobald ihnen „das Verhalten [...] zu weit zu gehen scheint".[455] Das vom BGH über die Jahre entwickelte Haftungskonzept des existenzvernichtenden Eingriffs erfuhr in der Entscheidung „Trihotel" vom 16.07.2007[456] eine Änderung.[457] Das Gericht stellte zunächst fest, dass es an der Existenzvernichtungshaftung „für missbräuchliche, zur Insolvenz der GmbH führende oder diese vertiefende kompensationslose Eingriffe in das [...] Gesellschaftsvermögen" festhalten wolle.[458] Gleichzeitig nahm der BGH mit dieser Entscheidung bezüglich der Ausgestaltung des Haftungskonzepts eine Änderung vor. An die Stelle des Missbrauchs der Rechtsform soll die „missbräuchliche Schädigung des [...] zweckgebundenen Gesellschaftsvermögens" als Anknüpfungspunkt für eine Haftung der Gesellschafter treten.[459] Es komme nicht mehr zu einem Haftungsdurchgriff der Gläubiger direkt auf die Gesellschafter. Die missbräuchlich handelnden Gesellschafter seien der Gesellschaft

---

451 Vgl. BGH, Urt. v. 24.06.2002 – II ZR 300/00 („KBV"), NZG 2002, S. 914 ff. [S. 916 li. Sp. oben].

452 Vgl. BGH, Urt. v. 24.06.2002 – II ZR 300/00 („KBV"), NZG 2002, S. 914 ff. [S. 916 li. Sp. oben].

453 Vgl. BGH, Urt. v. 24.06.2002 – II ZR 300/00 („KBV"), NZG 2002, S. 914 ff. [Leitsatz].

454 Vgl. BGH, Urt. v. 24.06.2002 – II ZR 300/00 („KBV"), NZG 2002, S. 914 ff. [Leitsatz].

455 Vgl. *Wilhelm*, NJW 2003, S. 175 [S. 178 li. Sp. unten].

456 Vgl. BGH, Urt. v. 16.07.2007 – II ZR 3/04 („TRIHOTEL"), NZG 2007, S. 667 ff.

457 So auch *Veil*, NJW 2008, S. 3264 [re. Sp. Mitte].

458 Vgl. BGH, Urt. v. 16.07.2007 – II ZR 3/04 („TRIHOTEL"), NZG 2007, S. 667 [Leitsatz].

459 Vgl. BGH, Urt. v. 16.07.2007 – II ZR 3/04 („TRIHOTEL"), NZG 2007, S. 667 ff. [Leitsatz].

im Innenverhältnis zum Ausgleich der entzogenen Vermögenswerte verpflichtet. Anspruchsgrundlage sei § 826 BGB.[460] Die Haftung trete nicht subsidiär hinter die Schutzfunktion der §§ 30, 31 GmbHG zurück, sondern bilde mit diesen eine Anspruchskonkurrenz im Innenverhältnis.[461] Eine direkte Inanspruchnahme der Gesellschafter durch die Gläubiger der Gesellschaft sei also nur dann möglich, wenn die Voraussetzungen des § 826 BGB vorlägen und dieser Anspruch durch Pfändung und Überweisung auf die Gläubiger übertragen würde.[462] Des Weiteren bejaht der BGH für die Fälle der Vermögensvermischung[463] ausdrücklich eine direkte Inanspruchnahme analog § 128 HGB, ordnet diese Fälle aber nicht dem „existenzvernichtenden Eingriff“ zu.[464] In seiner Entscheidung vom 28.04.2008[465] („GAMMA“) bestätigt der BGH seine Ausführungen aus der „Trihotel“-Entscheidung,[466] und nimmt darüber hinaus zu der Frage einer Existenzvernichtungshaftung bei Unterkapitalisierung Stellung.[467] Zunächst hält das Gericht an der Haftung „für missbräuchliche, zur Insolvenz der GmbH führende oder diese vertiefende kompensationslose Eingriffe in das der Zweckbindung zur vorrangigen Befriedigung der Gesellschaftsgläubiger dienende Gesellschaftsvermögen“ fest.[468] Die Einschränkung der Existenzvernichtungshaftung auf jene eng gelagerten Fälle, bei denen durch die alleinige Anwendung der §§ 30, 31 GmbHG eine Schutzlücke drohe, wird nochmals deutlich hervorgehoben. Insbesondere sei davon die sogenannte „Aschenputtel-Konstellation“[469] nicht

---

460 Vgl. BGH, Urt. v. 16.07.2007 – II ZR 3/04 („TRIHOTEL“), NZG 2007, S. 667 ff. [Leitsatz].

461 Vgl. BGH, Urt. v. 16.07.2007 – II ZR 3/04 („TRIHOTEL“), NZG 2007, S. 667 ff. [S. 670 li. Sp. oben; S. 670 re. Sp. unten; S. 672 li. Sp. Mitte].

462 Vgl. BGH, Urt. v. 16.07.2007 – II ZR 3/04 („TRIHOTEL“), NZG 2007, S. 667 ff. [S. 671 re. Sp. unten].

463 Vgl. hierzu Baumbach/Hueck/*Fastrich*, § 13 GmbHG Rn. 45.

464 Vgl. BGH, Urt. v. 16.07.2007 – II ZR 3/04 („TRIHOTEL“), NZG 2007, S. 667 ff. [S. 670 li. Sp. unten].

465 Vgl. BGH, Urt. v. 28.04.2008 – II ZR 264/06 („GAMMA“), NZG 2008, S. 547 ff.

466 Vgl. BGH, Urt. v. 16.07.2007 – II ZR 3/04 („TRIHOTEL“), NZG 2007, S. 667 ff.

467 Vgl. hierzu Baumbach/Hueck/*Fastrich*, § 13 GmbHG, Rn. 47.

468 Vgl. BGH, Urt. v. 28.04.2008 – II ZR 264/06 („GAMMA“), NZG 2008, S. 547 ff. [S. 548 li. Sp. Mitte].

469 Mit diesem Begriff sind die Gestaltung von Gesellschaft und deren Vertragsbeziehungen gemeint, welche darauf angelegt sind, „dass die Nachteile der Konstruktion notwendig die Gesellschaftsgläubiger treffen“ müssen, vgl. Baumbach/Hueck/*Fastrich*, § 13 GmbHG Rn. 51.

umfasst.[470] Dies solle eine das gesetzliche Kapitalerhaltungssystem ergänzende Entnahmesperre bewirken.[471] Eine sittenwidrige, weil Insolvenz verursachende oder Insolvenz vertiefende Selbstbedienung der Gesellschafter solle „durch die repressive Anordnung der Schadensersatzpflicht in Bezug auf das beeinträchtigte Gesellschaftsvermögen“ verhindert werden.[472] Eine darüber hinausgehende allgemeine Haftung für materielle Unterkapitalisierung – verschuldensabhängig oder -unabhängig – sei jedoch in Ermangelung der systematischen Voraussetzungen abzulehnen.[473] Eine entsprechende Finanzausstattungspflicht bestehe nach aktueller Gesetzeslage nicht und könne daher auch nicht durch höchstgerichtliche Rechtsfortbildung im Rahmen eines Haftungskonzepts entwickelt werden.[474] Allerdings lässt der Senat ausdrücklich offen, ob innerhalb des von ihm als Rechtsgrundlage für eine Innenhaftung gewählten § 826 BGB die Fallgruppe einer „Haftung wegen Unterkapitalisierung einer GmbH“ eingeordnet werden könne.[475] Im Anschluss an die Entscheidungen „Trihotel“[476] und „Gamma“[477] nimmt der BGH in seiner „Sanitary“-Entscheidung[478] vom 09.02.2009 zu der Frage Stellung, ob seine Ausführungen aus den Vorentscheidungen auch für den Fall einer Liquidation der Gesellschaft Geltung beanspruchen können. Der BGH überträgt die Anwendung des von ihm entwickelten Haftungssystems auf den Fall einer Liquidation durch den Alleingesellschafter. Der BGH führt aus, dass der „in dem neuen Haftungsmodell zum existenzvernichtenden Eingriff im Rahmen des § 826 BGB anerkannte Grundsatz eines verselbstständigten Vermögensinteresses der werbenden Gesellschaft […] erst recht für eine Gesellschaft in Liquidation“ gelte, da § 73 Absatz 1 und 2 GmbHG „den Erhalt des Gesellschaftsvermögens im Interesse der Gläubiger in besonderer Weise“

470 Vgl. BGH, Urt. v. 28.04.2008 – II ZR 264/06 („GAMMA“), NZG 2008, S. 547 ff. [S. 548 re. Sp. oben].
471 Vgl. BGH, Urt. v. 28.04.2008 – II ZR 264/06 („GAMMA“), NZG 2008, S. 547 ff. [S. 548 re. Sp. Mitte].
472 Vgl. BGH, Urt. v. 28.04.2008 – II ZR 264/06 („GAMMA“), NZG 2008, S. 547 ff. [S. 548 re. Sp. Mitte].
473 Vgl. BGH, Urt. v. 28.04.2008 – II ZR 264/06 („GAMMA“), NZG 2008, S. 547 ff. [Leitsatz und S. 548 re. Sp. Mitte].
474 Vgl. BGH, Urt. v. 28.04.2008 – II ZR 264/06 („GAMMA“), NZG 2008, S. 547 ff. [Leitsatz und S. 549 re. Sp. Mitte].
475 Vgl. BGH, Urt. v. 28.04.2008 – II ZR 264/06 („GAMMA“), NZG 2008, S. 547 ff. [S. 550 li. Sp. oben].
476 Vgl. BGH, Urt. v. 16.07.2007 – II ZR 3/04 („TRIHOTEL“), NZG 2007, S. 667 ff.
477 Vgl. BGH, Urt. v. 28.04.2008 – II ZR 264/06 („GAMMA“), NZG 2008, S. 547 ff.
478 Vgl. BGH, Urt. v. 09.02.2009 – II ZR 292/07 („SANITARY“), NZG 2009, S. 545 ff.

hervorhebe.[479] Wie schon in der Entscheidung „Trihotel"[480] behält sich das Gericht auch in diesem Urteil einen Rückgriff auf eine direkte Außenhaftung der Gesellschafter in besonderen Ausnahmefällen vor, lässt die *Existenz* einer solchen Außenhaftung jedoch ausdrücklich offen.[481]

b) Stellungnahme

Die Haftung wegen „existenzvernichtendem Eingriffs" hat der BGH nunmehr als eine Innenhaftung gemäß § 826 BGB eingeordnet. Eine Außenhaftung gegenüber den Gläubigern (gemäß § 128 HGB analog) hat der BGH offen gelassen und bleibt künftig grundsätzlich möglich.[482] So hat der BGH die Fälle der „Vermögensvermischung" ausdrücklich von der Fallgruppe „existenzvernichtender Eingriff" getrennt und eine Haftung analog § 128 HGB bewusst offen gelassen.[483] Allerdings wird die Haftung auf Fälle beschränkt, bei denen betroffene Gesellschafter durch ihre Einflussnahmemöglichkeiten als Allein- oder Mehrheitsgesellschafter in der Gesellschaft die Vermögensvermischung verursacht haben.[484] Für die hier untersuchte Frage ist diese Fallgruppe nicht verwertbar, da es gerade die Mehrheit ist, die ihre Nachschüsse freiwillig leisten und den Beschluss mit Bindung für alle Gesellschafter durchsetzen will. Denkbar wäre hier lediglich die Konstellation, dass die jetzige Minderheit zu einem früheren Zeitpunkt vermögensvermischenden Maßnahmen zugestimmt hat. Offen bleibt weiterhin, ob die sogenannten „Aschenputtel-Konstellationen" weiterhin eine Außenhaftung begründen.[485] Allerdings handelt es sich hierbei wiederum um eine Vorsatz voraussetzende Haftungsgruppe, welche für die vorliegende Untersuchung gerade außer Betracht bleiben soll.

---

479 Vgl. BGH, Urt. v. 09.02.2009 – II ZR 292/07 („SANITARY"), NZG 2009, S. 545 ff. [S. 548 li. Sp. unten].

480 Vgl. BGH, Urt. v. 16.07.2007 – II ZR 3/04 („TRIHOTEL") [Rz. 33], NZG 2007, S. 667 ff.

481 Vgl. BGH, Urt. v. 09.02.2009 – II ZR 292/07 („SANITARY"), NZG 2009, S. 545 ff. [S. 548 re. Sp. Mitte].

482 Vgl. hierzu Baumbach/Hueck/*Fastrich*, § 13 GmbHG Rn. 58.

483 Vgl. BGH, Urt. v. 16.07.2007 – II ZR 3/04, NZG 2007, S. 667 ff. [S. 670 li. Sp. unten].

484 Vgl. Scholz/*Bitter*, § 13 GmbHG Rn. 133 m.w.Nw. und Verweis auf BGH, Urt. v. 14.11.2005 – II ZR 178/03 [Leitsatz] GmbHR 2006, S. 426 ff. [S. 426 li. Sp. oben].

485 Vgl. Baumbach/Hueck/*Fastrich*, § 13 GmbHG Rn. 51 mit Verweis auf BGH, Urt. v. 28.04.2008 – II ZR 264/06 („Gamma") [Rz. 13], NZG 2008, S. 547 ff. [S. 548 re. Sp. oben].

Die Fallgruppe der „materielle Unterkapitalisierung“ soll nunmehr ebenfalls nicht unter die (vorsatzunabhängige) Außenhaftung fallen,[486] sondern unter § 826 BGB.[487]

c) *Zwischenfazit*

Die Untersuchung der Rechtsprechung zur Außenhaftung von GmbH-Gesellschaftern hat gezeigt, dass diese mit der Außenhaftung der Gesellschafter einer Personengesellschaft nicht vergleichbar ist. Obschon in der früheren Rechtsprechung unter der Rechtsfigur des „existenzvernichtenden Eingriffs“ ein Haftungsdurchgriff bejaht wurde und auch heute noch für einzelne Fallgruppen eine Außenhaftung analog § 128 HGB nicht ausgeschlossen wird, bleibt doch als klare Abgrenzung zum Personengesellschaftsrecht erkennbar, dass sowohl das neue Innenhaftungskonzept des BGH als auch die Ausnahmefälle der direkten Inanspruchnahme ein (Vor-)Verschulden der in Anspruch genommenen Gesellschafter voraussetzen. Eine Außenhaftung der Gesellschafter kann also im Recht der GmbH – im Gegensatz zum Recht der Personengesellschaften – nicht als Argument für eine Nachschusspflicht kraft Treuepflicht herangezogen werden. In der Folge soll untersucht werden, ob es im Recht der GmbH zu einer der Außenhaftung der Gesellschafter im Recht der Personengesellschaften vergleichbaren Innenhaftung gegenüber der Gesellschaft kommen kann, welche als Argument für eine Nachschusspflicht kraft Treuepflicht herangezogen werden könnte.

3. *Innenhaftung der Gesellschafter*

a) *§ 826 im Innenverhältnis nach dem neuen Haftungskonzept*

Der BGH hat sich darauf festgelegt, dass in den dargestellten Fallgruppen keine Außen- sondern lediglich eine Innenhaftung gemäß § 826 BGB in Betracht kommt. Diese Innenhaftung beruht auf einem direkten Anspruch der Gesellschaft gegen ihre Gesellschafter gemäß § 826 BGB. Lediglich mittelbar, nämlich durch Pfändung und Überweisung eines solchen Anspruches käme es letztlich doch noch zu einer direkten Inanspruchnahme der Gesellschafter durch die Gesellschaftsgläubiger.

---

486 Vgl. BGH, Urt. v. 28.04.2008 – II ZR 264/06 („GAMMA“) [Rz. 21], NZG 2008, S. 537 ff. [S. 549 li. Sp. unten und re. Sp. oben].

487 Vgl. Baumbach/Hueck/*Fastrich*, § 13 GmbHG Rn. 47.

b) Haftung für Treuepflichtverletzungen

Darüber hinaus wird eine Haftung auf Schadensersatz gemäß § 280 BGB dann angenommen, wenn die aus der gesellschafterlichen Treuepflicht abgeleiteten mitgliedschaftlichen Pflichten schuldhaft verletzt werden.[488]

c) Zwischenfazit

Nach der Rechtsprechung des BGH konzentriert sich die Haftung der Gesellschafter auf schuldhaft verursachte Missbrauchskonstellationen. Dies ist mit einer Belastung durch Außenhaftung analog § 128 HGB nicht vergleichbar und kann daher nicht als Beispiel einer Ausnahme von § 53 Absatz 3 GmbHG herangezogen werden. Im Rahmen der Bewertung der vom Gesetz vorgesehenen Belastungen der Gesellschafter einer GmbH kann somit, im Gegensatz zum Personengesellschaftsrecht, die Haftung der Gesellschafter argumentativ nicht verwertet werden.

4. Belastung durch die Aufbringung von Fehlbeträgen gemäß § 24 GmbHG

a) Haftung gemäß § 24 GmbHG

Das GmbHG sieht in § 24 die Haftung der Gesellschafter einer GmbH für die Fehlbeträge vor, die durch den (wirtschaftlichen) Ausfall von Mitgesellschaftern hinsichtlich der zu leistenden Einlage entstehen. Diese vom Gesetz vorgesehene Inanspruchnahme könnte eine (verschuldensunabhängige) Haftung begründen, die als Argument für eine Nachschusspflicht kraft Treuepflicht herangezogen werden könnte.

b) Haftung der Gesellschafter pro rata

§ 24 GmbHG beinhaltet eine anteilige Ausfallhaftung der einzelnen Gesellschafter für Einlagen, welche nicht von den übrigen Gesellschaftern erlangt werden können.[489] Die Bestimmung ist zwingend und kann nicht durch anderweitige Gestaltung umgangen werden.[490] Die Haftung ist subsidiär, vorrangig muss die Einlage von dem jeweiligen Gesellschafter gefordert und die Forderung

---

488 Vgl. Scholz/*Emmerich*, § 13 GmbHG Rn. 50; Baumbach/Hueck/*Fastrich*, § 13 GmbHG Rn. 54.

489 Vgl. Baumbach/Hueck/*Fastrich*, § 24 GmbHG Rn. 1; Scholz/*Emmerich*, § 24 GmbHG Rn. 1.

490 Vgl. Scholz/*Emmerich*, § 24 GmbHG Rn. 2.

vollstreckt werden. Erst wenn auch ein Kaduzierungsverfahren gemäß §§ 21 ff. GmbHG nicht den auf einen Gesellschafter entfallenden Betrag einbringt, entsteht die Ausfallhaftung in Höhe des Fehlbetrages. Die übrigen Gesellschafter haften pro rata für uneinbringliche Einlagenbeträge, es entsteht also keine Gesamtschuld.[491] Vielmehr wird der Fehlbetrag auf die übrigen Gesellschafter nach dem Verhältnis ihrer Anteile verteilt. Soweit Gesellschafter mit ihrer Ausfallhaftung ausfallen, entfallen diese Beträge pro rata auf die übrigen, zahlungsfähigen Gesellschafter.[492]

c) Umfang

Die Ausfallhaftung bezieht sich auf den Betrag der nicht einbringlichen Bareinlage eines Gesellschafters oder mehrerer Gesellschafter. Sacheinlagen sind zwar nicht umfasst, jedoch die Differenzhaftung der Gesellschafter gemäß § 9 GmbHG für gemischte Sacheinlagen und Unterbilanzhaftung bei Geschäftsaufnahme vor Eintragung.[493] Umgekehrt gehören die Gesellschafter, die eine Sacheinlage leisten müssen, zu den übrigen Gesellschaftern, sie haften also für uneinbringliche Bareinlagen der anderen Gesellschafter.[494] Wenn alle anderen Gesellschafter ausfallen, kann es zu einer Haftung eines einzigen Gesellschafters für das gesamte Stammkapital kommen.[495] Umstritten ist, ob sich die Haftung auf einen über die Stammkapitalziffer hinausgehenden Betrag erstrecken kann. Ein solcher Fall liegt etwa vor, wenn sich eine überbewertete Sacheinlage als nicht werthaltig erweist, etwa wenn ein überschuldetes Unternehmen als Sacheinlage eingebracht wird. Soweit § 24 GmbHG auch die Differenzhaftung des § 9 GmbHG umfasst, kommt es somit zu einem Haftungsbetrag, der im Einzelfall über der Kapitalziffer liegen kann.[496] Dies wird mitunter als Infragestellung der Haftungsbegrenzung im Recht der GmbH angesehen, weshalb in der Literatur hierzu verschiedene Lösungswege diskutiert worden sind, wie etwa eine Begrenzung auf die Stammkapitalziffer.[497] Dies findet jedoch weder eine Stütze im Gesetz, noch wurde es

---

491 Vgl. Ulmer/*Welf Müller*, § 24 GmbHG Rn. 42.
492 Vgl. Baumbach/Hueck/*Fastrich*, § 24 GmbHG Rn. 8.
493 Vgl. Scholz/*Emmerich*, § 24 GmbHG Rn. 3, 3a.
494 Vgl. Baumbach/Hueck/*Fastrich*, § 24 GmbHG Rn. 4.
495 Vgl. Scholz/*Emmerich*, § 24 GmbHG Rn. 2c.
496 Vgl. MüKo/*Schütz*, § 24 GmbHG Rn. 69, 71; Scholz/*Emmerich*, § 24 GmbHG Rn. 2c.
497 Vgl. Baumbach/Hueck/*Fastrich*, § 24 GmbHG Rn. 7; Scholz/*Emmerich*, § 24 GmbHG Rn. 2d.

von der Rechtsprechung aufgenommen.[498] *Emmerich* führt hierzu aus, dass § 24 zusammen mit § 31 Absatz 3 dazu führe, dass der Beitritt zu einer GmbH letztlich auf eine Übernahme fremder Verbindlichkeiten, nämlich der der anderen Gesellschafter aufgrund des Gesellschaftsvertrages, hinausliefe.[499]

d) Zahlungsanspruch

Der Anspruch auf Zahlung steht der Gesellschaft gegenüber den haftenden Gesellschaftern zu. Er ist abtretbar und pfändbar.[500] Die Gesellschafter können das Vorliegen der Haftungsvoraussetzungen bestreiten und andere Einwendungen geltend machen. Hierunter fällt nicht die Zahlungsfähigkeit des Rechtsvorgängers des kaduzierten Gesellschafters, da dessen Haftung gemäß § 22 GmbHG erlischt.[501] Gleiches gilt für eine schlechte Verwertung und wegen § 19 GmbHG für eine Aufrechnung oder ein Zurückbehaltungsrecht. Obwohl es sich nicht um eine Gesamtschuld handelt, steht den Gesellschaftern gegen den kaduzierten Mitgesellschafter ein Ausgleichsanspruch zu. Dies gilt auch für den Fall, dass Gesellschafter mit ihrer Haftung ausgefallen sind und andere Gesellschafter anteilig diese Beträge übernommen haben. Allerdings wird in beiden Fällen eine Durchsetzung selten praktisch durchführbar sein, da der Ausfall des Gesellschafters gerade Voraussetzung für § 24 GmbHG ist. Der Anspruch soll sich in beiden dargestellten Fällen aus § 426 BGB ergeben.[502]

e) Kapitalerhöhungen

Die beschriebene Problematik einer im Einzelfall unüberschaubaren Haftung der Mitgesellschafter zeigt sich in einer komplexeren Form, wenn es zu einer Kapitalerhöhung und dem Eintritt weiterer Gesellschafter kommt. Hier stellt sich die Frage, ob die Neugesellschafter für Ausfälle unter den Altgesellschaftern und umgekehrt die Altgesellschafter für die Ausfälle der Neugesellschafter haften. Anders als die in der Literatur diskutierten Modelle, die sich um eine Abgrenzung der Haftung bemühen,[503] betrachtet die Rechtsprechung alle Gesellschafter

---

498 Vgl. Scholz/*Emmerich*, § 24 GmbHG Rn. 2d. Ebenso MüKo/*Schütz*, § 24 GmbHG Rn. 70, 71 mit Verweis auf BGH, Urt. v. 17.02.2003 – II ZR 281/00, NZG 2003, S. 393 f., [S. 394 li. Sp. oben].

499 Vgl. Scholz/*Emmerich*, § 24 GmbHG Rn. 2e.

500 Vgl. MüKo/*Schütz*, § 24 GmbHG Rn. 89.

501 Vgl. MüKo/*Schütz*, § 24 GmbHG Rn. 82.

502 Vgl. Scholz/*Emmerich*, § 24 GmbHG Rn. 24 für beide Fälle; vgl. MüKo/*Schütz*, § 24 GmbHG Rn. 90 für den Anspruch gegen den kaduzierten Gesellschafter.

503 Vgl. Scholz/*Emmerich*, § 24 GmbHG Rn. 16.

als eine Gruppe und lässt sie für alle Ausfälle haften, unabhängig davon, ob der Ausfall unter den neuen oder den alten Gesellschaftern eintritt.[504] Es sei dabei auch unbeachtlich, ob der jeweils in Haftung genommene Altgesellschafter der Kapitalerhöhung zugestimmt habe oder nicht.[505] Die Sperre des § 53 Absatz 3 GmbHG und das ihr zugrunde liegende Belastungsverbot seien hier nicht anwendbar.[506] Da es in Kombination mit der Differenzhaftung zu einer kaum überschaubaren Haftung kommen kann, soll den Gesellschaftern, die der Kapitalerhöhung nicht zugestimmt haben, ein Austrittsrecht zugebilligt werden, welches sie jedoch unverzüglich wahrnehmen müssen und dies auch nur, soweit sie unzumutbar belastet würden.[507]

f) Stellungnahme

Die Darstellung zu § 24 GmbHG hat gezeigt, dass auch ohne Annahme einer Außenhaftung gemäß § 128 HGB analog die Gesellschafter einer GmbH entgegen § 13 Absatz 2 GmbHG mit zusätzlichen Belastungen in Form einer Ausfallhaftung konfrontiert werden können. Diese Haftung bezieht sich auf Einlagen anderer Gesellschafter, welche nicht in voller Höhe beigetrieben werden können. Diese vom Gesetz vorgesehene Ausnahme zu § 53 Absatz 3 GmbHG zeigt, dass eines der wesentlichsten Merkmale der GmbH in dem Ausschluss der persönlichen Haftung der Gesellschafter für Gesellschaftsschulden, nicht jedoch in der gänzlichen Freistellung von Belastungen jeder Art besteht. § 24 GmbHG nimmt im Rahmen des Gläubigerschutzes eine wichtige Stellung ein. Dies beruht einerseits auf der Kapitalaufbringung und -erhaltung und andererseits auf der repressiven Haftung im Vorfeld einer Insolvenz.[508] Um in den Genuss des Schutzes gemäß § 13 Absatz 2 GmbHG zu kommen, bedarf es der Erfüllung

---

504 Vgl. Michalski/Heidinger/Leible/J. Schmidt/*Ebbing*, § 24 GmbHG Rn. 51; Scholz/*Emmerich*, § 24 GmbHG Rn. 16, 17 m.w.Nw.; LG Mönchengladbach, Urt. v. 23.10.1985 – 7 O 45/85, NJW-RR 1986, S. 837 f. [S. 838]. Früher auch schon: RG, Urt. v. 01.04.1913 – II 580/12 (RGZ 82, S. 116, 118); RG, Urt. v. 11.07.1918 – II 52/18 (RGZ 93, S. 251, 253).

505 Vgl. Scholz/*Emmerich*, § 24 GmbHG Rn. 16 m.w.Nw.; RG, Urt. v. 11. 07.1918 – II 52/18 (RGZ 93, S. 251, 253).

506 Vgl. Scholz/*Emmerich*, § 24 GmbHG Rn. 16 m.w.Nw.; RG, Urt. v. 11. 07.1918 – II 52/18 (RGZ 93, S. 251, 253).

507 Vgl. MüKo/*Habarth*, § 53 GmbHG Rn. 134; Scholz/*Emmerich*, § 24 GmbHG Rn. 17 mit Verweis auf LG Mönchengladbach, Urt. v. 23.10.1985 – 7 O 45/85, NJW-RR 1986, S. 837 [838].

508 Vgl. Baumbach/Hueck/*Fastrich*, Einl. GmbHG Rn. 7 ff.

der Voraussetzungen von Kapitalaufbringung und -erhaltung, die unter anderem durch §§ 24, 30 und 31 GmbHG gewährleistet werden sollen. Der Schutzschild der Haftungsbeschränkung des § 13 Absatz 2 GmbHG soll nur dann eingreifen, wenn das Stammkapital erbracht wurde. Wie gezeigt wurde, kann § 24 GmbHG im Einzelfall sogar zu einer über der Stammkapitalziffer liegenden Haftung führen. Dies vermag nicht zu überraschen und widerspricht auch nicht dem Grundsatz der Haftungsbeschränkung. Lediglich dann, wenn das Stammkapital voll erbracht wurde, soll die Haftung beschränkt sein. Kommt es aber zu Störungen bei der Kapitalaufbringung, muss im Interesse des Gläubigerschutzes ein Rückgriff auf die Gesellschafter möglich sein. Dies gilt insbesondere auch für Negativbeträge, die durch Leistung einer überbewerteten Sacheinlage, etwa eines belasteten Grundstücks, entstehen und welche die Haftung im Einzelfall auf einen über der Stammkapitalziffer liegenden Betrag erhöhen können. Es ist die Obliegenheit der Gesellschafter, ihre Mitgesellschafter, deren Solvenz und die Bewertung von Sacheinlagen zu kontrollieren, also die wirksame Leistung der Einlagen zu überprüfen und zu sichern. Tun sie dies nicht und fallen Mitgesellschafter aus, müssen die Gesellschafter pro rata, im extremsten Fall sogar ein Gesellschafter allein für die Fehlbeträge haften.

Es handelt sich bei der Haftung der Gesellschafter um eine Ausnahme zum Belastungsverbot gemäß § 53 Absatz 3 GmbHG, welches für derlei *mittelbare Leistungsvermehrungen* gerade nicht gelten soll.[509] Die Bezeichnung als „mittelbare Leistungsvermehrung" ist jedoch reine Sprachkosmetik. Der BGH unterscheidet zum Personengesellschaftsrecht nicht zwischen mittelbarer und unmittelbarer Leistungsvermehrung, wenn er in seiner Entscheidung „Sanieren oder Ausscheiden" feststellt, dass die ausscheidenden Gesellschafter nicht etwa mit höheren Beiträgen im Sinne von mittelbaren Nachschüssen belastet[510] würden. Dass es sich hier um eine „mittelbare Belastung" handele, für welche § 53 Absatz 3 GmbHG schon nicht gelte, macht letzten Endes keinen Unterschied. Beitrag im Sinne des § 53 Absatz 3 GmbHG kann jedes Zweck fördernde Tun oder Unterlassen sein, etwa die Kreditgewährung oder die persönliche Haftung.[511] Folglich würde auch die Stellung einer persönlichen Bürgschaft, die bei der

509 Vgl. Rowedder/Schmidt-Leithoff/*Schnorbus*, § 53 GmbHG Rn. 70; Michalski/Heidinger/Leible/J. Schmidt/*Hoffmann*, § 53 GmbHG Rn. 87; Scholz/*Priester*, § 53 GmbHG Rn. 53; Ulmer/*Peter Ulmer/Matthias Casper*, § 53 GmbHG Rn. 86; MüKo/*Harbarth*, § 53 GmbHG Rn. 134.

510 Vgl. BGH, Urt. v. 19.10.2009 – II ZR 240/08 („Sanieren oder Ausscheiden") [Rz. 32], NZG 2009, S. 1347 ff. [S. 1350 li. Sp. Mitte].

511 Vgl. *K. Schmidt*, Gesellschaftsrecht, § 20 II S. 568.

Außenfinanzierung der GmbH eine wesentliche Rolle spielt, hierher gehören. So hatte bereits das OLG Brandenburg festgestellt, dass die Pflicht zur Stellung einer Bürgschaft einer Pflicht zur Leistung von Eigenkapital „im weitesten Sinne" oder „*rechtlich* gleich" stünde.[512] Die Stellung einer solchen Bürgschaft könnte wegen § 53 Absatz 3 GmbHG gerade nicht erzwungen werden, wäre aber, da der Bürgschaftsfall analog der Haftung gemäß § 24 GmbHG nicht zwingend eintreten muss, lediglich als „mittelbare Belastung" zu klassifizieren. Wie bereits bei den Personengesellschaften ausgeführt, ist zwischen Schuld und Haftung und zwischen Beitrag gemäß § 707 BGB und Haftung zu differenzieren. Es wurde bereits gezeigt, dass in einigen Fallgruppen, etwa bei Wegfall möglicher Einwendungen und Einreden im Außenverhältnis, die Beitragsschuld im Innenverhältnis der Gesellschaft gegenüber einer Haftung im Außenverhältnis entsprechen kann, mithin wirtschaftlich dieselbe *Belastung* vorliegt. Es wurde vorliegend gezeigt, dass die Haftung für nicht eingezahlte Einlagen der Mitgesellschafter unter Umständen unüberschaubare Ausmaße erreichen kann, da die Haftung nicht auf den Betrag des Stammkapitals begrenzt ist. Erschwerend kommt hinzu, dass im Fall einer Kapitalerhöhung alle Altgesellschafter auch auf die Ausfälle der Neugesellschafter haften und ein Austritt jener Gesellschafter, welche nicht zugestimmt haben, nur bei Unzumutbarkeit der Haftung möglich ist. Es käme somit ebenfalls zu einer Mehrbelastung durch Mehrheitskapitalerhöhungsbeschluss, da § 53 Absatz 3 GmbHG hier nicht gilt. Es bleibt festzuhalten, dass die Gesellschafter einer GmbH keineswegs durch Leistung ihrer Einlage von jeglicher Haftung freigestellt sind. Sie trifft vielmehr das Risiko, für die Einlagen anderer in vollem Umfang eintreten zu müssen, und dies sogar bei Kapitalerhöhungen, denen sie widersprochen haben. In diesen Fällen entsteht die Haftung also durch einen Mehrheitsbeschluss, dessen Folgen sich der Gesellschafter nur höchst ausnahmsweise durch Austritt entziehen kann. Diese Belastung als Ausnahme zu § 53 Absatz 3 GmbHG entspringt einer eindeutigen Regelung des Gesetzes.

g) Zwischenfazit

Die gesetzlich bestimmte Ausfallhaftung der GmbH-Gesellschafter birgt kaum kalkulierbare Risiken mit zusätzlichen Belastungen für die Gesellschafter. Diese sind für jeden Gesellschafter lediglich bei Gründung überschaubar. Wird gegen den Willen eines Gesellschafters eine Kapitalerhöhung beschlossen, können die Risiken erneut ansteigen. Die dadurch bedingten Belastungen der einzelnen Gesellschafter sind nicht weniger einschneidend und wirtschaftlich bedeutsam als

512 Vgl. OLG Brandenburg, Urt. v. 01.06.2004 – 6 U 160/03 [Rz. 29].

eine einmalige Verpflichtung zu einem Sanierungsnachschuss. Bereits an dieser Stelle kann festgehalten werden, dass das GmbHG Belastungen für die Gesellschafter einer GmbH vorsieht, welche den Belastungen durch eine Nachschusspflicht dem Grunde wie der Höhe nach vergleichbar sind.

5. *Verzicht auf Gewinn*

Eine weitere Belastung, die einer Nachschusspflicht der Höhe nach gleichkommen kann, liegt in der Nichtauszahlung von Gewinn. Gemäß § 42a Absatz 2 Satz 1 GmbHG müssen die Gesellschafter den Jahresabschluss beschließen, wofür gemäß § 47 Absatz 1 GmbHG in Ermangelung einer abweichenden Regelung die einfache Mehrheit ausreicht.[513] Gleiches gilt für einen danach gefassten Gewinnverwendungsbeschluss.[514] Anstelle des entfallenen Vollausschüttungsgebotes gemäß § 29 GmbHG a.F. sieht das Gesetz nunmehr eine unbegrenzte Thesaurierungsmöglichkeit durch Mehrheitsbeschluss vor.[515] Der Minderheitsgesellschafter hat dann keine Möglichkeit mehr, die Auszahlung eines möglichen Gewinnanteils zu erzwingen.[516] Ob eine Begrenzung einer übermäßigen Thesaurierungspolitik einer Gesellschaftermehrheit möglich ist, wird im Schrifttum diskutiert, jedoch hat sich noch keine überzeugende Lösung herausgebildet. Man wird an dieser Stelle wieder auf die äußere Schranke der gesellschafterlichen Treuepflicht zurückgreifen müssen.[517] Es kann im Fall einer Einstimmigkeitsklausel für Gewinnverwendungsbeschlüsse auch das Gegenteil eintreten. Die gesellschafterliche Treuepflicht kann die Minderheit dazu zwingen, einer im Überlebensinteresse der Gesellschaft gebotenen Rücklagenbildung unter Zurückstellung ihrer Ansprüche am Gewinn zuzustimmen.[518] In beiden Fällen kommt es zu einer Nichtausschüttung des Gewinns. Zwar verbleibt dieser in der Gesellschaft, sodass es zu einer Werterhöhung der Anteile kommt, jedoch stellt die Nichtauszahlung für den einzelnen Gesellschafter eine erhebliche Belastung dar, da seine Investition, nämlich seine Einlage, nicht verzinst wird. Dies ist

513 Vgl. MüKo/*Fleischer*, § 42a GmbHG Rn. 25.

514 Vgl. MüKo/*Ekkenga*, § 29 GmbHG Rn. 141.

515 Vgl. MüKo/*Ekkenga*, § 29 GmbHG Rn. 10.

516 Vgl. MüKo/*Ekkenga*, § 29 GmbHG Rn. 51, 52 mit Verweis auf OLG Düsseldorf, Urt. v. 29.06.2001 – 17 U 200/00, NZG 2001, S. 1085 f., [Leitsatz].

517 Vgl. Scholz/*Verse*, § 29 GmbHG Rn. 53 m.w.Nw.

518 Vgl. Baumbach/Hueck/*Fastrich*, § 13 GmbHG Rn. 27 m.w.Nw.; Scholz/*Verse*, § 29 GmbHG Rn. 61, Scholz/*Emmerich*, § 13 GmbHG Rn. 43 mit Verweis auf OLG Karlsruhe, Urt. v. 28.02.2003 – 4 U 08/02, NZG 2003, S. 429 f. [S. 430 re. Sp.], dort für die OHG.

insbesondere dann besonders belastend, wenn sein Anteil wegen Vinkulierung oder schlechter wirtschaftlicher Aussichten nicht veräußerbar ist. Dass durch Verzicht auf Ausschüttung eine sich ebenso stark auswirkende Belastung wie durch eine Leistung des Gesellschafters ergeben kann, wurde bereits für die Personengesellschaften dargestellt. Diese Ausführungen können auch für die GmbH Geltung beanspruchen, und zwar nicht nur wegen der vergleichbaren Interessenlage. Vielmehr wurde für die Personengesellschaften darauf hingewiesen, dass auch ein erzwungenes Stehenlassen von Gewinnen eine gegen das Belastungsverbot verstoßende Beitragsleistung bedeutet. Dies wurde mit dem Hinweis auf das Recht der GmbH näher erläutert. Auf das „Ausschüttungs-Rückhol-Verfahren", bei welchem die Gesellschafter vor dem Jahre 2001 aus steuerlichen Gründen ausgeschüttete Gewinne sofort wieder in die GmbH einlegten, werden die Regeln über die verdeckte Forderungseinbringung und die verdeckte Sacheinlage angewandt, da es sich „nicht um eine Zuführung neuer Liquidität durch Barmittel, sondern um eine Umwidmung der Ausschüttungsforderungen der Gesellschafter in Eigenkapital" handelt.[519] Es kommt also nicht auf die Zahlungsvorgänge an, sondern auf die wirtschaftlichen Folgen. Dies wird auch dadurch deutlich, dass die Rechtsprechung in solchen Fällen bei der GmbH die Regeln über die verdeckte Sacheinlage dann nicht anwendet, wenn gleichzeitig die Regeln über die Kapitalerhöhung aus Gesellschaftsmitteln gemäß §§ 57c ff. GmbHG erfüllt sind.[520] Es lässt sich somit festhalten, dass es bei der Beurteilung einer Belastung nicht auf Zahlungsvorgänge, sondern auf die wirtschaftlichen Auswirkungen ankommt.

6. *Nachschuss bei Liquidation*

Das für die Personengesellschaften ins Feld geführte Argument der Liquidationshaftung kann für die GmbH nicht fruchtbar gemacht werden. Eine Haftung im Rahmen der Liquidation ist zwar denkbar, jedoch nur dann, wenn dies im Gesellschaftsvertrag vorgesehen wurde. Kraft Gesetzes existiert eine solche nicht.[521] Selbst in dem Fall, dass eine solche Nachschusspflicht für die Liquidation in der Satzung angeordnet wurde, soll sie nicht für den Fall des Insolvenzverfahrens gelten, da die Gesamtvollstreckung kein Fall einer Liquidation sei.[522]

---

519 Vgl. MüKo/*Schwandtner*, § 19 GmbHG Rn. 201 ff. [Rn. 206].

520 Vgl. MüKo/*Schwandtner*, § 19 GmbHG Rn. 201 ff. [Rn. 208].

521 Vgl. Baumbach/Hueck/*Haas*, § 72 GmbHG Rn. 2.

522 Vgl. OLG Schleswig-Holstein, Urt. v. 23.09.1993 – 5 U 176/92, GmbHR 1994, S. 250 f. [S. 250 re. Sp. Mitte und S. 251 li. Sp. oben].

7. Ergebnis

Die Darstellung hat gezeigt, dass der BGH seine Rechtsprechung zur Außenhaftung der Gesellschafter der GmbH – von wenigen, seltenen Ausnahmebereichen abgesehen – mittlerweile zugunsten eines Innenhaftungskonzeptes aufgegeben hat. Die frühere Außenhaftung wegen eines existenzvernichtenden Eingriffs wird nunmehr als eine Innenhaftung gegenüber der Gesellschaft auf der Grundlage von § 826 BGB ausgestaltet. Damit kommt es in beinahe allen bisher diskutierten Fallgruppen zu einer verschuldensabhängigen Haftung der GmbH-Gesellschafter. Eine verschuldensunabhängige Haftung analog § 128 HGB, wie sie bei den Personengesellschaften als wichtiges Indiz für eine Nachschusspflicht kraft Treuepflicht und als Vergleichsmaßstab der zumutbaren Mehrbelastung herausgearbeitet wurde, existiert im Recht der GmbH nach der neueren Rechtsprechung nicht. Entweder setzt die Haftung vorsätzliche Gestaltungen – „Aschenputtel-Konstellationen" – oder aber die Einflussnahme als Mehrheitsgesellschafter – „Vermögensvermischung" – voraus. Für die vorliegende Untersuchung sollen diese Fallgruppen jedoch außer Betracht bleiben, da die Wirkung der Treuepflicht unabhängig von persönlichem Verschulden näher beleuchtet werden soll.

Die Treuepflicht vermag auch bei haftungsbeschränkten Gesellschaftern belastende Pflichten zu begründen, denen das Belastungsverbot gemäß § 53 Absatz 3 GmbHG nicht entgegensteht. Es besteht kraft Gesetz eine Ausfallhaftung, die in Einzelfällen zu einer Belastung eines einzigen Gesellschafters mit der Einlage aller Gesellschafter und darüber hinaus führen kann. Die Treuepflicht kann die Gesellschafter auch zu einem Verzicht auf Gewinnausschüttung zwingen. In Bezug auf Belastungen durch Verzicht auf Gewinn hat der BGH dies für Kommanditisten einer Kommanditgesellschaft bereits deutlich gemacht.[523] Deren Stellung in ihrer Gesellschaft ist mit der eines GmbH-Gesellschafters vergleichbar, da ihre Haftung ebenfalls auf ihre Einlage beschränkt ist. Es wurde bestätigt, dass selbst unter Annahme des Vollausschüttungsgebotes des § 122 HGB die wechselseitig wirkende Treuepflicht einen Kommanditisten dazu zwingen kann, der Thesaurierung zuzustimmen, um die Gesellschaft lebens- und widerstandsfähig zu halten.[524]

Gesellschafter einer GmbH können bei Mehrheitsbeschluss einer Vollthesaurierung ebenfalls durch eine unterlassene Gewinnausschüttung belastet werden.

---

523 Vgl. BGH, Urt. v. 29.03.1996 – II ZR 263/94, NJW 1996, S. 1678 ff.

524 Vgl. BGH, Urt. v. 29.03.1996 – II ZR 263/94, ZIP 1996, S. 750 ff. [S. 754 li. Sp. unten, S. 755 li. Sp. unten].

Die Darstellung hat gezeigt, dass ungeachtet der kraft Gesetz bestehenden Unterschiede zwischen Personengesellschaften und der GmbH auch die Gesellschafter einer GmbH erheblichen Leistungspflichten (kraft Treuepflicht) unterworfen sein können.

III. Inhalt der Treuepflicht bei der GmbH

Die Existenz der Treuepflicht zwischen Gesellschaftern jedweder Gesellschaftsform und damit auch zwischen Gesellschaftern einer GmbH kann heute kaum mehr angezweifelt werden,[525] auch wenn die Existenz oder zumindest die Relevanz der Treuepflicht für das Gesellschafterverhältnis weiterhin vereinzelt bestritten wird.[526] Früher war bereits umstritten, ob die Treuepflicht bei der GmbH eine Haupt- oder eine Nebenpflicht darstellt.[527] Nach heutiger allgemeiner Meinung handelt es sich um eine von § 242 BGB gelöste mitgliedschaftliche Hauptpflicht der Gesellschafter.[528] Auch im Recht der GmbH ist die Treuepflicht als Grundlage für Handlungs- und damit auch Leistungspflichten anerkannt. Sie kann somit grundsätzlich als Grundlage für eine Nachschusspflicht herangezogen werden.

1. Entwicklung der Rechtsprechung zur Treuepflicht bei der GmbH

Die Anerkennung der Treuepflichten sowohl zwischen den Gesellschaftern und der Gesellschaft als auch zwischen den Gesellschaftern wurde vom BGH bereits früh anerkannt,[529] jedoch wurden die Rechtsfolgen nicht weiter spezifiziert. Die

---

525 Vgl. nur *Häsemeyer*, ZHR 160 (1996), S. 109 [S. 113]. Raiser weist mit Bezug auf das ITT-Urteil (BGH, Urt. v. 05.06.1975, II ZR 23/74, BGHZ 65, 15) darauf hin, dass die Konzeption der „personalistischen GmbH“ und ihre Nähe zur Personengesellschaft schon länger als Grundlage für die Bejahung von Treuepflichten bei dieser Gesellschaft herangezogen worden sei, andererseits der BGH Treuepflichten noch nie mit dem Hinweis auf die „kapitalistische Struktur der Gesellschaft“ verneint habe, vgl. *Raiser*, ZHR 151 (1987), S. 422 [S. 432–432].

526 Vgl. etwa nur *Seidel*, Die mangelnde Bedeutung, S. 208, der einen „eigenen Beitrag der Treuepflichten zur Gewährleistung eines richtigen Ergebnisses im Willensbildungsprozeß der GmbH“ leugnet.

527 Noch für eine Nebenpflicht vgl. *Dreher*, DStR 1993, S. 1632 [S. 1633 li. Sp. unten].

528 Vgl. nur Lutter/Hommelhoff/*Bayer*, § 14 GmbHG Rn. 29 m.w.Nw.

529 Vgl. Anmerkung von *Ulmer* zu BGH, Urt. v. 05.06.1975 – II ZR 23/74 („ITT“), NJW 1976, S. 192 f. [S. 193 li. Sp. oben] mit Verweis auf BGH, Urt. v. 01.04.1953 – II ZR 235/52, NJW 1953, S. 780 [S. 781 li. Sp. unten] und BGH, Urt. v. 09.06.1954 – II ZR 70/53, NJW 1954, S. 1401 ff.

Diskussion wurde erneut in dem ITT-Urteil[530] des BGH aus dem Jahr 1975 aufgenommen, an dessen Feststellungen dann die danach folgende Rechtsprechung anknüpfte.

a) BGH, Urt. v. 05.06.1975 – II ZR 23/74 („ITT")

1) Die Entscheidung

In der Entscheidung vom 05.06.1975[531] lässt der BGH zwar zunächst ausdrücklich offen, ob und inwieweit die gesetzliche Ausgestaltung der GmbH als juristische Person Raum für die Annahme ließe, dass Rechte und Pflichten ihrer Gesellschafter nicht nur ihr zugeordnet seien, sondern auch zwischen den Gesellschaftern bestehen.[532] Allerdings bezieht er Stellung zur Wirkung der Treuepflicht. Diese könne die Beziehungen der Gesellschafter *untereinander* bestimmen. Der BGH rechtfertigt diese Wirkung mit der Nähe der Organisationsstruktur der GmbH zu den Personengesellschaften.[533] Spiegelbildlich zu dem Einfluss, den der einzelne Gesellschafter durch Beschlüsse auf die Geschäftsführung und damit mittelbar auf die anderen Gesellschafter und ihre Anteile habe, bestehe die Pflicht, auf eben deren Interessen Rücksicht zu nehmen.

2) Stellungnahme

Der BGH führt in dieser Entscheidung seine Feststellungen aus den Urteilen vom 01.04.1953 und 09.06.1954 fort.[534] Seit dem „ITT"-Urteil kann an der Anerkennung der Treuepflicht zwischen den Gesellschaftern der GmbH durch die Rechtsprechung nicht mehr gezweifelt werden. Der Anmerkung von *Ulmer*, es liege mit diesem Urteil ein „bedeutsamer Markstein in der neueren gesellschaftsrechtlichen Judikatur"[535] vor, kann daher – auch aus heutiger Sicht – uneingeschränkt zugestimmt werden.

---

530 Vgl. BGH, Urt. v. 05.06.1975 – II ZR 23/74 („ITT"), NJW 1976, S. 191 ff.

531 Vgl. BGH, Urt. v. 05.06.1975 – II ZR 23/74 („ITT"), NJW 1976, S. 191 ff. mit Anmerkungen *Ulmer*.

532 Vgl. BGH, Urt. v. 05.06.1975 – II ZR 23/74 („ITT") [Rz. 11], NJW 1976, S. 191 ff. [S. 191 re. Sp. Mitte].

533 Vgl. BGH, Urt. v. 05.06.1975 – II ZR 23/74 („ITT") [Rz. 11], NJW 1976, S. 191 ff. [S. 191 re. Sp. Mitte].

534 Vgl. BGH, Urt. v. 01.04.1953 – II ZR 235/52, NJW 1953, S. 780 ff. und BGH, Urt. v. 09.06.1954 – II ZR 70/53, NJW 1954, S. 1401 f.

535 Vgl. *Ulmer*, Anmerkung zum Urt. v. 05.06.1975 – II ZR 23/74 („ITT"), NJW 1976, S. 192 f. [S. 192 re. Sp. Mitte].

b) BGH, Urt. v. 25.09.1986 – II ZR 262/85

1) Die Entscheidung

In seiner Entscheidung vom 25.09.1986[536] übertrug der BGH die Zustimmungspflichten zu Kapitalmaßnahmen kraft Treuepflicht, welche bereits im Personengesellschaftsrecht bejaht worden waren, auf die GmbH. In der Entscheidung ging es um eine Kapitalerhöhung, welche durch die Gesetzesnovelle des Jahres 1980 nötig geworden war. Das gesetzliche Mindestkapital wurde durch die Novelle von 20.000 DM auf 50.000 DM erhöht. In den Entscheidungsgründen geht der BGH zunächst auf seine Rechtsprechung[537] zu den Personengesellschaften ein und stellt auch für das Recht der GmbH fest, dass aus der gesellschafterlichen Treuepflicht eine Zustimmungspflicht zu Änderungen des Gesellschaftsvertrages abgeleitet werden könne, soweit die Änderung nach den Umständen zur Erhaltung bereits Geschaffenem geboten und dem Gesellschafter unter Berücksichtigung seiner schutzwerten Belange zumutbar sei.[538] Der BGH dehnt die dargestellte Rechtsprechung ausdrücklich auf die personalistisch ausgestaltete GmbH aus, da diese eine deutliche Nähe zu den Personengesellschaften aufweise und eine Vergleichbarkeit gegeben sei.[539]

2) Stellungnahme

Spätestens seit dem Urteil vom 25.09.1986 sind die aus dem Personengesellschaftsrecht bereits anerkannten Prinzipien zur Zustimmungspflicht kraft Treuepflicht auch im Recht der GmbH anerkannt. Auch wenn in der Entscheidung zunächst eine Begrenzung auf die „personalistisch gestaltete" GmbH erfolgt, bedeutet dies einen entscheidenden Schritt zur Anerkennung weitreichender Treubindungen zwischen Gesellschaftern einer GmbH. Die Kapitalerhöhung stellt eine wesentliche Grundlagenentscheidung der Gesellschafter dar. Das Gericht stellt bei seiner Entscheidung nicht darauf ab, dass durch die GmbH-Novelle von 1980 eine Sonderkonstellation vorliege. Vielmehr bleiben die Aussagen allgemein gehalten und sind nicht auf Kapitalerhöhungen aufgrund einer Gesetzesänderung beschränkt. Auch diese Entscheidung ist zu begrüßen, bedeutet sie doch einen weiteren Schritt der Konkretisierung des Treuepflichtkonzepts

---

536 Vgl. BGH, Urt. v. 25.09.1986 – II ZR 262/85, NJW 1987, S. 189.

537 Vgl. BGH, Urt. v. 10.06.1965 – II ZR 6/63, NJW 1965, S. 1960 (BGHZ, 44, 40); BGH, Urt. v. 28.04.1975 – II ZR 16/73, NJW 1975, S. 1410 ff. (BGHZ 64, 253); jeweils: Zustimmungspflicht kraft Treuepflicht nur in besonderen Ausnahmefällen.

538 Vgl. BGH, Urt. v. 25.09.1986 – II ZR 262/85, NJW 1987, 189 [S. 190 re. Sp. oben].

539 Vgl. BGH, Urt. v. 25.09.1986 – II ZR 262/85, NJW 1987, 189 [S. 190 re. Sp. unten].

auch im Recht der GmbH. Bereits zum Zeitpunkt dieses Urteils deutete sich eine allgemeine Annäherung der Beurteilung gesellschaftsrechtlicher Fragestellungen im Personengesellschaftsrecht und im Recht der (personalistisch geprägten) GmbH an.

c) BGH, Urt. v. 01.02.1988 – II ZR 75/87 („Linotype")

1) Die Entscheidung

In Weiterentwicklung der Grundsätze aus der Entscheidung vom 25.09.1986[540] stellte der BGH in der „Linotype-Entscheidung" vom 01.02.1988 klar, dass die gesellschafterliche Treuepflicht nicht nur zwischen Gesellschaftern einer Personengesellschaft oder einer personalistisch organisierten GmbH, sondern auch zwischen Gesellschaftern einer Aktiengesellschaft bestehen könne und dass die Treuepflicht Rücksichtnahme auf die Interessen der Mitgesellschafter verlange.[541] Der BGH erkennt damit an, dass die mit einer Personengesellschaft vergleichbare Struktur lediglich *ein* Grund für die Übertragung der Treuepflicht auf Gesellschafter der AG und der GmbH darstelle. Hinzu komme der Einfluss der Gesellschafter, mittelbar über die Gesellschaft auf die Interessen der Mitgesellschafter Einfluss auszuüben und diese zu beeinträchtigen, sodass die Treuepflicht als Korrektiv und Gegengewicht angewendet werden müsse.[542] Seine bisherige Rechtsprechung, die eine Treuepflicht der Aktionäre untereinander noch abgelehnt hatte,[543] erklärt der Senat mit einer Überbewertung der körperschaftlichen Struktur der Aktiengesellschaft.[544] Nicht die Rechtsform der Gesellschaft, sondern die tatsächliche innere Struktur sei für die Anwendbarkeit und Wirkung der Treuepflicht entscheidend, sodass die gesellschafterliche Treuepflicht – und zwar über die allgemeinen Rechtsgrundsätze der §§ 226, 242 und 826 BGB hinaus – auch bei korporativen Gesellschaften Anwendung finde.[545]

---

540 Vgl. BGH, Urt. v. 25.09.1986 – II ZR 262/85, NJW 1987, S. 189 ff.

541 Vgl. BGH, Urt. v. 01.02.1988 – II ZR 75/87 [Rz. 18], NJW 1988, S. 1579 ff. [S. 1581 re. Sp. unten und S. 1582 li. Sp. oben].

542 Vgl. BGH, Urt. v. 01.02.1988 – II ZR 75/87 („Linotype") [Rz. 18], NJW 1988, S. 1579 ff. [S. 1581 re. Sp. unten und S. 1582 li. Sp. oben].

543 Vgl. etwa BGH, Urt. v. 27.10.1955 – II ZR 310/53, NJW 1955, S. 1919 ff. (BGHZ 18, 350, 365).

544 Vgl. BGH, Urt. v. 01.02.1988 – II ZR 75/87 („Linotype") [Rz. 18], NJW 1988, S. 1579 ff. [S. 1581 re. Sp. unten und S. 1582 li. Sp. oben].

545 Vgl. BGH, Urt. v. 01.02.1988 – II ZR 75/87 („Linotype") [Rz. 18], NJW 1988, S. 1579 ff. [S. 1581 re. Sp. unten und S. 1582 li. Sp. oben].

2) Stellungnahme

Seit der „Linotype"-Entscheidung ist die Treuepflicht selbst bei der Aktiengesellschaft als anerkannt zu betrachten. Unter der Bedingung, dass die innere Struktur der Gesellschaft eine solche Bewertung zulässt, können die für die Personengesellschaften entwickelten Grundsätze auch auf die Kapitalgesellschaften übertragen werden. Soweit diese Grundsätze nunmehr auch bei der AG Geltung beanspruchen, deren Ursprungsform der Verein ist, wird die Durchdringung des Rechts der GmbH von der Treuepflicht nicht mehr ernsthaft infrage gestellt werden können. Treuepflichten zwischen Gesellschaftern von Kapitalgesellschaften sind somit seit der „Linotype-Entscheidung" durch die Rechtsprechung anerkannt. Es erfolgt ein klarer Bruch mit der vorangegangenen Rechtsprechung, wie ein Vergleich mit der Entscheidung „Kali und Salz" deutlich zeigt, in welcher die Treuepflicht zwischen den Gesellschaftern einer Kapitalgesellschaft noch verneint wurde.[546]

d) BGH, Urt. v. 20.03.1995 – II ZR 205/94 („Girmes")

1) Die Entscheidung

In der sogenannten „Girmes-Entscheidung"[547] vom 20.03.1995 nahm der BGH erneut zur Treuepflicht zwischen Gesellschaftern einer Körperschaft Stellung. Zunächst stellt das Gericht fest, dass die Treuepflicht bei der AG nicht nur dazu diene, die Minderheit vor der Mehrheit zu schützen, indem der Mehrheit kraft Treuepflicht ein bestimmtes Abstimmungsverhalten und Rücksichtnahme auf die Interessen der Minderheit abverlangt werden könne. Vielmehr solle auch die Minderheit kraft Treuepflicht angehalten sein, ihre Mitgliedsrechte „unter angemessener Berücksichtigung der gesellschaftsbezogenen Interessen der anderen Aktionäre auszuüben".[548] Dabei wird für die Fälle der sogenannten Sperrminoritäten, bei denen eine wirksame Geltendmachung der Minderheitenrechte nicht durch einen Einzelnen, sondern erst durch eine gemeinsame Fraktion von Minderheitsaktionären möglich ist, in jedem Fall eine Bindung aller Abstimmenden angenommen, und dies unabhängig davon, ob ihr Abstimmungsverhalten als

546 Vgl. *Timm*, Anmerkung zur Entscheidung, in: NJW 1988, S. 1582 [S. 1583 li. Sp. oben] mit Bezug auf BGH, Urt. v. 13.03.1978 – II ZR 142/76, NJW 1978, S. 1316 ff., (BGHZ 71, 40) („Kali + Salz").

547 Vgl. BGH, Urt. v. 20.03.1995 – II ZR 205/94 („Girmes"), ZIP 1995, S. 819 ff.

548 Vgl. BGH, Urt. v. 20.03.1995 – II ZR 205/94 („Girmes") [Leitsatz und Rz. 17, 19], ZIP 1995, S. 819 ff. [S. 821 li. Sp.].

„Sperrgruppe" nach Absprache oder rein zufällig erfolgt.[549] Darüber hinaus kam in dem vorliegenden Fall ein weiterer, entscheidender Aspekt hinzu. Die AG war in wirtschaftliche Schwierigkeiten geraten, sodass von der Mehrheit der Gesellschafter eine Sanierung nebst Kapitalherabsetzung angestrebt wurde. In Bezug auf die Literatur stellt der BGH für diesen Fall fest, dass hieraus zutreffend die Schlussfolgerung gezogen werde, dass die Treuepflicht dem einzelnen Gesellschafter verbiete, eine sinnvolle und mehrheitlich angestrebte Sanierung aus eigennützigen Gründen zu verhindern.[550] Wie nahe die Entscheidung an den bereits gefundenen Ergebnissen zu den Personengesellschaften liegt, legt das Gericht in den Entscheidungsgründen selbst dar. Der BGH sieht eine Parallele zur Herleitung der Pflicht zur Anpassung des Gesellschaftsvertrages kraft Treuepflicht im Personengesellschaftsrecht. Diese Anpassungspflicht und ihre Voraussetzungen stünden mit dem vorgenannten Ergebnis in Übereinstimmung.[551] Eine Pflicht zur Zustimmung bestehe in einem solchen Fall aber nur dann, wenn die angestrebte Sanierung sinnvoll sei. Die Sanierung müsse erforderlich sein, um den Zusammenbruch der Gesellschaft zu vermeiden. Die Stellung des einzelnen Gesellschafters müsse im Fall des Zusammenbruchs ungünstiger sein als bei einem Austritt. Darüber hinaus müsse die Verfolgung des ursprünglichen Gesellschaftszwecks nach objektiver Einschätzung sichergestellt sein. Zuletzt dürfe es kein milderes – ebenso wirksames – Mittel im Rahmen der Sanierung zur Verfügung stehen.[552]

2) Stellungnahme

Dieser Entscheidung ist unter Berücksichtigung der bereits dargestellten Ergebnisse und insbesondere unter Betrachtung der Strukturen der unterschiedlichen Gesellschaftsformen zuzustimmen, denn sie stellt unzweideutig fest, dass nicht die formale Struktur der Gesellschaft, sondern die Ausgestaltung des Verhältnisses zwischen den Gesellschaftern für die Existenz und Wirkung der gesellschafterlichen Treuepflicht von Bedeutung ist. Ebenso überzeugt der bereits bei der Untersuchung des Personengesellschaftsrechts entwickelte Gedanke, dass

---

549 Vgl. BGH, Urt. v. 20.03.1995 – II ZR 205/94 („Girmes") [Rz. 20, 21], ZIP 1995, S. 819 ff. [S. 822 li. Sp. Mitte und re. Sp. oben].

550 Vgl. BGH, Urt. v. 20.03.1995 – II ZR 205/94 („Girmes") [Rz. 31], ZIP 1995, S. 819 ff. [S. 824 li. Sp. unten und re. Sp. oben].

551 Vgl. BGH, Urt. v. 20.03.1995 – II ZR 205/94 („Girmes") [Rz. 31], ZIP 1995, S. 819 ff. [S. 824 re. Sp. oben].

552 Vergleiche zu alledem BGH, Urt. v. 20.03.1995 – II ZR 105/94 („Girmes") [Rz. 33], ZIP 1995, S. 819 ff. [S. 824 re. Sp. unten].

nicht das Näheverhältnis zwischen den Gesellschaftern, sondern die Einwirkungsmöglichkeiten auf Interessen der Mitgesellschafter für die Ausgestaltung der Treuepflicht von Bedeutung ist.[553] Dies führt zu einer Objektivierung der Maßstäbe, da nunmehr anstelle des persönlichen Vertrauens zwischen Individuen ein abstrakterer Maßstab der Interessenabwägung tritt. Auf der Grundlage der „Linotype-Entscheidung“[554] wird die Synchronisierung der Treuepflicht im Recht der Personengesellschaft und im Recht der Kapitalgesellschaften fortgeführt. Der BGH stellt zusätzlich fest, dass die gesellschafterliche Treuepflicht keine Einbahnstraße sei und nicht lediglich die Mehrheit binde. Der Gesetzgeber hat gerade für das Aktienrecht die Gefahr einer unzulässigen Beherrschung der Minderheitsaktionäre in der korporativen Struktur und eine übermäßige Beeinträchtigung der Interessen der Minderheit erkannt und daher gesetzliche Minderheitenrechte bereitgestellt.[555] Eine Minderheit kann diese Rechte sowohl *ge*brauchen als auch *miss*brauchen. Um dem entgegenzuwirken, hat der Senat die jeweilige Minderheit der Pflicht unterworfen, kraft gesellschafterlicher Treuepflicht auf die Mehrheitsinteressen Rücksicht zu nehmen. Dies vermag schon deshalb zu überzeugen, da die Zugehörigkeit einzelner Gesellschafter zu „Mehrheit“ oder „Minderheit“ einzelfallabhängig dem Zufall unterworfen sein kann, eine Minderheit jedoch durch Sperrminoritäten im Einzelfall mehr Einfluss auf die Geschicke der Gesellschaft nehmen kann als eine handlungsunfähige Mehrheit. Für die hier konkret untersuchten Sonderfälle der Sanierung nimmt der BGH eindeutig Stellung. Bei Vorliegen der entwickelten Voraussetzungen – sinnvolle Sanierung, Orientierung am Gesellschaftszweck, keine Schlechterstellung durch Sanierung, relativ mildeste Maßnahme – soll eine Sanierung der Gesellschaft nicht abgelehnt werden können. Die Minderheit dürfe sich somit gegen eine solche Maßnahme nicht wehren. Auch hier ist eine deutliche Parallele zu den bereits herausgearbeiteten Ergebnissen im Personengesellschaftsrecht erkennbar.

---

553 So auch *Dreher*, DStR 1993, S. 1632 ff. [S. 1633 li. Sp. Mitte m.w.Nw.].

554 BGH, Urt. v. 01.02.1988 – II ZR 75/87 [Rz. 18], NJW 1988, S. 1579 ff.

555 Der BGH verweist darauf, dass in der regelmäßig vorliegenden Konstellation „häufig“ die Mehrheit kraft ihrer Stimmherrschaft die Minderheit in ihren Interessen beeinträchtigen könne, dass aber die Minderheit durch Wahrnehmung ihrer Rechte die übrigen Aktionäre in ihren Interessen beeinträchtigen könnten, vgl. BGH, Urt. v. 20.03.1995 – II ZR 205/94 („Girmes“) [Rz. 19], ZIP 1995, S. 819 ff. [S. 821 re. Sp. Mitte].

e) Zwischenfazit

Die Entwicklung der Rechtsprechung hat gezeigt, dass der BGH die zunächst nur für die Personengesellschaften anerkannte gesellschafterliche Treuepflicht auch für Gesellschafter von Kapitalgesellschaften und insbesondere auch für Aktionäre von Aktiengesellschaften anerkennt. Damit gilt die Treuepflicht dem Grunde nach im gesamten Gesellschaftsrecht. Darüber hinaus haben die dargestellten Fallgruppen und Urteile ebenso gezeigt, welche Intensität die Treuepflicht nach der Auffassung des BGH nunmehr auch bei der GmbH annehmen kann. Die Unterschiede zu den zurückliegenden Entscheidungen zu den Personengesellschaften sind eher marginal. Es soll betont werden, dass der BGH in seinen Urteilen zur Nachschusspflicht kraft Treuepflicht Fälle behandelte, in welchen die Gesellschafter Kommanditisten von (Publikums-)Kommanditgesellschaften waren. Soweit diese bereits ihre versprochene Einlage wirksam geleistet haben, sind sie – wie die Gesellschafter der GmbH – von einer weiteren Haftung frei. Vor diesem Hintergrund überrascht es nicht, wenn der BGH nunmehr den Treuepflichtgedanken ohne wesentliche Abstriche auch auf die Gesellschafter der GmbH überträgt. Das Belastungsverbot gemäß § 53 Absatz 3 GmbHG steht einer Nachschusspflicht kraft Treuepflicht in der hier untersuchten Fallgestaltung einer rettenden Sanierung nicht entgegen. Es wurde weiter gezeigt, dass die Rechtsprechung des BGH die Treuepflicht zwischen den Gesellschaftern von Personengesellschaftern und von Kapitalgesellschaftern unter gleichen Voraussetzungen anwendet. In der Folge soll untersucht werden, wie die Literatur die Treuepflicht zwischen Gesellschaftern von Kapitalgesellschaften beurteilt.

2. Der Meinungsstand in der Literatur

a) Die Literatur

Henze stellt zusammenfassend fest, dass die Treuepflicht seit dem „Girmes-Urteil" als rechtsformübergreifendes Verbandsprinzip anerkannt sei.[556] Der Senat habe bestätigt, dass die Treuepflicht nicht von der Rechtsform, sondern von der Realstruktur der Gesellschaft abhinge.[557] Als Kriterien für eine Anwendbarkeit einer *Stimmpflicht* kraft Treuepflicht werden in der Literatur unter anderem der Zweck der Gesellschaft, Umfang und Dauer der Beteiligung, die persönliche Verbundenheit der Gesellschafter untereinander, besonders geschaffenes Vertrauen, Erforderlichkeit und Verhältnismäßigkeit,[558] aber auch insbesondere die

556 Vgl. *Henze*, ZHR 162 (1998), S. 186 ff. [186].
557 Vgl. *Henze*, ZHR 162 (1998), S. 186 ff. [186].
558 Vgl. MüKo/*Merkt*, § 13 GmbHG Rn. 89 m.w.Nw.

Realstruktur der Gesellschaft genannt.[559] Da Zweck und Gegenstand der Gesellschaft der Disposition der Gesellschafter unterliegen, bestehe eine Gestaltungsmöglichkeit seitens der Gesellschafter bezüglich der hieraus ausfließenden Treuepflicht.[560] Im Einzelfall bedürfe es daher einer genauen Abwägung der betroffenen Interessen.[561] Ebenso anerkannt ist mittlerweile, dass die Intensität der Treuepflicht unter den Gesellschaftern zunimmt, je personalistischer die Gesellschaft ausgestaltet ist.[562] Dies könne dazu führen, dass in den bereits dargestellten Fallvarianten die Treuepflicht sogar die Wahrnehmung von sogenannten „eigennützigen Rechten“ wie etwa des Gewinnbezugsrechtes gemäß § 29 GmbHG dahin gehend einschränkt, dass die Abwägung der Interessen einen Verzicht auf Gewinnausschüttung gebiete,[563] soweit dies zumutbar ist und sich nicht als unverhältnismäßig darstelle.[564] Gleiches gilt für Sanierungsmaßnahmen. Erweist sich eine Sanierung der Gesellschaft zur Rettung des gemeinsamen Unternehmens als unerlässlich, so seien auch die Minderheitsgesellschafter zur Mitwirkung verpflichtet, wenn ihnen dies zumutbar sei.[565] Aus der Treuepflicht seien dabei auch positive Stimmpflichten ableitbar, soweit „der Beschluss im Interesse der Gesellschaft und der Mitgesellschafter unabdingbar notwendig und für den betroffenen Gesellschafter zumutbar“ sei,[566] wobei sich bei Sanierungsmaßnahmen die Treuepflicht der Gesellschafter sogar weiter verdichte.[567]

b) Stellungnahme

Mittlerweile kann kaum mehr bestritten werden, dass die Treuepflicht zwischen den Gesellschaftern von Kapitalgesellschaften eine vergleichbare Wirkung entfaltet wie zwischen Gesellschaftern von Personengesellschaften. Unabhängig von der Ausgestaltung der Treuepflicht im konkreten Fall[568] wird diese als

---

559 Vgl. Scholz/*Emmerich*, § 13 GmbHG Rn. 39b.
560 Vgl. Scholz/*Emmerich*, § 13 GmbHG Rn. 38c.
561 Vgl. Scholz/*Emmerich*, § 13 GmbHG Rn. 39.
562 Vgl. MüKo/*Merkt*, § 13 GmbHG Rn. 102; Scholz/Emmerich, § 13 GmbHG Rn. 39b.
563 Vgl. zur Verhältnismäßigkeit Michalski/Heidinger/Leible/J. Schmidt/*Lieder*, § 13 GmbHG Rn. 159.
564 Vgl. Scholz/*Emmerich*, § 13 GmbHG Rn. 42, 43; MüKo/*Merkt*, § 13 GmbHG Rn. 148.
565 Vgl. Scholz/*Emmerich*, § 13 GmbHG Rn. 42.
566 Vgl. Scholz/*Emmerich*, § 13 GmbHG Rn. 46.
567 Vgl. MüKo/*Merkt*, § 13 GmbHG Rn. 151.
568 Vgl. etwa *Immenga*, FS 100 Jahre GmbH-Gesetz, S. 189 [198].

„verbandsrechtliches Prinzip" anerkannt.[569] Hier wird das Ergebnis der Untersuchung aus dem Personengesellschaftsrecht, dass die Treuepflicht und ihre Wirkung nicht mehr nur aus der personalistischen Struktur, welche bei vielen GmbH in der Praxis sogar vorliegt, sondern vielmehr aus den Einwirkungsmöglichkeiten auf die Interessen der Mitgesellschafter abgeleitet werden kann, bestätigt. Darüber hinaus wurde durch die Rechtsprechung bestätigt,[570] dass eine positive Stimmpflicht der Gesellschafter aus gesellschafterlicher Treuepflicht sogar die Pflicht zur Leistung zusätzlicher Beiträge nach sich ziehen kann.[571] Prägnantes Beispiel hierfür ist die Anhebung des Mindeststammkapitals einer GmbH durch das „Gesetz zur Änderung des Gesetzes betreffend die Gesellschaften mit beschränkter Haftung und anderer handelsrechtlicher Vorschriften" vom 04.07.1980, BGBl. I, S. 836 ff. Die GmbHG-Novelle 1980 sah in Artikel 12, § 1 Absatz 1, 2 die automatische Auflösung von Gesellschaften mit beschränkter Haftung vor, welche nicht zum Stichtag des 31.12.1985 einen entsprechenden Stammkapitalerhöhungsbeschluss angemeldet hatten. Dies sollte die durch die GmbH-Novelle 1980 bestimmte Anhebung des Mindeststammkapitals auf 50.000 DM für alle Gesellschaften mit beschränkter Haftung erzwingen. Naturgemäß verursachte dies Probleme, da nunmehr Gesellschafter einer GmbH gezwungen waren, ihre Einlage gegen ihren Willen zu erhöhen. Der BGH musste solche Fälle entscheiden und stellte in einem Urteil 1986 fest, dass auch im Recht der GmbH die gesellschafterliche Treuepflicht die Gesellschafter zur Zustimmung zur Änderung des Gesellschaftsvertrages zwingen kann, falls dies zur Erhaltung des Geschaffenen dringend geboten und den Gesellschaftern unter Berücksichtigung ihrer eigenen schutzwerten Belange zumutbar sei.[572] Der BGH bezog diese Feststellungen jedoch ausdrücklich auf personalistisch ausgestaltete GmbH, da diese eine deutliche Nähe zu den Personengesellschaften aufwiesen.[573] In einem Folgeurteil wurde festgestellt, dass sich aus der Treuepflicht auch eine Pflicht zur aktiven Teilnahme an einer gemäß der GmbH-Novelle notwendigen

---

569 Vgl. *Lutter*, ZHR 162 (1998), S. 164 ff. [S. 166 oben und S. 167]: „Die Treupflicht hat also das Ziel, die Gesellschafter im offenen, normenlosen Gelände in ihrem Vertrauen auf die Mitgesellschafter und deren Loyalität bei der Zielverfolgung und in ihrem wechselseitigen Verhältnis zueinander ebenso zu schützen wie deren Einwirkungsmacht auf die eigene Mitgliedschaft zu begrenzen."

570 Vgl. nur BGH, Urt. v. 25.09.1986 – II ZR 262/85, NJW 1987, S. 189 ff.

571 Vgl. Scholz/*Emmerich*, § 13 GmbHG Rn. 46a.

572 Vgl. BGH, Urt. v. 25.09.1986 – II ZR 262/85, NJW 1987, S. 189 ff. [S. 190 re. Sp. oben].

573 Vgl. BGH, Urt. v. 25.09.1986 – II ZR 262/85, NJW 1987, S. 189 ff. [S. 190 re. Sp. unten].

Kapitalerhöhung nebst Einlagenleistung ergeben könne.[574] Im Einzelfall sei abzuwägen, ob dem einzelnen Gesellschafter dies zumutbar sei.[575] Zwar wird durch eine solche den bisherigen Anteilsquoten entsprechenden Kapitalerhöhung der Wert des Anteils durch den erneuten Beitrag des Gesellschafters entsprechend erhöht, jedoch bedeutet die zusätzliche Leistung weiteren Kapitals in die Gesellschaft eine zusätzliche Belastung, der das Belastungsverbot gemäß § 53 Absatz 3 GmbHG nach der Rechtsprechung nicht entgegen steht.

3. *Zwischenfazit*

Die gesellschafterliche Treuepflicht zwischen Gesellschaftern einer GmbH kann nach der dargestellten Untersuchung von Rechtsprechung und Literatur als anerkannt gelten. Sie wird als richter- oder gewohnheitsrechtlich anerkanntes Rechtsinstitut bezeichnet,[576] welches sich auch in der Beziehung der Gesellschafter untereinander auswirkt.[577] Bei der Konkretisierung der aus dieser gesellschaftsrechtlichen Generalklausel entspringenden Pflichten kommt es auf den jeweiligen Einzelfall an.[578] Allerdings lässt sich allgemein feststellen, dass in Hinblick auf weitere Belastungen Rechtsprechung und Lehre zu einer starken Annäherung an den Begriff der Treuepflicht, wie er im Personengesellschaftsrecht angewendet wird, tendieren. Es bleibt somit festzuhalten, dass auch im Recht der GmbH eine aus der Treuepflicht entspringende Leistungspflicht grundsätzlich anerkannt ist[579] und dass einer solchen Leistungspflicht das Belastungsverbot des § 53 Absatz 3 GmbHG nicht entgegensteht. Es soll in der Folge untersucht werden, unter welchen Bedingungen die Ergebnisse aus dem Recht der Personengesellschaften auf die GmbH direkt übertragen werden können.

IV. Übertragbarkeit der Ergebnisse zu den Personengesellschaften

1. *Einführung*

Es wurde bereits gezeigt, dass der BGH Ende der 1980er Jahre die Parallelen zwischen Personengesellschaften und personalistisch ausgestalteten GmbH für

574 Vgl. BGH, Urt. v. 23.03.1987 – II ZR 244/86, GmbHR 1987, S. 349 f. [S. 349 re. Sp. unten].
575 Vgl. BGH, Urt. v. 23.03.1987 – II ZR 244/86, GmbHR 1987, S. 349 f. [S. 349 re. Sp. unten].
576 Vgl. MüKo/*Merkt*, § 13 GmbHG Rn. 95; Scholz/*Emmerich*, § 13 GmbHG Rn. 38a.
577 Vgl. MüKo/*Merkt*, § 13 GmbHG Rn. 94 m.w.Nw.
578 Vgl. Scholz/*Emmerich*, § 13 GmbHG Rn. 36.
579 Vgl. hierzu Scholz/*Emmerich*, § 13 GmbHG Rn. 46a.

Vertragsänderungspflichten kraft Treuepflicht anerkannt hat.[580] Daher soll im Folgenden herausgearbeitet werden, ob die wesentlichen Strukturmerkmale der GmbH mit jenen der Personengesellschaften korrespondieren, um die Übertragbarkeit der gefundenen Ergebnisse zu den Personengesellschaften auf die GmbH zu begründen. Rechtsprechung und Lehre haben zumindest bei personalistisch strukturierten Gesellschaften mbH bestehende Regelungslücken unter Heranziehung personengesellschaftsrechtlicher Grundsätze geschlossen.[581] Insbesondere die gesellschafterliche Treuepflicht wird mithin als Einbruchstelle personengesellschaftsrechtlicher Grundsätze im GmbH-Recht bezeichnet.[582]

2. *Strukturmerkmale und Übertragbarkeit*

a) *Strukturmerkmale der GmbH*

Im Folgenden soll untersucht werden, ob die besonderen Strukturmerkmale der GmbH einer Übertragung der zum Recht der Personengesellschaften gefundenen Ergebnisse entgegenstehen oder ob eine solche Übertragung möglich ist.

1) Juristische Person

Der GmbH liegt ein notariell beurkundeter und zum Handelsregister eingereichter Gesellschaftsvertrag zugrunde. Durch ihre Eintragung erlangt die GmbH volle Rechtsfähigkeit und erhält eine eigene Rechtspersönlichkeit.[583] Dem gegenüber war die Qualifikation der personengesellschaftlichen OHG als juristische Person oder Gesamthand lange umstritten. Die Rechtsfähigkeit der OHG ist mittlerweile anerkannt, sodass diesem Problem nur noch rechtsdogmatische Bedeutung beizumessen sein wird.[584] Entscheidend für die vorliegend untersuchte Fragestellung ist das Verhältnis der Gesellschafter zueinander, da aus ihr die Treuepflicht abgeleitet wird. Dass die GmbH selbst eine eigene Rechtspersönlichkeit aufweist, was für die Personengesellschaften naturgemäß nicht gilt, ändert an dieser Grundlage der Treuepflicht nichts. Auch wenn die Satzung einer GmbH anders als der Gesellschaftsvertrag einer Personengesellschaft zumindest bezüglich ihrer körperschaftsrechtlichen Regelungen einer objektiven Auslegung unterworfen ist[585] und somit nicht in Gänze gemäß §§ 133, 157 BGB

---

580 Vgl. BGH, Urt. v. 25.09.1986 – II ZR 262/85, NJW 1987, S. 189 ff. [S. 190 re. Sp. unten].

581 Vgl. MüKo/*Fleischer*, Einl. GmbHG Rn. 176.

582 Vgl. MüKo/*Fleischer*, Einl. GmbHG Rn. 187.

583 Vgl. MüKo/*Fleischer*, Einl. GmbHG, Rn. 5.

584 Vgl. MüKo/*Karsten Schmidt*, § 105 HGB Rn. 7.

585 Vgl. MüKo/*J. Mayer*, § 2 GmbHG Rn. 154.

ausgelegt werden kann, ergeben sich keine großen Unterschiede. Zwar wird die Treuepflicht als eigenes richter- oder gewohnheitsrechtlich anerkanntes Institut[586] bezeichnet und gerade nicht direkt aus §§ 705, 242 BGB hergeleitet, jedoch ändert dies nichts an ihrer Bedeutung für das Verhältnis der Gesellschafter untereinander. Der Ursprung der Treuepflicht in der GmbH hat keinen Einfluss auf ihre Wirkung, diese richtet sich vielmehr nach der konkreten gesellschaftlichen Ausgestaltung.[587] So stellt *Flume* fest, dass die GmbH materiell als Personengesellschaft zu verstehen sei, die nur um der Haftungsbeschränkung willen vermögensmäßig als juristische Person gegenüber den Gesellschaftern verselbstständigt sei.[588]

2) Kapitalgesellschaft

Wesentliches Merkmal der GmbH ist ihre Einordnung als Kapitalgesellschaft. Kapitalgesellschaften sind davon geprägt, *dass* Kapital in die Gesellschaft eingebracht wird. Demgegenüber tritt zurück, *wer* das Kapital leistet, es kommt daher nicht auf die Individualität der Gesellschafter an.[589] In dieser Betrachtungsweise schlägt sich der Kapitalbeteiligungsgedanke nieder, welcher die Grundlage für die Kapitalgesellschaft bildet. In der Praxis hat sich jedoch herausgestellt, dass die GmbH regelmäßig nicht als kleine AG, sondern als Gesellschaft mit beschränkter Haftung einiger weniger Gesellschafter ausgestaltet wird. Diese eher personengesellschaftliche Ausgestaltung wird häufig betont durch eine Vinkulierung der Anteile, was eine Beschränkung des Gesellschafterstammes bedeutet, oder durch Übernahmen von Geschäftsführungspflichten durch einzelne Gesellschafter. Für dieses vielfach anzutreffende Phänomen hat sich auch der Ausdruck „personalistische Kapitalgesellschaft" herausgebildet.[590] Auch der Gesellschaftsvertrag einer Personenhandelsgesellschaft sieht vielfach vor, dass die Gesellschafter erhebliche Vermögenswerte in die Gesellschaft einzubringen haben. So ist es gerade das Merkmal der als Publikumsgesellschaft strukturierten Immobilien-Fonds, dass sich der Beitrag der einzelnen Kommanditisten einer solchen Beteiligungs-KG in ihrer – durchaus umfangreichen – Einlagenleistung erschöpft. Gesellschaftsvermögen entsteht sowohl bei der Personengesellschaft als auch bei der GmbH. Der wesentliche dogmatische Unterschied liegt darin, dass der GmbH

586 Vgl. MüKo/*Merkt*, § 13 GmbHG Rn. 95.
587 Vgl. MüKo/*Merkt*, § 13 GmbHG Rn. 88–90.
588 Vgl. *Flume*, Juristische Person, § 2 VII 3., S. 62; zustimmend Roth/Altmeppen/*Roth*, Einl. GmbHG Rn. 2.
589 Vgl. MüKo/*Fleischer*, Einl. GmbHG Rn. 12 m.w.Nw.
590 Vgl. MüKo/*Fleischer*, Einl. GmbHG Rn. 14.

als Körperschaft eine eigene Rechtspersönlichkeit verliehen wird, während bei den Personengesellschaften die Gesamtheit der Mitglieder Trägerin der Gesellschaft ist. Dass die Gesellschaftsform „Kapitalgesellschaft" grundsätzlich keinen Einfluss auf das Miteinander der Gesellschafter und die zwischen ihnen wirkende Treuepflicht hat, zeigt nicht nur die bereits dargestellte Rechtsprechung. Vielmehr verdeutlichen die für eine Kapitalgesellschaft typischen Kapitalaufbringungs- und Kapitalerhaltungsregeln mit der in § 24 GmbHG angeordneten, anteiligen Haftung, dass die Gesellschafter einer GmbH nach der Vorstellung des Gesetzgebers im Interesse des Gläubigerschutzes für die Kapitalaufbringung gemeinschaftlich verantwortlich sind. Spiegelbildlich sind die persönlich haftenden Gesellschafter einer Personengesellschaft einer ebensolchen gemeinsamen Verantwortung durch ihre gemeinsame Haftung im Außenverhältnis unterworfen.

3) Haftungsbeschränkung

Ein wesentliches Unterscheidungsmerkmal zwischen der GmbH und den Personengesellschaften stellt die Haftungsbeschränkung dar. Dies ergibt sich insbesondere daraus, dass die Diskussionen im Rahmen des historischen Gesetzgebungsverfahrens um individualistische und kollektivistische Gestaltungen kreisten. Während einige die uns heute als GmbH bekannte Gesellschaftsform als eine „OHG mit beschränkter Haftung" ausgestalten wollten, um alle Vorzüge der individualistischen OHG mit den Vorzügen einer AG zu vereinigen,[591] gingen die Überlegungen der Gegenseite in Richtung einer vereinfachten Aktiengesellschaft.[592] Damit ist aufgezeigt, dass ein Hauptgrund für die Begründung dieser neuen Gesellschaftsform die Haftungsbeschränkung ist, wie sie in den Personengesellschaften gerade nicht vorzufinden ist. Die bisherige Untersuchung hat bereits gezeigt, dass die Haftung der Gesellschafter nicht als Argument für eine Nachschusspflicht kraft Treuepflicht herangezogen werden kann und auch nicht herangezogen werden muss. Die Analyse von Rechtsprechung und Literatur hat die Erkenntnis zutage gefördert, dass sich eine Nachschusspflicht kraft Treuepflicht – unter engen Voraussetzungen – aus der Treuepflicht selbst ableiten lässt und eine weitere Fallgruppe von Handlungs- oder Leistungspflichten kraft Treuepflicht bildet (siehe Seite 109 ff.). Die Haftung der Gesellschafter wurde bei den Personenhandelsgesellschaften lediglich herangezogen, um den Geltungsrahmen des in § 707 BGB zum Ausdruck kommenden Belastungsverbotes zu bestimmen.

---

591 So die Ausführung von Oechelhäuser im Reichstag, zitiert nach MüKo/*Fleischer*, Einl. GmbHG Rn. 69.

592 Vgl. MüKo/*Fleischer*, Einl. GmbHG Rn. 70.

Nach jetziger Rechtslage existieren bereits mehrere anerkannte Fallgruppen, die zeigen, dass das Belastungsverbot gegen eine Nachschusspflicht kraft Treuepflicht nicht in Stellung gebracht werden kann, wie es in der Literatur regelmäßig getan wird. Die Analyse zur GmbH hat ebenfalls gezeigt, dass auch im Recht der GmbH anerkannte Fallgruppen existieren, die eine allgemeine und umfassende Wirkung des in § 53 Absatz 3 GmbHG zum Ausdruck kommenden Belastungsverbotes infrage stellen (siehe Seite 137 ff.). Dies zeigt sich gerade dann, wenn Gesellschafter mit weiteren Beiträgen belastet werden, welche zwar nicht als Nachschüsse bezeichnet werden, jedoch eine vergleichbare Belastungswirkung entfalten. Auf eine Außenhaftung der Gesellschafter kommt es nicht an. Die Untersuchung hat vielmehr gezeigt, dass das Hindernis des Belastungsverbotes umgangen und eine Nachschusspflicht kraft Treuepflicht begründet werden kann, indem allein das Verhältnis der Gesellschafter untereinander und die Einflussnahmemöglichkeiten auf die Rechtspositionen der Mitgesellschafter betrachtet werden (siehe Seite 152 f.).

4) Zwischenfazit

Die Untersuchung der Strukturmerkmale der gesetzestypischen GmbH hat gezeigt, dass die Strukturmerkmale einer Nachschusspflicht kraft Treuepflicht im Recht der GmbH nicht entgegenstehen. Wenn der BGH in seiner Rechtsprechung seine Feststellungen zur Treuepflicht zwischen Gesellschaftern einer (Publikums-)Personengesellschaft auf die Gesellschafter einer GmbH überträgt, geschieht dies nicht notgedrungen im Rahmen von Einzelfallentscheidungen. Diese Übertragung folgt der Erkenntnis, dass die Treuepflicht, deren Intensität und Auswirkungen zwischen den Gesellschaftern einer Personengesellschaft auf den gleichen Voraussetzungen beruht wie die Treuepflicht zwischen Gesellschaftern einer GmbH.

b) Übertragung von Kriterien

Die Übertragung der Ergebnisse aus dem Personengesellschaftsrecht auf das Recht der GmbH zur Schließung etwaiger Lücken ist nicht nur als Notbehelf, sondern als konsequente Rechtsanwendung zu verstehen. Die wesentlichen Unterschiede zwischen Personengesellschaften und der GmbH verbieten es nicht, gesellschaftsrechtliche Grundsätze, wie sie sich naturgemäß zunächst im Personengesellschaftsrecht herausgebildet haben, auf die GmbH zu übertragen.[593]

---

593 Vgl. auch MüKo/*Fleischer*, Einl. GmbHG Rn. 176. Der BGH hat bereits in seiner Entscheidung „ITT" (BGH, Urt. v. 05.06.1975 – II ZR 23/74, NZW 1976, S. 191 ff.) den Treuepflichtgedanken auf die GmbH übertragen.

Insbesondere bestehen zwischen der vom Gesetzgeber angenommenen typischen Personengesellschaft und einer GmbH hinsichtlich des Verhältnisses der Gesellschafter untereinander keine wesentlichen Unterschiede. Dies zeigt sich auch darin, dass der BGH seine Rechtsprechung zu den Personengesellschaften nicht nur in Einzelfällen auf die GmbH überträgt.[594] Spätestens seit der Übertragung des Treuepflichtgedankens auf die Gesellschafter einer Aktiengesellschaft durch das „Linotype-Urteil" aus dem Jahr 1988[595] und der umfangreichen Bestätigung der Treuepflicht für die AG-Gesellschafter in der „Girmes-Entscheidung" aus dem Jahre 1995[596] ist anerkannt, dass es sich bei der Treuepflicht der Gesellschafter untereinander um ein allgemeines verbandsrechtliches Prinzip handelt.[597] *Pentz* folgert mit Zustimmung der Literatur dann auch, dass aufgrund dieses Verständnisses der Treuepflicht als übergreifendes verbandsrechtliches Prinzip mit Wirkung auch für das GmbH-Recht auf die zum Personengesellschaftsrecht geltenden Grundsätze zurückgegriffen werden könne.[598] Die strukturellen Unterschiede zwischen gesellschaftsrechtlicher Gesamthand und juristischer Person veranlassten insoweit keine grundsätzlichen Abweichungen.[599] Die Intensität und Wirkung der Treuepflicht selbst soll von mehreren Faktoren abhängen. Sowohl die „Abwägung aller Umstände im Einzelfall"[600] sei hier relevant wie auch die Realstruktur der Gesellschaft selbst.[601] Die Treuepflicht sei hierbei durch eine eher kapitalistische Struktur keinesfalls ausgeschlossen, was schon ihre Übertragung auf die Aktiengesellschaft zeige, jedoch nehme ihre Intensität mit einer eher personalistischen Struktur auch bei der GmbH zu.[602] Diese Intensität der Treuepflicht richte sich auch insbesondere danach, welchen Einfluss der verpflichtete

---

594 Vgl. insbesondere zur Treuepflicht bei einer personalistisch ausgestalteten GmbH bereits BGH, Urt. v. 25.09.1986 – II ZR 262/85, NJW 1987, S. 189 ff. [S. 190 re. Sp. unten].

595 Vgl. BGH, Urt. v. 01.02.1988 – II ZR 75/87, NJW 1988, S. 1579 ff.

596 Vgl. BGH, Urt. v. 20.03.1995 – II ZR 205/94, ZIP 1995, S. 819 ff.

597 Vgl. MüKo/*Fleischer*, Einl. GmbHG Rn. 188.

598 Vgl. Rowedder/Schmidt-Leithoff/*Pentz*, § 13 GmbHG Rn. 35; ebenso: MüKo/*Fleischer*, Einl. GmbHG Rn. 188; Ulmer/*Thomas Raiser*, § 14 GmbHG Rn. 78; siehe auch *K. Schmidt*, Gesellschaftsrecht, § 20 IV S. 592.

599 Vgl. Rowedder/Schmidt-Leithoff/*Pentz*, § 13 GmbHG Rn. 35; ebenso: MüKo/*Fleischer*, Einl. GmbHG Rn. 188; Ulmer/*Thomas Raiser*, § 14 GmbHG Rn. 78, 79; siehe auch *K. Schmidt*, Gesellschaftsrecht, § 20 IV S. 592.

600 Vgl. Ulmer/*Thomas Raiser*, § 14 GmbHG Rn. 78.

601 Vgl. Baumbach/Hueck/*Fastrich*, § 13 GmbHG Rn. 22; Ulmer/*Thomas Raiser*, § 14 GmbHG Rn. 78.

602 Vgl. Baumbach/Hueck/*Fastrich*, § 13 GmbHG Rn. 22.

Gesellschafter auf die Interessen und Rechte seiner Mitgesellschafter nehmen könne.[603] Es kommt letztlich entscheidend auf eine Abwägung der Interessen an, welche sowohl jene der einzelnen Gesellschafter als auch jene der Gesellschaft selbst berücksichtigt.[604] Auch dieses Ergebnis wurde bereits für die Personengesellschaften herausgearbeitet. Das entscheidende Argument für eine Übertragung der entwickelten Grundsätze zur Nachschusspflicht kraft Treuepflicht bei Personengesellschaften auf GmbH-Gesellschafter liegt in der Rechtsprechung des BGH zu den Personengesellschaften selbst begründet. Der BGH hatte in allen wesentlichen Entscheidungen zur Nachschusspflicht kraft Treuepflicht Fälle von Publikumspersonengesellschaften zu entscheiden. Diese weisen regelmäßig eine eher körperschaftliche Struktur auf und unterliegen daher einem eigenen *Sondergesellschaftsrecht*, welches der BGH zur Bekämpfung von Missständen herausgebildet hat.[605] Die personalistische Struktur der Personengesellschaft spielt für die dargestellte Rechtsprechung des BGH keine Rolle. Es macht folglich keinen Unterschied, ob eine GmbH personalistisch oder eher kapitalistisch geprägt ist. Das entscheidende Kriterium für eine Nachschusspflicht kraft Treuepflicht ist nicht in der personalistischen Ausgestaltung, sondern in der Einwirkungsmöglichkeit auf die Interessen der Mitgesellschafter zu suchen. Dies kann unabhängig von Ausgestaltung und Realstruktur der konkreten Gesellschaft sowohl für personalistische Personengesellschaften, Personenpublikumsgesellschaften als auch Gesellschaften mit beschränkter Haftung Geltung beanspruchen.

V. Ergebnis

Die Grundlage für eine Nachschusspflicht kraft Treuepflicht, nämlich die Treuepflicht der Gesellschafter untereinander, ist im Recht der GmbH nicht mehr ernsthaft zu bestreiten. Ein Rückgriff auf die für die Personengesellschaften gefundenen Ergebnisse ist möglich.[606] Die Untersuchung hat gezeigt, dass dies nicht nur für die typische, personalistisch ausgestaltete GmbH gilt, deren Strukturmerkmale sich nicht wesentlich von jenen der Personengesellschaften

603 Vgl. BGH, Urt. v. 20.03.1995 – II ZR 205/94 („Girmes") [Rz. 19, 20], ZIP 1995, S. 819 ff. [S. 821 li. Sp. unten, S. 822 li. Sp. unten]; so auch Ulmer/*Thomas Raiser*, § 14 GmbHG Rn. 79 und Baumbach/Hueck/*Fastrich*, § 13 GmbHG Rn. 22.

604 Vgl. Ulmer/*Thomas Raiser*, § 14 GmbHG Rn. 78, 89; Baumbach/Hueck/*Fastrich*, § 13 GmbHG Rn. 23.

605 Vgl. Baumbach/Hopt/*Roth*, Anh. § 177a HGB Rn. 53.

606 *Nentwig* plädiert hingegen umgekehrt für eine Übertragung der zum Recht der GmbH herausgearbeiteten Ergebnisse auf die Personengesellschaften, vgl. *ders.*, Nachschusspflichten im Verbandsrecht, S. 267.

unterscheiden. Die herausgearbeitete Übertragbarkeit der Rechtsprechung zu den Publikumspersonengesellschaften hat vielmehr gezeigt, dass die von der Rechtsprechung entwickelten Kriterien auch auf eine GmbH jedweden Zuschnitts übertragbar sind, also auch und gerade auf eine kapitalistisch ausgestaltete GmbH. Die Rechtsprechung des BGH zur Nachschusspflicht kraft Treuepflicht bei den Publikumspersonengesellschaften ist folglich auch auf das Recht der GmbH übertragbar. Auf die dort gefundenen Ergebnisse kann somit verwiesen werden (siehe Seite 60 f.). Als kurze Zusammenfassung soll nochmals der Verweis auf das Urteil vom 04.07.2005[607] dienen. In dieser Entscheidung stellte das Gericht fest, dass die gesellschafterliche Treuepflicht in Ausnahmefällen Minderheitsgesellschafter dazu zwingen kann, entgegen § 707 BGB weitere Beiträge an die Gesellschaft zu leisten, soweit hierfür ein Mehrheitsbeschluss besteht. Eingrenzende Kriterien sieht der BGH darin, dass die Maßnahme im Gesellschaftsinteresse dringend erforderlich und unter Beachtung der schutzwürdigen Belange der Gesellschafter zumutbar ist. Es seien insgesamt besonders hohe Anforderungen zu stellen. Es müsse aufseiten der Mehrheitsgesellschafter eine berechtigte Erwartungshaltung bestehen.

E. Ausschluss einer Nachschusspflicht kraft Treuepflicht durch Gestaltung

Die Darstellung hat bisher gezeigt, dass eine Nachschusspflicht kraft Treuepflicht sowohl im Recht der Personengesellschaften als auch bei der GmbH existiert. Somit können auch die Minderheitsgesellschafter einer GmbH zu weiteren Leistungen gezwungen werden, soweit die herausgearbeiteten Voraussetzungen vorliegen. Auch für die GmbH ist danach zu fragen, wie sich Gesellschafter davor schützen können, als Minderheitsgesellschafter kraft Treuepflicht gegen ihren Willen Mehrleistungen erbringen zu müssen. Für die Personengesellschaften wurde gezeigt, dass es hierbei weniger auf eine eindeutige Vertragsklausel, als auf die alltägliche Übung der Gesellschafter ankommt, da es die regelmäßige gesellschafterliche Übung ist, die zur Auslegung des Gesellschaftsvertrages und zur Begründung von Vertrauenstatbeständen herangezogen wird. Der Gesellschaftsvertrag einer GmbH ist eine notariell beurkundete Satzung. Fraglich ist, nach welchen Kriterien eine notariell beurkundete Satzung auszulegen ist und damit, welche Anforderungen an einen möglichen Ausschluss einer Nachschusspflicht kraft Treuepflicht zu stellen sind. Für die Auslegung der Bestimmungen einer

607 Vgl. BGH, Urt. v. 04.07.2005 – II ZR 354/03, NZG 2005, S. 753 ff.

notariell beurkundeten Satzung einer GmbH ist nach der Rechtsprechung des BGH und der ihm folgenden überwiegenden Meinung in der Literatur zwischen „individualrechtlichen Bestimmungen“ und „körperschaftlichen Regelungen“ zu unterscheiden.[608] Erstere können nach den allgemeinen Grundsätzen der §§ 133, 157 BGB ausgelegt werden, sodass zur Auslegung eines Gesellschaftsvertrages einer Personengesellschaft praktisch kein Unterschied besteht. Die hier untersuchte Fragestellung fokussiert sich auf das Innenverhältnis der Gesellschafter untereinander. Es wurde bereits gezeigt, dass die rechtliche Ausgestaltung der GmbH einer Übertragbarkeit der Ergebnisse zum Personengesellschaftsrecht nicht entgegensteht und dass sich insbesondere deren körperschaftliche Struktur auf die Übertragbarkeit nicht auswirkt. Die Treuepflicht besteht unabhängig von der Gesellschaftsform *zwischen den Gesellschaftern*. Da das Innenverhältnis zwischen den Gesellschaftern bei einer Personengesellschaft und denen einer GmbH nach den gleichen Maßstäben zu beurteilen ist und die zwischen ihnen wirkende Treuepflicht hinsichtlich deren Intensität und Wirkung nach den gleichen Voraussetzungen bestimmt wird, kann die Treuepflicht zwischen GmbH-Gesellschaftern unter den gleichen Voraussetzungen zu einer Nachschusspflicht kraft Treuepflicht führen wie zwischen Gesellschaftern einer Personengesellschaft. Parallel hierzu ist die Auslegung des Vertrages bei der Frage nach dem Nichtbestehen einer „berechtigten Erwartungshaltung“ zu sehen. Das Rechtsinstitut der Nachschusspflicht kraft Treuepflicht ist gerade nicht gläubigerschützend und somit vom Außenverhältnis der Gesellschaft völlig unabhängig. Folglich kommt es auch nicht auf eine objektive Auslegung der Satzung aus sich selbst heraus an. Es handelt sich vielmehr um eine individualrechtliche Frage, für die der Gesellschaftsvertrag lediglich die Grundlage bildet. In Parallele zum Personengesellschaftsrecht kommt es in einem ersten Schritt zunächst nur auf die Frage an, ob eine entsprechende Ausschlussklausel in die Satzung aufgenommen wurde und in einem zweiten Schritt, ob das bisherige Verhalten des Gesellschafters dazu in der Lage war, eine berechtigte Erwartungshaltung der Mitgesellschafter bezüglich weiterer Vermögensopfer bei Rettungsmaßnahmen zu zerstören. Soweit eine Ausschlussklausel vorliegt, muss entsprechend von einem solchen Verhalten in der gesellschafterlichen Übung mehr erwartet werden, als wenn eine solche Ausschlussklausel nicht vorläge. Die besondere Qualität des Gesellschaftsvertrages als Satzung vermag zwischen den Gesellschaftern einer GmbH bei der Auslegung ihres Verhaltens weder beim Vertragsabschluss noch im späteren Alltag der Gesellschaft kein anderes Ergebnis herbeizuführen, als es für Gesellschafter einer

608 Vgl. MüKo/*J. Mayer*, § 2 GmbHG Rn. 153 ff. m.w.Nw. in Rspr. und Literatur.

Personengesellschaft gelten würde. Insofern kann hier auf die Ausführungen zu den Personengesellschaften verwiesen werden (siehe Seite 111 f.).[609]

F. Minderheitenschutz

Im Rahmen der Untersuchung zu den Personengesellschaften wurde bereits ausführlich zu den minderheitsschützenden Kriterien Stellung genommen. Diese sind in dem Maße auf das Recht der GmbH übertragbar wie die Rechtsprechung zur Nachschusspflicht kraft Treuepflicht. Für das Recht der Personengesellschaften wurde gezeigt, dass auch die Kriterien des Minderheitenschutzes einer Nachschusspflicht kraft Treuepflicht nicht entgegenstehen. Gleiches gilt für die Gesellschafter einer GmbH. Es könnte vorliegend in Erwägung gezogen werden, die Wertungen der §§ 26 bis 28 GmbHG auf die Frage nach dem Minderheitenschutz im Recht der GmbH zu übertragen, mit der Folge, den betroffenen Minderheitsgesellschaftern ein Sonderkündigungsrecht einzuräumen. Dies vermag aber nicht zu überzeugen. Ein Ausscheiden durch freiwillige Zurverfügungstellung gemäß § 27 GmbHG oder eine Kaduzierung gemäß § 28 GmbHG würden dem Zweck einer Nachschusspflicht kraft Treuepflicht diametral entgegenstehen, denn es soll gerade frisches Kapital in die Gesellschaft eingebracht und nicht die Verwertung eines ohnehin oftmals wertlosen Geschäftsanteils erzwungen werden. Es stellt eine Besonderheit dar, dass die Nachschusspflicht kraft Treuepflicht zwischen den *Gesellschaftern* besteht. Dies lässt die Rechtsform und Realstruktur der Gesellschaft zurücktreten und die Nachschusspflicht zu einer Angelegenheit der Gesellschafter werden. Des Weiteren hat der BGH in seiner Rechtsprechung zu den Personengesellschaften bereits eine entsprechende Begrenzung entwickelt. So wird immer wieder das Kriterium der individuellen Zumutbarkeit betont. Diese Begrenzung erscheint auf den ersten Blick nicht eng genug, denn es mag im Einzelfall horrende Beträge umfassen. Darüber hinaus sind jedoch die weiteren Einschränkungen zu beachten. So hat der BGH in seiner jüngsten Rechtsprechung zunächst darauf abgestellt, dass die infrage stehende Kapitalerhöhung nach den bisherigen Beteiligungsquoten zu erfolgen habe, somit alle Gesellschafter nach der Quote ihrer bisherigen Beteiligung Risiken zu tragen hätten, soweit diese individuell zumutbar seien.

---

609 Vgl. zur Auslegung von Gesellschaftsverträgen im Personengesellschaftsrecht insbesondere MüKo/*Karsten Schmidt*, § 105 HGB Rn. 149.

G. Zusammenfassung Kapitel 2

I. Nachschusspflicht und Mehrheitsklausel

1. Bezüglich einer Nachschusspflicht aus einer Beitragsklausel können die zu den Personengesellschaften gefundenen Ergebnisse herangezogen werden. Die Satzung einer GmbH unterliegt dabei bezüglich korporativer Bestimmungen einer objektiven Auslegung. Eine Nachschussklausel im Sinne einer Beitragsklausel ist eine solche korporative Bestimmung. Wird ein Nachschuss auf Grundlage einer solchen Klausel beschlossen, unterliegt er den Regeln der §§ 26 bis 28 GmbHG.
2. Soweit eine Nachschusspflicht nicht bereits im Gesellschaftsvertrag angelegt ist, bedarf ihre nachträgliche Einführung gemäß § 53 Absatz 3 der Zustimmung aller Gesellschafter. Gemäß § 47 Absatz 1 GmbHG gilt für GmbH kraft Gesetz das Mehrheitsprinzip. Soweit eine Nachschusspflicht durch Mehrheitsbeschluss eingeführt werden soll, muss die Satzung bereits eine antizipierte Zustimmung aller betroffenen Gesellschafter enthalten.

II. Nachschusspflicht und Treuepflicht

1. Die gesellschafterliche Treuepflicht gilt auch zwischen den Gesellschaftern einer GmbH uneingeschränkt. Ihre Intensität hängt dabei wie bei jeder anderen Gesellschaftsform von mehreren Faktoren wie der Realstruktur der Gesellschaft, hauptsächlich jedoch von der Einflussnahmemöglichkeit auf die Interessen der Mitgesellschafter ab.
2. Die Untersuchung des in § 53 Absatz 3 GmbHG zum Ausdruck kommenden Belastungsverbotes hat gezeigt, dass dieses nicht ausschließlich und ausnahmslos gilt. Es konnte nachgewiesen werden, dass der Wortlaut des Gesetzes bei der Ausfallhaftung der Gesellschafter bereits eine wesentliche Ausnahme zum Belastungsverbot kennt, die erhebliche Belastungen nach sich ziehen kann. Darüber hinaus wurde gezeigt, dass die Rechtsprechung etwa im Rahmen der Gewinnthesaurierung eine Pflicht zum Verzicht auf Gewinnausschüttungen anerkennt, um eine Sanierung zu ermöglichen. Dies kann dieselbe oder höhere Belastungen bedeuten als eine Nachschusspflicht kraft Treuepflicht. Das Belastungsverbot steht einer Nachschusspflicht kraft Treuepflicht nicht entgegen.
3. Die Untersuchung der Strukturmerkmale der GmbH hat gezeigt, dass die Rechtsprechung des BGH zur Treuepflicht bei den Personengesellschaften auf die GmbH in vollem Umfang übertragbar ist. Die Rechtsprechung des BGH zur Nachschusspflicht kraft Treuepflicht bezieht sich fast ausschließlich

auf kapitalistisch organisierte Publikumspersonengesellschaften, welche wegen ihrer korporativen Ausgestaltung einem vom BGH entwickelten Sondergesellschaftsrecht unterworfen sind. Die Rechtsprechung zur Nachschusspflicht kraft Treuepflicht aus dem Personengesellschaftsrecht ist somit auf alle Formen der GmbH übertragbar. Dies gilt unabhängig davon, ob diese personalistisch oder kapitalistisch organisiert sind.

4. Eine Nachschusspflicht kraft Treuepflicht besteht sowohl bezüglich ihrer Voraussetzungen als auch bezüglich ihres Ausmaßes nur in den vom BGH bereits vorgegebenen Grenzen der individuellen Zumutbarkeit.

Kapitel 3. Genossenschaft

A. Nachschusspflicht aus Beitragsklausel oder durch Mehrheitsbeschluss

Nachdem in den vorangestellten Kapiteln die Frage nach der Existenz und den Voraussetzungen einer Nachschusspflicht kraft Treuepflicht im Personengesellschaftsrecht und im GmbH-Recht untersucht wurde, widmet sich die Untersuchung im Folgenden dem Genossenschaftsrecht. Auch in diesem Kapitel soll zunächst geprüft werden, ob und unter welchen Voraussetzungen Leistungspflichten der Mitglieder durch die Satzung oder eine Satzungsänderung begründet werden kann. Danach soll der Frage nachgegangen werden, ob das Genossenschaftsrecht eine Nachschusspflicht kraft Treuepflicht grundsätzlich zulässt und unter welchen Voraussetzungen dies der Fall ist. Wie schon im Kapitel 2 hinsichtlich der GmbH geschehen, sollen hier die besonderen Merkmale der Genossenschaften daraufhin untersucht werden, ob diese einer Übertragung der Erkenntnisse aus dem Personengesellschaftsrecht entgegenstehen.

I. Nachschusspflicht aus Beitragsklausel

Soweit eine Satzung Nachschusspflichten für die Mitglieder der Genossenschaft vorsieht, gilt das bereits zu den Personengesellschaften und zum Recht der GmbH Ausgeführte.

II. Voraussetzungen für einen Vertragsänderungsbeschluss

Nachschusspflichten können auch nachträglich eingeführt werden. Dazu ist eine Änderung der Satzung der Genossenschaft erforderlich. Die Satzungsänderung bedarf gemäß § 16 Absatz 2 Satz 1 Nr. 4 GenG einer Mehrheit von ¾ der Mitglieder der Genossenschaft. Eine Zustimmungspflicht aller belasteten Mitglieder ist somit nicht vorgesehen, vielmehr reicht eine qualifizierte Mehrheit aus. Das bedeutet jedoch nicht, dass jedes Mitglied einer Nachschusspflicht unterworfen werden kann. Dies würde sich nicht mit der Schutzvorschrift des § 15a GenG vereinbaren lassen, welche dem Mitglied von Anfang an eine Übersicht über seine künftigen Zahlungsverpflichtungen garantieren soll. Jedes Mitglied kann unter den Voraussetzungen des § 67a GenG kündigen. Zu den Kündigungsgründen gehören unter anderem Satzungsänderungen gemäß § 16 Absatz 2 Satz 1 Nr. 4 GenG. Eine Kündigung muss gemäß § 67a Absatz 2 GenG form- und fristgerecht erfolgen. Wird sie wirksam erklärt, wirkt die Änderung der Satzung gemäß § 67a Absatz 2 Satz 5 GenG weder für noch gegen das kündigende Mitglied. Nach den Nachschussregeln des GenG ist eine nachträgliche Begründung von Nachschusspflichten für ein Mitglied gegen dessen Willen nicht möglich. Es bleibt dabei, dass Nachschusspflichten bereits in der Satzung festgelegt und spiegelbildlich durch die Beitrittserklärung vom Willen der Mitglieder umfasst sein müssen. Der nachträglichen Einführung von Nachschusspflichten durch Satzungsänderung mit qualifizierter Mehrheit kann sich ein Mitglied durch außerordentliche Kündigung entziehen.

III. Nachschusspflicht durch Mehrheitsbeschluss

Wie gezeigt wurde, gilt im Genossenschaftsrecht (in gewisser Weise) ebenfalls ein Belastungsverbot. Hierzu ist keine analoge Anwendung der §§ 707 BGB, 53 GmbHG erforderlich. Im Genossenschaftsrecht gilt gemäß § 18 Satz 2 GenG der Grundsatz der Satzungsstrenge, sodass alle von den Mitgliedern zu leistenden Beiträge eine Grundlage in Gesetz und Satzung haben müssen.[610] Ein wichtiger Unterschied zum Personengesellschaftsrecht besteht darin, dass in § 16 Absatz 2 Nr. 2–4 und 9 sowie Absatz 3 GenG die belastungsausschließende Wirkung der Satzungsstrenge „modifiziert" wird. Einer mit qualifizierter Mehrheit eingeführten Nachschusspflicht kann sich das einzelne Mitglied lediglich durch Kündigung entziehen. Hiervon zu unterscheiden ist die Begründung einer Nachschusspflicht auf der Grundlage einer entsprechend gestalteten Mehrheitsklausel. Das GenG sieht wie das GmbHG kraft Gesetzes das Mehrheitsprinzip vor. Wie schon in der Untersuchung zum GmbH-Recht gezeigt wurde, ist auch bei gesetzlicher Anordnung der Mehrheitsherrschaft für einen gegen alle Gesellschafter wirksamen Nachschussbeschluss erforderlich, dass eine entsprechende Mehrheitsklausel den Beschlussgegenstand „Nachschussleistung" umfasst, was durch Auslegung zu ermitteln ist, und alle Gesellschafter ihre (antizipierte) Zustimmung zu einer solchen Nachschussleistung (abstrakt) erteilt haben.[611] Insofern weist das Genossenschaftsrecht keine Besonderheiten auf, sodass auf die dargestellten Ergebnisse verwiesen werden kann (siehe Seite 41 ff.). In der Folge sollen die Vorschriften des GenG daraufhin untersucht werden, ob diese in Parallele zu den §§ 26–28 GmbHG lediglich Rechtsfolgen für den Fall einer

---

610 Es handelt sich insoweit um einen „numerus clausus der finanziellen Leistungspflichten", vgl. *Scherf*, Die Nachschusspflicht im Gesellschaftsrecht, S. 30.

611 Vgl. zum Vereinsrecht BGH, Urt. v. 24.09.2007 – II ZR 91/06 [Leitsatz; Rz. 10, 11], NZG 2008, S. 38 ff. [S. 38 re. Sp. unten und S. 39 li. Sp. unten sowie S. 39 re. Sp. oben].

bereits wirksam begründeten Nachschusspflicht oder aber Voraussetzungen für die Einführung von Nachschusspflichten enthalten.

IV. Das normierte Nachschusssystem der Genossenschaft

Für die vorliegende Untersuchung wird trotz der verschiedenen Möglichkeiten individueller Satzungsgestaltungen allein die Systematik des Gesetzes zugrunde gelegt. Das Gesetz kennt die Nachschusspflicht zur Insolvenzmasse, welche in der Satzung enthalten sein soll und in deren Rechtsfolgen in §§ 98 ff. GenG näher erläutert sind. Es ist zunächst fraglich, ob eine Nachschusspflicht ohne eine Regelung in der Satzung gemäß § 6 Nr. 3 GenG überhaupt existieren kann oder ob das Gesetz eine ausdrückliche Bestimmung in der Satzung der Genossenschaft voraussetzt. Gemäß § 6 Nr. 3 GenG gilt, dass die Satzung einer Genossenschaft eine Bestimmung über mögliche Nachschussleistungen der Genossen zur Insolvenzmasse vorsehen und darüber hinaus festgelegt sein muss, ob diese unbeschränkt oder beschränkt bestehen soll. Daraus wird gefolgert, dass bei Schweigen der Satzung eine Nachschusspflicht zur Insolvenzmasse schon nicht bestehe, da kein schützenswerter guter Glaube der Gläubiger existiere und andererseits die Mitglieder gemäß § 15 GenG durch Aushändigung einer Satzung über ihre Rechte und Pflichten vollumfänglich informiert sein sollen.[612]

Dem ist jedoch entgegenzutreten. Bereits aus dem Wortlaut des § 105 Absatz 1 Satz 1 GenG ergibt sich, dass die Mitglieder zum – uneingeschränkten – Nachschuss verpflichtet sind, es sei denn, dass die Nachschusspflicht durch die Satzung ausgeschlossen ist. Dies kann nur den Fall meinen, in welchem gar keine Regelung in der Satzung enthalten ist. Läge eine Regelung vor, die Nachschüsse vorsähe, würde sich die Formulierung „es sei denn, dass" erübrigen, und wären Nachschusspflichten ausdrücklich ausgeschlossen, bestünden sie eben nicht.[613] Fraglich ist weiter, wie es sich mit einem wirksamen Beitritt zu einer bereits gegründeten Genossenschaft verhält, deren Satzung keine Regelung hierzu enthält. § 15a GenG verlangt, dass die Beitrittserklärung eines jeden Mitglieds die ausdrückliche Verpflichtung enthält, im Insolvenzfall (un)beschränkte Nachschüsse zu leisten. Das Mitglied soll vor weiteren Belastungen gewarnt werden. Enthält die Beitrittserklärung nicht die geforderte Verpflichtungserklärung, was eine konkrete Bezifferung der sich gegebenenfalls durch Satzungsänderung

612 Vgl. Pöhlmann/Fandrich/Bloehs/*Fandrich*, § 6 Gen. Rn. 9.

613 Vgl. hierzu auch *Beuthien*, § 6 GenG Rn. 9; Henssler/Strohn/*Geibel*, § 6 GenG Rn. 4; in diesem Sinne auch *Müller*, § 3 GenG Rn. 20 und § 6 GenG Rn. 25.

ändernden Beträge nicht erfordert,[614] so ist sie unwirksam[615] oder es kommt zu einem fehlerhaften Beitritt.[616] In beiden Fällen würde eine Nachschusspflicht des jeweiligen Mitglieds nicht entstehen.[617] Im Fall eines Schweigens der Satzung wäre es nämlich inkonsequent, einerseits eine Nachschusspflicht anzunehmen, andererseits Nachschusspflichten für später eintretende Mitglieder auszuschließen, soweit deren Beitrittserklärung die Erklärung der Übernahme der Nachschusspflicht nicht enthält. Da dies für alle Beitrittserklärungen gelte, bestünde eine Nachschusspflicht, welche sich allerdings nicht auswirkte. Hier bedarf es jedoch keiner weiteren Stellungnahme. Es soll angenommen werden, dass die Satzung einerseits keine Regelung vorsieht, was zu einer unbeschränkten Nachschusspflicht führt, andererseits die Beitrittserklärungen der Mitglieder alle Wirksamkeitserfordernisse des § 15a GenG berücksichtigen. Es kann dahinstehen, ob sich ein Schweigen der Satzung zu einer Nachschusspflicht in einem Schweigen bei Beitritt fortsetzen kann. Die Nachschusspflicht der Mitglieder ist bei Schweigen der Satzung hierzu kraft Gesetzes auf die Fälle Ausscheiden, Auflösung und Insolvenz beschränkt.

V. Auslöser einer Nachschusspflicht

Wenn beschränkte oder unbeschränkte Nachschusspflichten in der Satzung nicht ausgeschlossen wurden und von den Beitrittserklärungen umfasst sind, stellt sich die Frage nach der diese zusätzlichen Beitragspflichten auslösenden Bedingung.[618]

1. Kündigung eines Mitgliedes – § 65 ff. GenG

Jedes Mitglied kann zum Ende eines Geschäftsjahres mit dreimonatiger Frist schriftlich die Kündigung seiner Mitgliedschaft erklären. Dies hat die Auseinandersetzung gemäß § 73 GenG zur Folge. Für die vorliegende Fragestellung ist der Wortlaut des § 73 Absatz 2 Satz 4 GenG entscheidend: „Reicht das Vermögen

614 Vgl. Pöhlmann/Fandrich/Bloehs/*Fandrich*, § 15a GenG Rn. 1.

615 Vgl. *Beuthien*, § 15a GenG Rn. 3.

616 Vgl. Henssler/Strohn/*Geibel*, § 15a GenG Rn. 1.

617 Beim fehlerhaften Beitritt in Ermangelung einer Verpflichtungserklärung, vgl. Henssler/Strohn/*Geibel*, § 15a GenG Rn. 1, bei Unwirksamkeit in Ermangelung eines Beitritts.

618 Auch wenn das Gesetz in § 119 GenG von einer „Haftsumme“ spricht, handelt es sich bei den Nachschüssen um Beitragspflichten besonderer Art, vgl. Henssler/Strohn/*Geibel*, § 119 GenG Rn. 1.

einschließlich der Rücklagen und aller Geschäftsguthaben zur Deckung der Schulden der Genossenschaft nicht aus, hat das ehemalige Mitglied von dem Fehlbetrag den ihn betreffenden Anteil an die Genossenschaft zu zahlen, soweit es im Falle des Insolvenzverfahrens Nachschüsse an die Genossenschaft zu leisten gehabt hätte". Es kommt zu einer Simulation des Insolvenz- und damit des Nachschussfalles bei Ausscheiden des Mitgliedes. Diese Konstellation ist sowohl bei einer ordentlichen als auch bei einer außerordentlichen Kündigung denkbar. Ein Mitglied kann gemäß § 67a GenG außerordentlich kündigen, um eine Belastung mit weiteren Nachschusspflichten abzuwenden, muss jedoch für bereits bestehende Nachschusspflichten einstehen. § 73 GenG sieht folglich den gleichen Mechanismus vor, der bereits durch §§ 739 BGB für die GbR vorgesehen ist. Es folgt eine Auseinandersetzung mit dem einzelnen Mitglied[619] und gegebenenfalls einer Nachschusspflicht bei Verlust.

2. *Ausschluss eines Mitgliedes – § 68 ff. GenG*

a) *Der Ausschluss*

Eine Auseinandersetzung gemäß § 73 GenG findet ebenfalls bei einer Beendigung der Mitgliedschaft durch Ausschluss statt. § 68 Absatz 1 GenG legt fest, dass hierfür lediglich Gründe herhalten können, die in der Satzung geregelt sind. Ob auch ein „wichtiger Grund" ausreichen kann, um einen Ausschluss zu rechtfertigen, ist umstritten. Teilweise wird abgelehnt, hier den allgemeinen Rechtsgedanken der §§ 313, 626 BGB zugrunde zu legen, da das Gesetz in dieser Hinsicht eindeutig sei, die möglichen Gründe nämlich in der Satzung aufgeführt sein müssen.[620] § 68 GenG wird als eine Spezialvorschrift verstanden, die dem allgemeinen Rechtsgedanken vorgehe. Andererseits wird dem auch widersprochen.[621] *Müller* etwa führt aus, dass im Recht der Gesellschaften, die eine personalistische Ausprägung aufweisen, generell anerkannt würde, dass eine Ausschließung von Gesellschaftern möglich sei, soweit die Fortsetzung des Gesellschaftsverhältnisses unter Berücksichtigung der Gemeinschaftsinteressen nicht mehr zumutbar erscheine.[622] Dieser Grundsatz wird auch für Gesellschaften angewandt, deren

619 Vgl. MüKo/*Schäfer*, § 739 BGB Rn. 1.

620 Vgl. Henssler/Strohn/*Geibel*, § 68 GenG Rn. 1; Pöhlmann/Fandrich/Bloehs/*Fandrich*, § 68 GenG Rn. 1–3.

621 Vgl. *Beuthien*, § 68 GenG Rn. 2 und 4a.

622 Vgl. *Müller*, § 68 GenG Rn. 12 m.w.Nw. zu Rspr. und Literatur.

Satzung eine ausdrückliche Definition von Ausschließungsgründen nicht enthält.[623]

b) Stellungnahme

Im GmbH-Recht ist mittlerweile anerkannt, dass ein Ausschluss eines Mitgliedes aus wichtigem Grund möglich ist, auch wenn Gesetz und Satzung dies nicht ausdrücklich vorsehen.[624] Bei den Personengesellschaften ist ein Ausschluss aus wichtigem Grund in §§ 133, 140 HGB ohnehin gesetzlich geregelt. Legt man die Organisationsstruktur der Genossenschaft zugrunde, vermag es nicht zu überzeugen, dass gerade im Genossenschaftsrecht ein Ausschluss wegen Unzumutbarkeit nicht möglich sein soll, obwohl dieser bei Personengesellschaften, Vereinen und der GmbH mittlerweile anerkannt ist. Es ist davon auszugehen, dass bei einem Schweigen der Satzung auch ein „wichtiger Grund" für einen Ausschluss aus der Genossenschaft ausreichen kann, dessen *konkrete* Wirkung und Auslegung nicht nur den gesetzlichen Beschränkungen[625] unterliegt, sondern die konkreten Verhältnisse der Genossenschaft berücksichtigen muss.[626] Ist die weitere Mitgliedschaft eines Mitglieds für die anderen unzumutbar und liegt ein *wichtiger Grund* vor, kann der Ausschluss auch ohne eine konkrete Satzungsbestimmung erfolgen. Die Folgen sind die gleichen wie bei einer (außer) ordentlichen Kündigung: Die Auseinandersetzung gemäß § 73 GenG mit einer etwaig nötigen Nachschussleistung, falls diese wirksam vereinbart wurde.

3. Auflösung der Genossenschaft – §§ 78 ff. GenG

Des Weiteren können die Mitglieder mit einer Mehrheit von ¾ der abgegebenen Stimmen gemäß § 78 Absatz 1 Satz 1 GenG die Genossenschaft auflösen. Daneben stehen die Auflösung durch Zeitablauf gemäß § 79 GenG, durch Gerichtsbeschluss gemäß § 80 GenG und die Auflösung bei ablehnendem Insolvenzantragsbeschluss gemäß § 81a GenG. Alle Auflösungstatbestände haben zur Folge, dass die Liquidation durchgeführt wird. In diesem Rahmen treten die Wirkungen des § 87a GenG ein. Dieser ist § 735 BGB nachempfunden und

---

623 Vgl. *Müller*, § 68 GenG Rn. 12 m.w.Nw. zu Rspr. und Literatur.

624 Vgl. Ulmer/*Peter Ulmer/Mathias Habersack*, Anh. zu § 34 GmbHG Rn. 9.

625 *Geibel* nennt hier die allgemeinen Kriterien (bezogen auf einen Ausschluss nach Satzungsbestimmung): Verhältnismäßigkeit; genossenschaftliche Treuepflicht; Gleichbehandlungsgrundsatz, Willkürverbot; §§ 134, 138 BGB; Demokratieprinzip, vgl. Henssler/Strohn/*Geibel*, § 68 GenG Rn. 2.

626 Vgl. *Müller*, § 68 GenG Rn. 12.

soll Sanierungsmaßnahmen im Liquidationsstadium ermöglichen, um ein Insolvenzverfahren zu vermeiden.[627] Falls das Vermögen die Schulden unter Berücksichtigung fälliger, rückständiger Einzahlungen nicht deckt, können die Mitglieder gemäß § 87a Absatz 3 GenG mit einer qualifizierten Mehrheit von ¾ der abgegebenen Stimmen gemäß § 87a Absatz 1 GenG beschließen, dass die mit ihren Einzahlungen auf den Geschäftsanteil im Rückstand befindlichen Mitglieder zusätzliche Einzahlungen zu leisten haben. § 87a Absatz 2 GenG sieht darüber hinaus die Möglichkeit vor, Nachschüsse im Liquidationsstadium mit entsprechendem Beschluss einzufordern. Dies gilt jedoch gemäß § 87a Absatz 2 Satz 2 GenG nur dann, wenn entweder eine Nachschusspflicht zur Insolvenzmasse vorgesehen oder aber eine spezielle Nachschusspflicht für das Liquidationsstadium in der Satzung verankert ist.[628] Dieser Liquidationsnachschuss darf dem Gesetz nach lediglich den Gesamtbetrag der Anteile eines Mitgliedes erreichen. Im schlimmsten Fall muss ein Mitglied somit neben einer gegebenenfalls erforderlichen Nachzahlung auf einen nicht voll geleisteten Geschäftsanteil den Gesamtbetrag seiner Anteile noch einmal leisten.[629]

4. Insolvenz der Genossenschaft – § 98 ff. GenG

Die Eröffnung des Insolvenzverfahrens über das Vermögen der Genossenschaft hat gemäß § 101 GenG die Auflösung derselben zur Folge. Neben der Zahlungsunfähigkeit ist bei der Genossenschaft die Überschuldung gemäß § 98 GenG nur dann Eröffnungsgrund, wenn eine der drei Varianten des § 98 GenG vorliegt. Entweder haben „die Mitglieder Nachschüsse bis zu einer Haftsumme zu leisten" und „die Überschuldung [übersteigt] ein Viertel des Gesamtbetrags der Haftsummen aller Mitglieder"[630] oder es besteht nach der Satzung überhaupt keine Nachschusspflicht. Die Überschuldung ist auch dann Eröffnungsgrund, wenn die Genossenschaft aufgelöst wurde und zwar unabhängig davon, aus welchem Grunde dies geschieht.[631] Eine Auflösung kommt nur dann nicht als Insolvenzeröffnungsgrund in Betracht, wenn die Mitgliederversammlung die gemäß § 87a

627 Vgl. Beuthien/*Wolff*, § 87a GenG Rn. 1.

628 Vgl. hierzu Beuthien/*Wolff*, § 87a GenG Rn. 3.

629 Vgl. Henssler/Strohn/*Geibel*, § 87a GenG Rn. 1.

630 Das Gesetz sieht somit eine Vermutung dafür vor, dass die Nachschüsse bis zu einem Viertel der Haftsumme werden beigetrieben werden können, sodass bei einer Überschuldung unter diesem Betrag kein Insolvenzeröffnungsgrund vorliegt. Bei unbeschränkter Nachschusspflicht liegt in keinem Fall ein Insolvenzeröffnungsgrund vor, vgl. Henssler/Strohn/*Geibel*, § 98 GenG Rn. 2.

631 Vgl. Beuthien/*Schöpflin*, § 98 GenG Rn. 4.

Absatz 2 GenG mögliche Sanierungsvariante gewählt und weitere Beiträge eingefordert hat, soweit diese aktiviert werden können.[632] Reicht das Genossenschaftsvermögen nicht aus, um die Forderungen der Gläubiger zu befriedigen, müssen die Mitglieder gemäß § 105 Absatz 1 Satz 1 Nachschüsse leisten, soweit diese nicht in der Satzung ausgeschlossen sind. Die Quotelung erfolgt nach Köpfen. Die Beiträge von leistungsunfähigen Mitgliedern werden auf die restlichen verteilt. Es handelt sich hier nicht um eine Gesamtschuld, vielmehr stellen die um die ausgefallenen Beträge erhöhten Leistungspflichten der leistungsfähigen Mitglieder eine eigene Verbindlichkeit derselben dar.[633]

VI. Ergebnis

Eine Nachschusspflicht gegen den Willen des Mitgliedes der Genossenschaft existiert nach geltendem Recht nicht. Selbst wenn eine solche in der Satzung nicht ausgeschlossen ist, bedarf es einer Zustimmung im Rahmen des Beitritts zur Genossenschaft. Wird mit der erforderlichen Mehrheit von ¾ eine Nachschusspflicht nachträglich eingeführt, kann sich das Mitglied einer Verpflichtung durch sofortige Kündigung entziehen. Hierdurch entstehen dem Mitglied durch Verlust etwaiger früherer Beiträge, welche nicht ausgeglichen werden, gegebenenfalls weitere Belastungen, worauf an anderer Stelle noch eingegangen werden soll. Den Nachschuss muss das Mitglied nach der Kündigung nicht leisten. Etwas Anderes gilt für Nachschüsse in der Insolvenz. Diese bestehen kraft Gesetzes gemäß § 105 Absatz 1 GenG immer dann, wenn sie nicht durch die Satzung ausgeschlossen sind. Da Letzteres für die vorliegende Untersuchung angenommen werden sollte, bleibt die Feststellung, dass eine den §§ 128 HGB, 735, 739 BGB vergleichbare Inanspruchnahme der Mitglieder der Genossenschaft nicht besteht. Ein Verlustausgleich in Form von Nachschüssen kommt nach Gesetzeslage nur im Fall eines Insolvenzverfahrens, nicht aber im Fall der Auflösung und Liquidation, in Betracht.

B. Möglichkeit einer Nachschusspflicht kraft Treuepflicht

I. Treuepflicht zwischen Genossenschaftsmitgliedern

Es stellt sich die Frage, ob die Treuepflicht der Genossenschaftsmitglieder untereinander Nachschusspflichten der Mitglieder begründen kann. Vorweggenommen werden kann hier, dass es sich dabei lediglich um eine Nachschusspflicht

632 Vgl. Henssler/Strohn/*Geibel*, § 98 GenG Rn. 2.
633 Vgl. Beuthien/*Schöpflin*, § 105 GenG Rn. 11.

kraft der zwischen den Mitgliedern wirkenden Treuepflicht handeln kann. Eine Nachschusspflicht kraft Treuepflicht *zur Gesellschaft* selbst wurde schon bei den Personengesellschaften verneint, da die Existenz der Gesellschaft kein Selbstzweck ist. In Ermangelung entsprechender Entscheidungen zum Genossenschaftsrecht soll folgend auf Urteile zum Vereinsrecht zurückgegriffen werden, da dies die historische Vorform der Genossenschaft ist. Die vereinsähnliche Struktur der Genossenschaft ist der Grund dafür, dass die Vorschriften des GenG durch analoge Anwendung der Vorschriften des BGB zum Vereinsrecht ergänzt werden können.[634]

II. Rechtsprechung zur Nachschusspflicht kraft Treuepflicht

In der Folge soll untersucht werden, ob die Treuepflicht zwischen Mitgliedern einer Genossenschaft durch die Rechtsprechung anerkannt wird und welche Auswirkung die Treuepflicht nach der Rechtsprechung auf die Leistungspflichten der Mitglieder haben kann.

1. BGH, Urt. v. 24.09.2007 – II ZR 91/06

a) Die Entscheidung

In seinem Urteil vom 24.09.2007[635], das zum Vereinsrecht erging, musste der II. Senat des BGH zu der Frage Stellung nehmen, ob ein Mitglied eines Vereins eine einmalige Umlage zu leisten habe, welche ohne ausdrückliche Bestimmung in der Satzung des Vereins erhoben wurde. Der BGH stellt fest, dass eine solche Erhebung in der Satzung bereits niedergelegt sein müsse. Diese dürfe sich nicht auf das „Ob" beschränken, sondern habe auch den Umfang zumindest in Gestalt der Angabe einer Obergrenze der Höhe nach zu enthalten.[636] Die Übernahme weiterer Beiträge erfordere die antizipierte Zustimmung aller betroffenen Mitglieder, weshalb der maximale Umfang zumindest abschätzbar anzugeben sei.[637] Weiter führt der BGH Folgendes aus:

„In Ausnahmefällen kann eine Umlage auch ohne Bestimmung einer Obergrenze in der Vereinssatzung wirksam beschlossen werden, wenn sie für den

634 *K. Schmidt*, Gesellschaftsrecht, § 41 S. 1267. Dies vertritt ob der „personalistischen Struktur" von Genossenschaft und Verein auch *Müller*, § 68 GenG Rn. 12.

635 Vgl. BGH, Urt. v. 24.09.2007 – II ZR 91/06, NZG 2008, S 38 ff.

636 Vgl. BGH, Urt. v. 24.09.2007 – II ZR 91/06 [Leitsatz; Rz. 10.], NZG 2008, S. 38 ff. [S. 38 re. Sp. unten und S. 39 li. Sp. unten].

637 Vgl. BGH, Urt. v. 24.09.2007 – II ZR 91/06 [Rz. 11], NZG 2008, S. 38 ff. [S. 39 re. Sp. oben].

Fortbestand des Vereins unabweisbar notwendig und dem einzelnen Mitglied unter Berücksichtigung seiner eigenen schutzwürdigen Belange zumutbar ist. Die Vereinsmitglieder sind verpflichtet, den Vereinszweck und die gemeinsamen Interessen zu fördern und dazu mit den übrigen Mitgliedern zusammenzuarbeiten. Diese vereinsrechtliche Treuepflicht erlaubt in Ausnahmefällen auch die Belastung mit in der Satzung nicht vorgesehenen Pflichten. An eine solche aus der Treuepflicht abgeleitete Verpflichtung, eine Sonderumlage zu zahlen, sind aber wegen des damit verbundenen Eingriffs in das Mitgliedschaftsrecht hohe Anforderungen zu stellen. Nur wenn sich angesichts der Alternativen, den Verein aufzulösen oder ihn unter einem einmaligen Vermögensopfer fortzuführen, die Mehrheit der Vereinsmitglieder für den Fortbestand des Vereins entscheidet, kann auch dem einzelnen Vereinsmitglied wegen der mit dem Beitritt eingegangenen Verpflichtung, den Vereinszweck zu fördern, ausnahmsweise eine in der Satzung nicht vorgesehene Umlagelast zugemutet werden, sofern er sich nicht mit Rücksicht auf den gefassten Beschluss zum Austritt aus dem Verein entschließt."[638]

Das einzelne Mitglied sei vor einer solchen zusätzlichen Belastung geschützt, da es zeitnah den Austritt erklären und somit die Zahlung der Umlage vermeiden könne.[639]

b) Stellungnahme

Soweit der BGH im vorliegenden Urteil in Ausnahmefällen eine Nachschusspflicht auch ohne explizite Satzungsklausel annimmt, welcher sich das Vereinsmitglied nur durch Kündigung entziehen kann, ist hier eine Parallele zu § 16 Absatz 2 Nr. 2–4 und Nr. 9 sowie Absatz 3 GenG erkennbar. Diese Vorschrift enthält eine Durchbrechung der als eine Art Belastungsverbot wirkenden Satzungsstrenge.[640] Im Genossenschaftsrecht kann sich das Mitglied der Belastung ebenfalls nur durch Ausübung eines Sonderkündigungsrechts gemäß § 67a GenG entziehen.

Schubert weist in diesem Zusammenhang darauf hin, dass das Belastungsverbot (etwa in § 707 BGB) und die Kündigungslösung des BGH keinesfalls gleiche Schutzwirkung entfalten.[641] Nach *Schuberts* Auffassung leitet der BGH

---

638 Vgl. BGH, Urt. v. 24.09.2007 – II ZR 91/06 [Rz. 14], NZG 2008, S. 38 ff. [S. 39 re. Sp. unten].

639 Vgl. BGH, Urt. v. 24.09.2007 – II ZR 91/06 [Rz. 19], NZG 2008, S. 38 ff. [S. 40 li. Sp. unten].

640 So schon MüKo/*Stein*, § 180 AktG Rn. 4.

641 Vgl. hierzu *Schubert*, WM 2008, S. 1197 ff.

die Leistungspflicht in Ausnahmefällen nicht aus der Treuepflicht *zwischen den Mitgliedern*, sondern aus der Treuepflicht der Mitglieder *zur Gesellschaft* ab.[642] Dies ergebe sich daraus, dass der BGH in seiner Begründung zu der Leistungspflicht aus Treuepflicht auf die Pflicht zur Förderung des Vereinszwecks und die gemeinsamen Interessen verweist.[643] *Schubert* weist zu Recht darauf hin, dass durch den sofortigen Austritt zwar die durch die Beitragserhöhung ausgelöste „Fremdbestimmung" des Vereinsmitglieds endet, jedoch gleichzeitig auch die Mitgliedsrechte, etwa zur Nutzung von Vereinseinrichtungen, und damit die Vorteile der Mitgliedschaft endeten.[644] Somit stelle der Austritt die Selbstbestimmung der Mitglieder nicht vollständig her.[645] Der BGH erkenne nicht für alle zusätzlichen Beiträge einen wichtigen Grund zur sofortigen Kündigung an. Bei lediglich geringen Belastungen sei kein sofortiger Austritt möglich und die Belastung daher hinzunehmen, was nach *Schubert* bei minimalen Belastungen auch hinzunehmen sei.[646]

Der Einwand *Schuberts* hinsichtlich des Verlustes der Mitgliedschaftsrechte durch Austritt vermag zu überzeugen und verdeutlicht, dass nach der Entscheidung des BGH Mitgliedern eines Vereins gegen ihren Willen Belastungen auferlegt werden können, welche nicht in der Satzung vorgesehen sind. Dass diese Belastungen lediglich mittelbar, nämlich durch die eigene Austrittserklärung entstehen, ändert an diesem Befund nichts, da die Alternative lediglich in der Hinnahme der Belastung bestünde, die durch die beschlossenen Umlagen entsteht. Sowohl im Personengesellschaftsrecht, im GmbH-Recht als auch im Vereinsrecht gilt das Belastungsverbot.[647] Im Genossenschaftsrecht wirkt sich das Prinzip der Satzungsstrenge hinsichtlich nicht in Gesetz und Satzung vorgesehener Beiträge wie ein Belastungsverbot aus. Die Mitglieder schulden nicht mehr Beiträge, als sie durch Beitrittserklärung in Kenntnis der expliziten Satzungsbestimmungen versprochen haben. Dass im Vereinsrecht eine Umlage als einmaliger, zusätzlicher Beitrag zumindest in Gestalt der Angabe einer Obergrenze[648]

---

642 Vgl. *Schubert*, WM 2008, S. 1197 ff.

643 Vgl. *Schubert*, WM 2008, S. 1197 ff. [S. 1199 li. Sp. oben] mit Verweis auf BGH, Urt. v. 24.09.2007 – II ZR 91/06 [Rz. 14], NZG 2008, S. 38 ff. [S. 39 re. Sp. unten].

644 Vgl. *Schubert*, WM 2008, S. 1197 ff. [S. 1201 li. Sp. oben].

645 Vgl. *Schubert*, WM 2008, S. 1197 ff. [S. 1201 li. Sp. oben].

646 Vgl. *Schubert*, WM 2008, S. 1197 ff. [S. 1203 li. Sp. oben].

647 Vgl. BGH, Urt. v. 02.07.2009 – III ZR 333/08 [Rz. 11], NZG 2009, S. 1143 ff. [S. 1143 re. Sp. oben].

648 Vgl. BGH, Urt. v. 24.09.2007 – II ZR 91/06 [Leitsatz], NZG 2008, S. 38 ff. [S. 38 re. Sp. unten].

in der Satzung Voraussetzung ist, orientiert sich an den bereits gefundenen Ergebnissen zu Beitrags- und Mehrheitsklauseln, wie sie schon im Rahmen der Personengesellschaften entwickelt wurden. Für die vorliegende Untersuchung ist von Bedeutung, dass der BGH aus der Förderpflicht der Mitglieder auch dann eine ausnahmsweise Zahlungspflicht ableitet, wenn dies für den Fortbestand des Vereins unabweisbar notwendig sei und ansonsten die Auflösung drohe.[649] Für die Personengesellschaften wurde gerade der Grund der drohenden Auflösung oder Insolvenz der Gesellschaft für die Bejahung einer ausnahmsweisen Zustimmungspflicht oder Leistungspflicht kraft Treuepflicht regelmäßig verneint.[650]

Eine ausnahmsweise bestehende Leistungspflicht kraft Treuepflicht von Vereinsmitgliedern überrascht nach den bereits dargestellten Ergebnissen zu den Personengesellschaften und der GmbH, da die Vereinsmitglieder in der Regel nicht für die Schulden des Vereins einzustehen haben,[651] also auch eine Inanspruchnahme im Rahmen der Liquidation ausgeschlossen ist.[652] Es überrascht insbesondere, dass der BGH die Treuepflicht zwischen den Vereinsmitgliedern[653] in Ausnahmefällen heranzieht, um weitere Leistungspflichten zu begründen, da das persönliche Vertrauensverhältnis der Mitglieder eines Vereins oder einer Genossenschaft in der Regel nicht die Intensität erreicht, wie dies bei Personengesellschaften der Fall ist. Dass dies nur für „Ausnahmefälle" gelten soll und „hohe Anforderungen" an eine solche Leistungspflicht zu stellen sind, entspricht den Anforderungen an eine Nachschusspflicht kraft Treuepflicht, welche die Rechtsprechung im Personengesellschaftsrecht entwickelt hat. Auch die Zumutbarkeitsschranke findet sich wieder. Neu sind hier zwei Aspekte. Einmal soll die Gefährdung des Fortbestandes des Vereins ausreichen, um eine einmalige Umlage durch Mehrheitsbeschluss mit Wirkung für alle Mitglieder zu ermöglichen. Und

---

649 Vgl. BGH, Urt. v. 24.09.2007 – II ZR 91/06 [Rz. 14], NZG 2008, S. 38 ff. [S. 39 re. Sp. unten].

650 Vgl. nur BGH, Urt. v. 23.01.2006 – II ZR 126/04 [Rz. 26], NZG 2006, S. 379 ff. [S. 381 li. Sp. oben]; OLG Stuttgart, Urt. v. 31.03.2010 [Leitsatz] – 14 U 20/09, DB 2010, S. 1058 [S. 1058 re. Sp. oben].

651 Für den eingetragenen Verein vgl. BGH, Urt. v. 08.07.1970 – VIII ZR 28/69, NJW 1970, S. 2015 ff. [S. 1216 li. Sp. unten und re. Sp. oben].

652 In „Sanieren oder Ausscheiden" (BGH, Urt. v. 19.10.2009 – II ZR 240/08, NZG 2009, S. 1347 ff.) wurde für die Personengesellschaften gerade ein Vergleich der Belastung durch eine Auseinandersetzung mit jener einer sofortigen Liquidation angestellt.

653 Deren Existenz und Wirkung ist heute im Rahmen des monistischen Mitgliedschaftsbegriffs herrschende Ansicht; auch eine Bindung der Mitglieder untereinander sind verpflichtet, lediglich die „Intensität variiert", vgl. MüKo/*Arnold*, § 38 BGB Rn. 3 mit Verweis auf *Lutter*, AcP 180 (1980), S. 84 ff. [S. 105 unten].

weiter soll der Beschluss im Fall der Unzumutbarkeit nicht relativ unwirksam sein, sondern das Mitglied könne sich der Leistungspflicht durch Austritt entziehen. Der BGH spricht davon, dass diese unvorhergesehene Pflichtenmehrung dem Mitglied seine weitere Mitgliedschaft unzumutbar machen „könne",[654] ein solcher Beschluss folglich nicht zwangsläufig die Unzumutbarkeit auslöst. Das Mitglied müsse der Pflichtenmehrung mit seinem Austritt aus dem Verein begegnen können.[655] Dies ist wohl so zu verstehen, dass unabhängig von der Frage der Zumutbarkeit in jedem Fall ein die Zahlungspflicht verhindernder Austritt möglich sein muss. Doch selbst wenn das Mitglied sich zum Austritt entschließt, kommt es zu folgenden vereinsrechtlichen Konsequenzen. Soweit der Beschluss von weiteren, nicht vorhersehbaren Beiträgen eine unzumutbare Belastung und damit einen wichtigen Grund darstellt[656], ist das Mitglied zu einem sofortigen und fristlosen Austritt aus dem Verein berechtigt. Dies gilt auch dann, wenn der Austritt nach der Satzung eigentlich den Ablauf einer bestimmten Frist voraussetzt.[657] Die Mitgliedschaft wäre sodann mit sofortiger Wirkung beendet. Beiträge, welche zuvor entstanden sind, muss das Mitglied auch nach dem Austritt noch leisten.[658] Davon ausgenommen sind natürlich Leistungen wie einmalige Umlagen, in deren Einforderung der „wichtige Grund" gerade besteht.[659] Allerdings erlöschen mit Wirksamwerden des Austritts alle Mitgliedsrechte und Mitgliedspflichten.[660] Das Urteil des BGH bedeutet einen erheblichen Eingriff in die Mitgliedschaft und in das Vermögen der betroffenen Mitglieder, da ein Beschluss der Mehrheit, der den vom BGH aufgestellten Anforderungen nicht entspricht, gegenüber dem Mitglied nicht relativ unwirksam ist. Das Mitglied kann lediglich

654 Vgl. BGH, Urt. v. 24.09.2007 – II ZR 91/06 [Rz. 19], NZG 2008, S. 38 ff. [S. 40 li. Sp. unten].

655 Vgl. BGH, Urt. v. 24.09.2007 – II ZR 91/06 [Rz. 19], NZG 2008, S. 38 ff. [S. 40 li. Sp. unten].

656 Derlei wurde Vereinsmitgliedern schon bei rückwirkenden *Beitrags*erhöhungen „einiger Höhe" zugestanden, soweit keine Grundlage in der Satzung hierfür bestand, vgl. *Stöber/Otto*, Handbuch Vereinsrecht, Rn. 357a (S. 175/176) mit Verweis auf LG Hamburg, Urt. v. 29.04.1999 – 302 S 128/98, NJW-RR 1999, S. 1708.

657 Vgl. *Stöber/Otto*, Handbuch Vereinsrecht, Rn. 279 (S. 140).

658 Vgl. *Stöber/Otto*, Handbuch Vereinsrecht, Rn. 283 (S. 142); davon ausgenommen sein sollen lediglich die periodischen Beiträge (z.B. Jahresbeiträge), welche dann anteilig geschuldet seien (dies steht jedoch unter Satzungsvorbehalt), vgl. *Stöber/Otto*, Handbuch Vereinsrecht, Rn. 369 (S. 181).

659 Vgl. MüKo/*Arnold*, § 39 BGB Rn. 12.

660 Vgl. MüKo/*Arnold*, § 39 BGB Rn. 12, § 38 BGB Rn. 55; *Stöber/Otto*, Handbuch Vereinsrecht, Rn. 284 (S. 143).

den Austritt erklären. Dieser Mechanismus steht im Gegensatz zu den hohen Anforderungen, welche für eine Nachschusspflicht kraft Treuepflicht im Personengesellschaftsrecht entwickelt wurden und die Minderheitsgesellschafter vor unzumutbaren Belastungen *bei Fortbestand ihrer Gesellschafterstellung* schützen. Ob der BGH annimmt, in einem solchen Fall stelle eine Umlageverpflichtung immer einen zur fristlosen Kündigung berechtigenden „wichtigen Grund" dar, bleibt offen. Das Gericht spricht von einem „angemessenen zeitlichen Zusammenhang"[661] zwischen Beschluss und Austrittserklärung, da der Verein seine Planungssicherheit bewahren müsse. Läge kein wichtiger Grund vor, wäre das Mitglied an die Kündigungsfristen der Satzung gebunden, sodass der zusätzliche Beitrag gegebenenfalls noch in seiner Mitgliedszeit fällig würde.[662] Im vorliegenden Fall des BGH lag ein Beschluss des Vereins aus dem Jahre 2003 vor, das Mitglied erklärte die Kündigung aber erst nach der Fälligkeit des Beitrages im Jahre 2004. Die Satzung des Vereins sah vor, dass vor Beendigung der Mitgliedschaft fällig gewordene Beiträge weiterhin geschuldet seien. Hier erfolgte die Erklärung nach der Fälligkeit, weshalb auch bei Vorliegen eines „wichtigen Grundes" und sofortiger Beendigung der Mitgliedschaft diese Beendigung der Mitgliedschaft nach der Fälligkeit gelegen hätte. Daher blieb offen, ob der BGH hier einen wichtigen Grund annahm oder nicht. Augenscheinlich geht es dem BGH darum, dass bei zeitnaher Erklärung der Zeitpunkt der tatsächlichen Beendigung der Mitgliedschaft für das Entfallen der Zahlungspflicht gleichgültig ist. Das Mitglied kann in jedem Fall die Mitgliedschaft kündigen, wenn auch gegebenenfalls mit Kündigungsfrist. Weiter verlangt der BGH, dass sich das Mitglied durch die ordentliche oder außerordentliche Kündigung der Zahlungsfrist entziehen können muss, was bei überraschenden Beschlüssen und sofortiger Fälligkeit sonst kaum gewährleistet wäre. Die Ausführung *Schuberts*, der BGH wolle nicht in allen Fällen einen wichtigen Grund zur sofortigen Kündigung gewähren, insbesondere geringe Belastungen hiervon als „zumutbar" ausnehmen, verwischt zwei unterschiedliche Aspekte. Nach den Ausführungen des BGH muss der Austritt, unabhängig vom Beendigungszeitpunkt, zeitnah erklärt werden. Es kommt dem BGH folglich nicht auf die Wirkung der Austrittserklärung und damit die Beendigung vor Fälligkeit der Umlage, sondern auf den Zeitpunkt der Erklärung an.[663] Die zeitnahe Erklärung selbst verhindert, unabhängig von

661 Vgl. BGH, Urt. v. 24.09.2007 – II ZR 91/06 [Rz. 20], NZG 2008, S. 38 ff. [S. 39 li. Sp. unten].

662 Vgl. BGH, Urt. v. 24.09.2007 – II ZR 91/06 [Rz. 24], NZG 2008, S. 38 ff. [S. 40 re. Sp. unten].

663 So wohl auch *Stöber/Otto*, Handbuch Vereinsrecht, Rn. 283 (S. 142).

der tatsächlichen Beendigung, den Eintritt der Zahlungspflicht. Ob ein wichtiger Grund die sofortige Beendigung herbeiführt, spielt keine oder nur dann eine Rolle, wenn das Mitglied den Austritt nicht zeitnah erklärt und daher riskiert, dass die Fälligkeit eintritt.

Der BGH stellt fest, dass das Mitglied der Pflichtenmehrung durch Austritt begegnen können muss, da sie unzumutbar sein könne. Dies bedeutet entgegen *Schubert* nicht, dass ein Austritt nur dann mit der gewünschten Folge der Leistungsvermeidung möglich sei, wenn die Leistung unzumutbar ist, Minimalbeiträge mithin gefordert werden können und somit eine Relativierung des Belastungsverbots vorläge.[664] Schon im Leitsatz sagt der BGH, dass bei Vorliegen der aufgezählten Bedingungen dem Mitglied eine Mehrleistung zugemutet werden könne, sofern es sich nicht mit Rücksicht auf den gefassten Beschluss zum Austritt aus dem Verein entschließe.[665] Folglich besteht nach der Entscheidung des BGH selbst bei Zumutbarkeit der beschlossenen Umlage ein Austrittsrecht, welches unabhängig vom Vorliegen eines wichtigen Grundes bei zeitnaher Erklärung ein Wegfall der Zahlungspflicht begründet. *Schubert* ist hingegen zuzugeben, dass einerseits die Austrittsmöglichkeit keine adäquate Ausgleichsmöglichkeit ist, die den Verstoß gegen das Belastungsverbot rechtfertigen könne. Denn die Belastung kann nur mit einer endgültigen Lösung vom Verein verhindert werden. Andererseits kann es gerade auch durch den Austritt zu einer zusätzlichen Belastung kommen, die nicht nur im Verlust der Mitgliedschaft besteht. Auch wenn eine anteilige Rückerstattung periodischer Beiträge erfolgen könnte,[666] bleiben einmalige Beträge wie etwa Aufnahmegebühren – in teilweise beträchtlicher Höhe – für immer verloren.[667] Diese Beiträge können sogar höher sein als die beschlossene einmalige Umlage. Der Mitgliederbeschluss sorgt somit nach der Lösung des BGH in *allen* Fällen für eine zusätzliche Belastung, sei es durch eine ausnahmsweise Wirksamkeit kraft Treuepflicht auch gegenüber dem einzelnen Mitglied oder sei es durch den Verlust bereits eingezahlter Einmalbeträge bei Austritt, die ansonsten in den Leistungen des Vereins an seine Mitglieder einen Ausgleich gefunden hätten. In beiden Fällen kommt es zu einer Belastung des Mitglieds.

---

664 Vgl. *Schubert*, WM 2008, S. 1197 ff. [S. 1203 li. Sp. oben und Mitte].

665 Vgl. BGH, Urt. v. 24.09.2007 – II ZR 91/06 [Leitsatz], NZG 2008, S. 38 ff. [S. 38 re. Sp. unten].

666 Vorbehaltlich einer entgegenstehenden Satzungsbestimmung, vgl. *Stöber/Otto*, Handbuch Vereinsrecht, Rn. 369 (S. 181).

667 Vgl. OLG Brandenburg, Urt. v. 07.12.2004 – 6 U 72/04, MDR 2005, S. 640 f.; *Stöber/Otto*, Handbuch Vereinsrecht, Rn, 284 (S. 143).

c) Zwischenfazit

Am auffälligsten am vorliegenden Urteil ist der Perspektivwechsel des Gerichts. Offenbar sind nach Auffassung des BGH Beiträge und kollektiv beschlossene Beitragserhöhungen von Vereinsmitgliedern nicht anders einzuordnen als zusätzliche Leistungen der Gesellschafter in einer Personengesellschaft. Leistungen der Mitglieder müssen in der Satzung bereits niedergelegt sein. Hier besteht eine Parallele zum Personengesellschaftsrecht. Das Urteil zeigt auf, dass sowohl die Leistung der Umlage als auch der Austritt durch Kündigung in jedem Fall eine Belastung für das Mitglied darstellen. Entweder muss das Mitglied die Umlage leisten oder durch den Austritt aus dem Verein einmalig geleistete Beiträge zurücklassen. Eine Auseinandersetzung ist im Vereinsrecht nicht vorgesehen, sodass das Mitglied keinen Ausgleich für verlorene Beiträge wie etwa Aufnahmegebühren erhält.

2. BGH, Urt. v. 02.07.2009 – III ZR 333/08

a) Die Entscheidung

In seiner Entscheidung vom 02.07.2009[668] stellt der BGH eine direkte Verbindung zu den bereits dargestellten Ergebnissen dieser Untersuchung zum Personengesellschaftsrecht her. Dem Urteil kommt somit eine Brückenfunktion zu. Der Entscheidung lag erneut eine Fallkonstellation zugrunde, in welcher die nachträgliche Begründung von Nachschusspflichten streitig war. Der BGH zitiert das bereits behandelte Urteil vom 24.09.2007 und bestätigt die darin ausgeführten Grundsätze. Darüber hinaus nimmt der BGH auch auf die zu den Personengesellschaften ergangenen Urteile Bezug.[669] Deren Kernaussagen sollen daher kurz ins Gedächtnis gerufen werden. Laut BGH sei ein Gesellschafter zur Hinnahme von Eingriffen in seine Mitgliedschaft nur dann verpflichtet, wenn die Eingriffe im Gesellschaftsinteresse geboten und ihm unter Berücksichtigung seiner eigenen schutzwürdigen Belange zumutbar seien.[670] Dabei seien an die aus der Treuepflicht abgeleitete Verpflichtung, einer Beitragserhöhung zuzustimmen,

---

668 Vgl. BGH, Urt. v. 02.07.2009 – III ZR 333/08, NZG 2009, S. 1143 ff.

669 Vgl. BGH, Urt. v. 02.07.2009 – III ZR 333/08 [Rz 11], NZG 2009, S. 1143 ff. [S. 1143 re. Sp. oben].

670 Vgl. BGH, Urt. v. 19.03.2007 – II ZR 73/06 [Rz. 29], NZG 2007, S. 382 ff. [S. 384 re. Sp. oben] mit Verweis auf BGH, Urt. v. 04.07.2005 – II ZR 354/03 [Rz 31], NZG 2005, S. 753 ff. [S. 754 re. Sp. Mitte]; BGH, Urt. v. 23.01.2006 – II ZR 126/04 [Rz. 23–24], NZG 2006, S. 379 ff. [S. 380 re. Sp. unten]; BGH, Urt. v. 23.01.2006 – II ZR 306/04, NZG 2006, S. 306 ff., WM 2006, S. 577 ff. [S. 578 re. Sp. unten].

besonders hohe Anforderungen zu stellen, da ein Gesellschafter grundsätzlich nicht zu neuen Vermögensopfern gezwungen werden dürfe.[671] Gerade weil bei der Prüfung der gesellschafterlichen Treuepflichtverletzung entscheidend auf die eigenen schutzwürdigen Belange des Gesellschafters abzustellen sei, käme eine Bejahung von Nachschusspflichten kraft Treuepflicht nur in Betracht, wenn diese dem Gesellschafter zumutbar seien.[672] Der BGH überträgt alle bereits für die Personengesellschaften herausgearbeiteten Ergebnisse auf die Rechtsform des Vereins.

b) Stellungnahme

Mit diesem Urteil ist eine Brücke zwischen den Voraussetzungen einer Nachschusspflicht kraft Treuepflicht im Personengesellschaftsrecht und im Vereinsrecht geschlagen worden.[673] Eine Übertragung der Überlegungen und Ergebnisse, die auf der zitierten Rechtsprechung zum Personengesellschaftsrecht aufbauen, ist somit nach Ansicht des BGH möglich.[674]

III. Ergebnis

Die Treuepflicht zwischen Mitgliedern eines Vereins wirkt sich in gleichem Maße aus wie die Treuepflicht zwischen Gesellschaftern einer Personengesellschaft oder einer GmbH. Gleiches gilt für das Verhältnis der Mitglieder einer Genossenschaft. Trotz der umfangreichen rechtsformspezifischen Regelungen des GenG (insbesondere hinsichtlich einzelner Nachschusspflichten) können die für das Vereinsrecht gefundenen Ergebnisse auf das Genossenschaftsrecht übertragen werden. Die rechtlichen Strukturen beider Verbände unterscheiden sich diesbezüglich nicht wesentlich. Das gemeinsame Wirtschaften der Mitglieder einer Genossenschaft lässt sogar den Schluss zu, dass die Treuepflicht zwischen den Mitgliedern einer Genossenschaft im Einzelfall intensiver wirkt als zwischen Mitgliedern eines Vereins.

---

671 Vgl. BGH, Urt. v. 19.03.2007 – II ZR 73/06 [Rz. 29], NZG 2007, S. 382 ff. [S. 384 re. Sp. oben] mit Verweis auf BGH, Urt. v. 04.07.2005 – II ZR 354/03 [Rz. 31], NZG 2005, S. 753 ff. [S. 754 re. Sp. unten]; BGH, Urt. v. 23.01.2006 – II ZR 126/04 [Rz. 24], NZG 2006, S. 379 ff. [S. 380 re. Sp. unten].

672 Vgl. BGH, Hinweisbeschl. v. 26.03.2007 – II ZR 22/06 [Rz. 7], NZG 2007, S. 582 ff. [S. 583 li. Sp. oben].

673 Diesbezüglich kritisch *Nentwig*, Nachschusspflichten im Verbandsrecht, S. 270.

674 Vgl. auch *Nentwig*: „Auch im Vereinsrecht ist ausnahmsweise aufgrund der gesellschaftsrechtlichen Treuepflicht eine Pflicht zur Leistung zusätzlicher Beiträge anzunehmen", vgl. *Nentwig*, Nachschusspflichten im Verbandsrecht, S. 220.

Eine Haftung der Mitglieder für die Verbindlichkeiten der Genossenschaft besteht nach dem Gesetz nicht. Es existiert hingegen eine Nachschusspflicht zur Insolvenzmasse, soweit diese nicht in der Satzung ausgeschlossen ist und von der Beitrittserklärung der Mitglieder umfasst ist. Der BGH verweist in seiner Rechtsprechung zum Verein auf die bereits dargestellte Rechtsprechung zu den Personengesellschaften und bejaht eine ausnahmsweise Nachschusspflicht kraft Treuepflicht unter den hierfür entwickelten Voraussetzungen. Diese Rechtsprechung ist auf die Genossenschaft übertragbar, da der Verein die Urform von Genossenschaft und Aktiengesellschaft ist und die Genossenschaft durch ihren Gesetzeszweck der gegenseitigen Hilfe, also eine enge Zusammenarbeit, angelegt ist. Obwohl für die Genossenschaft lediglich eine Nachschusspflicht im Insolvenzfall vorgesehen ist, überträgt der BGH in seiner Rechtsprechung zum Verein die Wertungen aus seiner Rechtsprechung zu den Personengesellschaften. Dort wurde gezeigt, dass es bei Vorliegen der Voraussetzungen einer Nachschusspflicht kraft Treuepflicht nicht zu einem Verstoß gegen das Belastungsverbot kommt. Die Übertragung der Rechtsprechung des BGH auf die Genossenschaft findet ihren tieferen Grund in der Pflicht zur Rücksichtnahme auf die Interessen der Mitgesellschafter, welche zwischen Mitgliedern einer Genossenschaft ebenso intensiv ausgeprägt sein kann wie zwischen Personengesellschaftern. Das Merkmal der gemeinschaftlichen Wirtschaftsführung und Selbsthilfe der Mitglieder untereinander erhöht ob der existenziellen Bedeutung für deren wirtschaftliche Existenz die Intensität der Treuepflicht gegenüber Mitgliedern etwa eines Vereins. Selbst für den Verein hat der BGH jedoch die Treuepflicht als ausreichend intensiv angenommen, um die Rechtsprechung zu den Personengesellschaften auch auf Vereine zu übertragen. In der Folge soll dieses Ergebnis auf seine dogmatische Belastbarkeit überprüft werden.

C. Voraussetzungen für eine Nachschusspflicht kraft Treuepflicht

I. Allgemeines

Die Darstellung der Rechtsprechung des BGH hat gezeigt, dass an die Voraussetzungen einer Nachschusspflicht kraft Treuepflicht im Genossenschaftsrecht die gleichen Maßstäbe anzulegen sind, wie sie bereits im Personengesellschaftsrecht gelten. Die Kriterien für eine Nachschusspflicht kraft Treuepflicht sollen nach dem BGH in vollem Umfang auf den Verein und damit auch auf die Genossenschaft angewandt werden. In der Folge soll untersucht werden, ob diese

Übertragung nach den bisher herausgearbeiteten Voraussetzungen in vollem Umfang geboten und überzeugend ist.

II. „Belastungen" und das Belastungsverbot

1. Das Belastungsverbot bei Genossenschaften

Wie bereits gezeigt wurde, gilt das Belastungsverbot nicht nur für das Personengesellschaftsrecht und das Recht der GmbH, sondern auch für das Vereinsrecht,[675] und durch das Prinzip der Satzungsstrenge im Genossenschaftsrecht. In der Folge soll die Belastung der Mitglieder der Genossenschaft mit gesetzlich vorgesehen Beiträgen oder solchen Leistungspflichten, die von der Rechtsprechung entwickelt wurden, untersucht werden.

2. Das Haftungssystem der Genossenschaft

Gemäß § 23 Absatz 1 haften die Mitglieder für die Verbindlichkeiten der Genossenschaft nach Maßgabe des GenG. Grundsätzlich haftet den Gläubigern der Genossenschaft gemäß § 2 GenG nur das Vermögen der Genossenschaft. Lediglich soweit es das Gesetz anordnet und es in der Satzung nicht ausgeschlossen wurde, kann es zu einer Haftung der Mitglieder kommen. Unberührt hiervon bleiben die Handelndenhaftung analog § 41 Absatz 1 AktG und die Haftung gemäß § 826 BGB, welche hier wie bei der GmbH als Innenhaftung ausgestaltet ist.[676] Die Nachschusspflichten sind ausschließlich als reine Innenhaftung der Mitglieder gegenüber der Genossenschaft ausgestaltet.[677] Ein *Haftungsdurchgriff* wird für die Genossenschaft in Anlehnung an die Entwicklung im Recht der GmbH abgelehnt. Sowohl die möglichen Fallgruppen „Rechtsformmissbrauch", als auch „existenzvernichtender Eingriff" und „Vermögensvermischung" sollen als eigene Haftung des Mitgliedes gemäß § 826 BGB ausgestaltet sein.[678] Es kann auf die Ergebnisse, die bereits zur GmbH entwickelt wurden, verwiesen werden[679] (siehe Seite 152 f.). Lediglich für den Fall der Insolvenz ist in § 105 Absatz 1 GenG vorgesehen, dass die Mitglieder der Genossenschaft Nachschüsse zur Insolvenzmasse zu leisten haben, soweit dies nicht in der Satzung ausgeschlossen

---

675 Vgl. BGH, Urt. v. 02.07.2009 – III ZR 333/08 [Rz. 11], NZG 2009, S. 1143 ff. [S. 1143 re. Sp. Mitte].

676 Vgl. Henssler/Strohn/*Geibel*, § 22 GenG Rn. 7 und § 2 GenG Rn. 5 ff.

677 Vgl. Henssler/Strohn/*Geibel*, § 2 GenG Rn. 4.

678 Vgl. Henssler/Strohn/*Geibel*, § 2 GenG Rn. 5 ff., 8.

679 Auf die Rechtsprechung zur GmbH zurückgreifend auch Henssler/Strohn/*Geibel*, § 2 GenG Rn. 6–7.

ist. Es handelt sich hierbei jedoch nicht um eine Haftung im Außenverhältnis, sondern um eine Schuld gegenüber der Insolvenzmasse. Auch eine Nachhaftung bei Ausscheiden existiert nicht, es sei denn, dass dies für den Fall der Auflösung der Genossenschaft in der Satzung vorgesehen ist. Eine Haftung der Mitglieder gegen ihren Willen ist somit ausgeschlossen.

3. *Zwischenfazit*

Entsprechend der Rechtslage bei Vereinen kommt es auch bei Genossenschaften im Regelfall nicht zu einer Haftung der Mitglieder mit ihrem privaten Vermögen. Sollten Nachschüsse zur Insolvenzmasse vorgesehen sein, müssen diese von der Beitrittserklärung der Mitglieder umfasst sein.

III. Inhalt der Treuepflicht bei der Genossenschaft

1. *Allgemeines*

Dass zwischen der Genossenschaft als Körperschaft und ihren Mitgliedern ein wechselseitiges Treuepflichtverhältnis besteht, kann heute nicht mehr angezweifelt werden, wurde es doch von der Rechtsprechung regelmäßig bestätigt.[680] *Beuthien* hält eine Treuepflicht zwischen den Mitgliedern ebenfalls für heute weitgehend anerkannt.[681] *Pöhlmann* hingegen stellt lapidar fest, dass zwischen den Mitgliedern selbst keine Treuepflichten bestünden, da ihre Einhaltung nicht zu den tragenden Strukturprinzipien der Genossenschaft zähle.[682] *Geibel* verweist darauf, dass die Treuepflicht zwischen den Mitgliedern einer Genossenschaft mittlerweile allgemein anerkannt sei.[683] Letzteres vermag zu überzeugen. Es erscheint gekünstelt, dass zwar innerhalb einer Kapitalgesellschaft wie der AG eine Treuepflicht zwischen den Gesellschaftern existiert, diese in einer Genossenschaft hingegen nicht bestehen soll, obwohl deren Prinzip der gegenseitigen Selbsthilfe gerade darauf beruht, dass die beteiligten Personen den anderen Mitgliedern ein erhöhtes Maß an Vertrauen entgegenbringen, als dies bei einer Aktiengesellschaft der Fall ist. Völlig zu Recht verweist *Beuthien* daher auf die „Linotype"-Entscheidung des BGH,[684] wenn er feststellt, dass die damit

---

680 Vgl. etwa RG, Beschl. v. 06.04.1935 – II B 5/34 (RGZ 147, 257, [270]); BGH, Urt. v. 22.05.1958 – II ZR 316/56, NJW 1958, S. 1633 [S. 1635 re. Sp. oben].

681 Vgl. *Beuthien*, § 18 GenG Rn. 52.

682 Vgl. Pöhlmann/Fandrich/Bloehs/*Pöhlmann*, § 18 GenG Rn. 14.

683 Vgl. Henssler/Strohn/*Geibel*, § 18 GenG Rn. 12.

684 Vgl. BGH, Urt. v. 01.02.1988 – II ZR 75/87, NJW 1988, S. 1579.

fehlenden unmittelbaren Rechtsbeziehungen zwischen den Mitgliedern durch den auf wechselseitiger Selbsthilfe fußenden Förderzweck der Genossenschaft und deren daraus folgende personenbezogene Struktur ersetzt würden.[685] Im Gegensatz zu den Personengesellschaften und der GmbH entspringt die Treuepflicht zwischen Mitgliedern einer Genossenschaft nicht nur aus dem persönlichen Näheverhältnis der einzelnen Gesellschafter untereinander, sondern aus dem besonderen Zweck der wechselseitigen Förderung.

2. Übertragbarkeit bisheriger Ergebnisse zur Treuepflicht

Inwieweit die bisher aufgezeigten Ergebnisse auf die Rechtsform der Genossenschaft übertragen werden können, hängt davon ab, ob die Strukturmerkmale der Genossenschaft eine solche Übertragung erlauben. Nach *K. Schmidt* sei die eingetragene Genossenschaft ihrer Grundstruktur nach eine Körperschaft, und zwar eine Sonderform des rechtsfähigen Wirtschaftsvereins.[686] Neben dem GenG könnten daher Vereinsvorschriften des BGB Lücken ergänzend, das heißt analog, herangezogen werden.[687] Durch diese Ausführung wird deutlich, wie ähnlich die Strukturen von Verein, Aktiengesellschaft und Genossenschaft bei allen Unterschieden im Detail sind. Es überzeugt, die Ergebnisse aus Rechtsprechung und Literatur zur Aktiengesellschaft heranzuziehen, da die Anforderungen an die Treuepflicht bei der Kapitalgesellschaft „Aktiengesellschaft" als Publikumsgesellschaft[688] sicherlich nicht geringer ausfallen, als dies bei einer Genossenschaft ist. Das Ziel der „gegenseitige Selbsthilfe" setzt automatisch ein größeres Nähe- und Vertrauensverhältnis der Mitglieder untereinander voraus. In diesem Zusammenhang kann erneut auf die „Linotype-Entscheidung" vom 01.02.1988[689] verwiesen werden. Wie der BGH in Weiterentwicklung der Entscheidung vom 25.09.1986[690] klarstellt, wirkt die gesellschaftsrechtliche Treuepflicht nicht nur zwischen Gesellschaftern einer Personengesellschaft oder einer personalistisch organisierten GmbH, sondern auch zwischen Gesellschaftern einer Aktiengesellschaft. Diese Treuepflicht beinhaltet die Pflicht zur Rücksichtnahme auf die Interessen der Mitgesellschafter.[691] Der BGH stellt klar, dass die

685 Vgl. *Beuthien*, § 18 GenG Rn. 52.
686 Vgl. *K. Schmidt*, Gesellschaftsrecht, § 41 S. 1267.
687 Vgl. *K. Schmidt*, Gesellschaftsrecht, § 41 S. 1267.
688 Vgl. *K. Schmidt*, Gesellschaftsrecht, § 26 S. 760.
689 Vgl. BGH, Urt. v. 01.02.1988 – II ZR 75/87, NJW 1988, S. 1579 ff.
690 Vgl. BGH, Urt. v. 25.09.1986 – II ZR 262/85, NJW 1987, S. 189 ff.
691 Vgl. BGH, Urt. v. 01.02.1988 – II ZR 75/87 [Rz. 18], NJW 1988, S. 1579 ff. [S. 1581 re. Sp. unten und S. 1582 li. Sp. oben].

mit einer Personengesellschaft vergleichbare Struktur lediglich *ein* Grund für die Übertragung der Treuepflicht auf die AG und die GmbH darstelle. Hinzu käme vielmehr der Einfluss der Gesellschafter, mittelbar über die Gesellschaft auf die Interessen der Mitgesellschafter Einfluss zu üben und diese zu beeinträchtigen, sodass die Treuepflicht als Korrektiv und Gegengewicht angewendet werden müsse. Da die AG wie die Genossenschaft eine Fortentwicklung des Vereins darstellt, können diese Erkenntnisse auf die Genossenschaft übertragen werden. Denn der BGH legt bei der Annahme der Treuepflicht Voraussetzungen zugrunde, die auf die Genossenschaft wie die AG zutreffen, nämlich einen eher losen Verband mehrerer Mitglieder in einer Körperschaft, deren Bestand gerade nicht vom einzelnen Mitglied abhängt. Diese Übertragung vermag sogar noch mehr zu überzeugen, weil die Mitglieder einer Genossenschaft gerade einen gemeinschaftlichen Geschäftsbetrieb betreiben wollen, es somit zwangsläufig zu einer persönlichen und organisatorischen Kooperation kommt. § 1 GenG definiert daher Genossenschaften als „Gesellschaften von nicht geschlossener Mitgliederzahl, deren Zweck darauf gerichtet ist, den Erwerb oder die Wirtschaft ihrer Mitglieder oder deren soziale oder kulturelle Belange durch gemeinschaftlichen Geschäftsbetrieb zu fördern".

In dem bereits dargestellten Urteil des BGH vom 24.09.2007[692] zum Vereinsrecht stellt der BGH des Weiteren fest, dass auch ohne eine Grundlage in der Satzung die Einführung einer einmaligen Umlage aller Gesellschafter möglich sei, wenn dies für den Fortbestand des Vereins unabweisbar notwendig und für das einzelne Mitglied unter Berücksichtigung seiner eigenen schutzwürdigen Belange zumutbar sei.[693] An eine solche Einführung seien jedoch hohe Anforderungen zu stellen.[694] Die Vereinsmitglieder seien kraft ihrer Förder- und Treuepflicht verpflichtet, eine solche Belastung zu tragen.[695] Der BGH überträgt in diesem Urteil die aus dem Personengesellschaftsrecht bekannten, hohen Voraussetzungen für eine Nachschusspflicht kraft Treuepflicht auf Vereine und damit auch auf Genossenschaften. Dies gibt nur dann Sinn, wenn die Intensität der genossenschaftlichen Treuepflicht zwischen Mitgliedern eines Vereins die Intensität erreicht, wie sie für Gesellschafter einer Personengesellschaft mittlerweile anerkannt ist.

---

692 Vgl. BGH, Urt. v. 24.09.2007 – II ZR 91/06, NZG 2008, S. 38 ff.

693 Vgl. zu alldem BGH, Urt. v. 24.09.2007 – II ZR 91/06 [Rz. 14], NZG 2008, S. 38 ff. [S. 39 re. Sp. unten].

694 Vgl. zu alldem BGH, Urt. v. 24.09.2007 – II ZR 91/06 [Rz. 14], NZG 2008, S. 38 ff. [S. 39 re. Sp. unten].

695 Vgl. zu alldem BGH, Urt. v. 24.09.2007 – II ZR 91/06 [Rz. 14], NZG 2008, S. 38 ff. [S. 39 re. Sp. unten].

Damit ist festgestellt, dass sowohl zwischen Gesellschaftern einer (Publikums) Personengesellschaft, einer GmbH, einer AG, eines Vereins wie auch einer Genossenschaft Treubindungen bestehen und diese je nach Ausgestaltung vergleichbare Intensitäten entfalten können. Die Existenz der Treuepflicht ist somit nicht von der Rechtsform abhängig. Vielmehr kommt es bei der Beurteilung der Intensität der Treuepflicht darauf an, wie die Gesellschaft und das gesellschafterliche Miteinander tatsächlich ausgestaltet sind und inwiefern Einfluss auf die Belange der Mitgesellschafter genommen werden kann. Dieses Ergebnis wird durch das Urteil des BGH aus dem Jahre 2009[696] bestätigt, in welchem er auf die entscheidenden Urteile zu Nachschusspflichten bei Personengesellschaften,[697] die hier bereits untersucht wurden, ausdrücklich Bezug nimmt. Somit sind die Ergebnisse zur Treuepflicht bei Personengesellschaften auf die Genossenschaft übertragbar.

3. Zwischenfazit

Die Geltung der mitgliedschaftlichen Treuepflicht auch zwischen den einzelnen Mitgliedern einer Genossenschaft kann heute entgegen vereinzelt vertretener Auffassungen nach dem Stand der Rechtsprechung nicht mehr geleugnet werden. Der Verweis des BGH auf die im Rahmen dieser Untersuchung bereits behandelten Urteile zum Personengesellschaftsrecht verdeutlicht, dass das Gericht von einer entsprechenden Wirkung der Treuepflicht auch zwischen Mitgliedern einer Genossenschaft ausgeht. Dass die Treuepflicht auch zwischen Mitgliedern einer Genossenschaft das erforderliche Ausmaß annehmen kann, wie es für eine Nachschusspflicht kraft Treuepflicht erforderlich ist, kann durch den Verweis des BGH auf seine Rechtsprechung zu den Personengesellschaften nachgewiesen werden. Begründet wird dies durch das intensive Maß an Kooperation, das die gegenseitige Selbsthilfe der Mitglieder erfordert.

IV. Übertragbarkeit der Ergebnisse zur Nachschusspflicht kraft Treuepflicht

1. Einführung

Der III. Senat des BGH nimmt in seiner Rechtsprechung zum Vereinsrecht eine Übertragung der Grundsätze zur Nachschusspflicht kraft Treuepflicht aus dem

696 Vgl. BGH, Urt. v. 02.07.2009 – III ZR 333/08, NZG 2009, S. 1143 ff.

697 Etwa BGH, Urt. v. 19.03.2007 – II ZR 73/06, NZG 2007, S. 382 ff.; BGH, Urt. v. 23.01.2006 – II ZR 126/04, NZG 2006, S. 379 ff.; BGH, Urt. v. 04.07.2005 – II ZR 354/03, NZG 2005, S. 753 ff.

Personengesellschaftsrecht auf das Vereinsrecht und – wenn auch nicht ausdrücklich – damit auch auf das Genossenschaftsrecht vor. Es soll im Folgenden untersucht werden, ob die Strukturmerkmale der Genossenschaft nach dem GenG einer solchen Übertragung entgegenstehen.

2. *Strukturmerkmale der Genossenschaft*

a) *Juristische Person, Körperschaft, Formkaufmann*

Die Genossenschaft ist gemäß § 17 GenG Formkaufmann wie die GmbH juristische Person, die durch Eintragung in das Genossenschaftsregister Rechtsfähigkeit erlangt. Sie ist trotz ihrer Eigenschaft als Körperschaft personalistisch ausgerichtet, auch wenn sie keine Gesellschaft im Sinne der §§ 705 ff. BGB ist.[698]

b) *Nicht geschlossene Mitgliederzahl*

Wesentliches Merkmal der Genossenschaft und Unterscheidungskriterium zu den Personengesellschaften ist die nicht geschlossene Mitgliederzahl. Zwar kann die Mitgliederzahl begrenzt und können Ein- und Austritt geregelt werden, jedoch ist die Genossenschaft gerade darauf ausgerichtet, dass weitere Mitglieder aufgenommen werden können, ohne auf Begrenzungen wie etwa eine festgelegte Anzahl von Geschäftsanteilen (GmbH) oder Aktien (AG) Rücksicht nehmen zu müssen.[699] Durch die offene mitgliedschaftliche Ausrichtung ähnelt sie besonders stark dem Verein, was die bereits erwähnte Anwendung vereinsrechtlicher Vorschriften zur Lückenfüllung rechtfertigt.[700]

c) *Genossenschaftlicher Förderzweck*

Wie schon die Personengesellschaften und Vereine ist auch die Genossenschaft auf einen bestimmten Zweck angelegt, welcher in der Förderung der Mitglieder besteht. Die Genossenschaft ist nach *Beuthien* insofern eine zweckgebundene Vereinigungsform, als dass ihr Zweck anders als derjenige der Personen- und Kapitalgesellschaften zwingend auf die Förderung des Erwerbes oder der Wirtschaft der Mitglieder festgelegt und weiter ein wesentlicher und notwendiger Bestandteil ihrer unternehmerischen Tätigkeit die Förderung des Geschäftsverkehrs mit den Mitgliedern sei.[701] Die Genossenschaft soll im Gegensatz zu den Gesellschaften die Mitglieder nicht nur im Innenverhältnis, sondern auch

---

698 Vgl. Pöhlmann/Fandrich/Bloehs/*Fandrich*, § 1 GenG Rn. 2, 3.

699 Vgl. *Beuthien*, § 1 GenG Rn. 6.

700 Vgl. Pöhlmann/Fandrich/Bloehs/*Fandrich*, § 1 GenG Rn. 1.

701 Vgl. *Beuthien*, § 1 GenG Rn. 8.

durch Abschluss von Geschäften mit den Mitgliedern diese im Außenverhältnis fördern.

d) *Genossenschaftliche Grundsätze*

Die Genossenschaft zeichnet sich durch einige prägende Prinzipien aus. Hierzu gehört der Grundsatz der Selbsthilfe. Der gesetzlich verwendete Begriff „gemeinschaftliche Geschäftsbetrieb" hat nur dahin gehend Bedeutung, als „gemeinschaftlich" nichts anderes als „genossenschaftlich" bedeuten soll, also im Sinne der von der eG angestrebten Selbsthilfe der Mitglieder zu verstehen ist.[702] Die Mitglieder sollen sich gegenseitig fördern und füreinander einstehen.[703] Hieraus lässt sich eine besonders intensive Treuepflicht ableiten, deren Intensität trotz der in der Regel hohen Mitgliederzahl der Intensität der Treuepflicht zwischen Gesellschaftern einer Personengesellschaft entsprechen kann. Das Prinzip der Selbsthilfe („Einer für alle, alle für einen")[704] erfordert, dass die Mitglieder sich in einem gesteigerten Maß aufeinander verlassen können. Dies wird dadurch deutlich, dass ein weiteres Prinzip der Genossenschaft der Grundsatz der Identität von Mitglied und Kunde ist. Das Mitglied tritt somit den anderen Mitgliedern nicht nur als Mitarbeiter im gemeinschaftlichen Wirtschaftsbetrieb, sondern auch als Kunde der dabei erwirtschafteten Güter gegenüber. Von der Qualität der Zusammenarbeit einerseits und der Produkte andererseits ist in vielen Fällen die wirtschaftliche Existenz der Mitglieder abhängig.

e) *Haftungsbeschränkung*

Außer in den von der Satzung bestimmten Fällen der Nachschussleistung haftet den Gläubigern nur das Vermögen der Gesellschaft. Für Genossenschaften ist kein Mindestkapital vorgesehen. Die Genossenschaft weist daher eine dem Recht der GmbH entsprechende Haftungsbeschränkung auf, ohne dass gleichzeitig ein gesetzliches Mindestkapital bereitzustellen wäre.

3. *Stellungnahme*

Der kurze Überblick zeigt die Stellung der Genossenschaft im Gesellschaftsrecht zwischen Personengesellschaft und Aktiengesellschaft. Das Genossenschaftsrecht basiert auf dem Vereinsrecht. Die Struktur der Genossenschaft ist der einer Aktiengesellschaft vergleichbar. Im Gegensatz zur Aktiengesellschaft ist die

---

702 Vgl. *Beuthien*, § 1 GenG Rn. 30; Henssler/Strohn/*Geibel*, § 1 GenG Rn. 11.

703 Vgl. Pöhlmann/Fandrich/Bloehs/*Fandrich*, § 1 GenG Rn. 25.

704 Vgl. Pöhlmann/Fandrich/Bloehs/*Fandrich*, § 1 GenG Rn. 25.

Genossenschaft nicht auf eine feste Anzahl an Mitgliedern beschränkt. Sie kann ohne gesetzliches Grundkapital gegründet werden und ist trotzdem mit einer Haftungsbeschränkung ausgestattet. Es handelt sich aber auch nicht um eine Gesellschaft, da der Förderzweck und die gemeinschaftliche Bewirtschaftung darauf abzielen, die Mitglieder direkt und auch im Außenverhältnis als Kunden der Genossenschaft zu fördern, während bei Personengesellschaften und der GmbH dies aus der strukturellen Perspektive nur mittelbar, etwa durch Ausschüttung von Gewinnen, geschieht. Gerade der Grundsatz der Selbsthilfe sorgt dafür, dass die Treuepflicht zwischen den Mitgliedern einer Genossenschaft trotz des mitunter großen Mitgliederstammes eine intensive Wirkung entfaltet, wie sie bereits für die Personengesellschaften und die GmbH herausgearbeitet wurde.

V. Ergebnis

Die Strukturmerkmale der Genossenschaft unterscheiden diese wesentlich von den Personengesellschaften und der GmbH. Eine deutliche Parallele ist zur Struktur von Aktiengesellschaften und von Vereinen erkennbar. Die dargestellten Strukturmerkmale verbieten nicht, die Rechtsprechung zur Treuepflicht bei Personengesellschaften auf die Genossenschaft zu übertragen. Der BGH hatte fast ausschließlich Fälle zu Publikumsgesellschaften zu entscheiden, deren konkrete Gesellschafterstruktur in ihrer Anzahl jener einer Genossenschaft gleichkommen kann.

D. Minderheitenschutz

Die Ausführungen zum Minderheitenschutz im Personengesellschaftsrecht gelten für die Genossenschaft entsprechend. Wie gezeigt wurde, enthalten die – vom BGH auf den Verein und damit auf die Genossenschaften übertragenen – Voraussetzungen für eine Nachschusspflicht kraft Treuepflicht bereits entsprechende Minderheiten schützende Voraussetzungen. Die Interessenlage von Gesellschaftern und Mitgliedern sind hinsichtlich der persönlichen Belastung vergleichbar. Da in der Praxis die Genossenschaften auf eine Vielzahl von Mitgliedern angelegt sind, welche in der Regel zu gleichen Teilen an der Genossenschaft beteiligt sind, ist das Risiko unter den Mitgliedern gleichmäßig verteilt.

E. Zusammenfassung Kapitel 3

1. Personengesellschaften und Gesellschaften mbH einerseits und Genossenschaften andererseits weisen grundsätzlich unterschiedliche Strukturen auf. Während bei der Personengesellschaft die beteiligten Personen im Mittelpunkt

stehen, ist die Genossenschaft wie schon der Verein auch auf Mitgliederwechsel und Mitgliederzuwachs angelegt.

2. Der Zweck der Genossenschaft der gegenseitigen Hilfe und Förderung bedingt es, dass die Treuepflichten zwischen den Mitgliedern der Genossenschaft die gleiche Intensität entfaltet wie die Treuepflicht zwischen Gesellschaftern einer Personengesellschaft. Die gemeinsame, auf Selbsthilfe abzielende Förderung des Zwecks unter genossenschaftlicher Bewirtschaftung erzeugt eine besonders starke Bindung.
3. Die Rechtsprechung zu den Nachschusspflichten kraft Treuepflichten der Gesellschafter einer Personengesellschaft ist auf die Genossenschaften übertragbar. Die Strukturmerkmale der Genossenschaft stehen dem nicht entgegen. Vielmehr fördern sie die Intensität der Treuepflicht. Es gelten hier die Ausführungen zu Voraussetzungen und Minderheitenschutz entsprechend.
4. Die zu den Personengesellschaften entwickelten, einzelnen Voraussetzungen einer Nachschusspflicht kraft Treuepflicht können somit in vollem Umfang für die Genossenschaft Geltung beanspruchen. Es wurde gezeigt, dass sich die Rechtsprechung bei dieser Übertragung auf strukturbezogene und dogmatische Gründe stützen kann.
5. Durch die Übertragung dieser Ergebnisse aus dem Personengesellschaftsrecht geht die Rechtsprechung noch einen Schritt weiter. Eine Nachschusspflicht kraft Treuepflicht als Ausnahme zum Belastungsverbot wird auch für die Genossenschaft anerkannt, obwohl die Mitglieder einer Genossenschaft einer vergleichbaren Belastungslage durch persönliche Haftung, Gewinnverzicht und Aufopferungsgedanke gerade nicht ausgesetzt sind.

Kapitel 4. Zusammenfassung und Ausblick

A. Rechtsformbezogene Ergebnisse

I. Personengesellschaften

Die Untersuchung hat gezeigt, dass die von der Rechtsprechung anerkannte Nachschusspflicht kraft Treuepflicht im Personengesellschaftsrecht auf einer belastbaren dogmatischen Grundlage steht. Es wurde verdeutlicht, unter welchen Voraussetzungen ein Nachschussbeschluss durch eine Mehrheitsklausel gedeckt ist, dass ein wichtiger Grund jedoch nicht ausreicht, die Gesellschafter zu weiteren Leistungen zu zwingen. Hierdurch wurden die Fälle abgegrenzt, in denen eine Nachschusspflicht kraft Treuepflicht bestehen kann.

Eine Mehrheitsklausel muss eine ausreichende formelle Legitimation für eine Mehrheitsentscheidung darstellen, nämlich den konkreten Beschlussgegenstand umfassen, was durch Auslegung nach den allgemeinen Regeln zu ermitteln ist. Dem Bestimmtheitsgrundsatz kommt nach jüngster Auffassung des Bundesgerichtshofs keine Bedeutung mehr zu. Insbesondere ist bei den Anforderungen an die Bestimmtheit einer Mehrheitsklausel nicht mehr nach „gewöhnlichen" und „ungewöhnlichen" Vertragsänderungen zu unterscheiden.

Darüber hinaus wird in der Literatur mit überzeugenden Argumenten ein „qualifiziertes" Bestimmtheitserfordernis gefordert, welchem eine Klausel gerecht werden müsse. Es handelt sich hierbei um einen individualschützenden Aspekt des früheren Bestimmtheitsgrundsatzes, da alle Gesellschafter der Aufnahme in die Mehrheitsklausel zugestimmt haben müssen. Die Rechtsprechung steht einer solchen „materiellen" Seite des früheren Bestimmtheitsgrundsatzes skeptisch gegenüber, spricht sie doch dem Bestimmtheitsgrundsatz jede minderheitsschützende Funktion ab. Gerade in der hier untersuchten Fallgruppe weiterer Belastungen der Gesellschafter greift die Rechtsprechung eben diesen Aspekt wieder auf, wenn sie fordert, dass „Art und Umfang" beziehungsweise „Art und Ausmaß" dieser Belastungen von einer Mehrheitsklausel umfasst sein müssen, damit die Klausel einen entsprechenden Mehrheitsbeschluss auch mit Wirkung gegen Minderheitsgesellschafter legitimieren könnte.

Kernbereichsschutz und Belastungsverbot sind nicht deckungsgleich, sondern weisen unterschiedliche Schutzrichtungen auf und stehen nebeneinander. Die Untersuchung hat gezeigt, dass ein „wichtiger Grund" zwar Eingriffe in den unentziehbaren Kernbereich rechtfertigen kann, aber gerade nicht ausreicht, um Verstöße gegen das Belastungsverbot zu rechtfertigen. Das Belastungsverbot schützt nicht die Mitgliedschaft selbst, sondern soll einen Zugriff auf das außerhalb der Gesellschaft liegende Vermögen des Gesellschafters verhindern. Hieraus folgt, dass die Kernbereichslehre nicht Gegenstand weiterer Betrachtungen im Rahmen dieser Untersuchung sein muss. Vielmehr war die Frage zu beantworten, ob ein Verstoß gegen das Belastungsverbot und damit ein Zugriff auf das Privatvermögen der Gesellschafter durch die Treuepflicht gerechtfertigt werden kann, sodass auch die Minderheitsgesellschafter zur Leistung der Nachschüsse verpflichtet sind. Die Darstellung führte zu dem Ergebnis, dass sowohl die Rechtsprechung als auch die Literatur von einer allzu formalistischen Auslegung des Belastungsverbotes abgerückt sind. Gesellschafter von Personengesellschaften sind gerade im Rahmen der Haftung, der Aufopferung und des Gewinnverzichts bereits nach geltendem Recht vielfältigen Belastungen ausgesetzt, die formal im Widerspruch zum Belastungsverbot stehen, was jedoch sowohl von Rechtsprechung als auch von der Literatur anerkannt wurde. Eine formalistische Betrachtung des Belastungsverbotes gemäß § 707 BGB hat sich bereits in der Rechtspraxis *nicht* bewährt, da sie zu widersprüchlichen Ergebnissen führt. Eine Belastung kann sowohl durch eine Leistung als auch durch einen Verzicht eintreten. An diesem Punkt hat die Untersuchung offen gelegt, dass das Belastungsverbot gegen eine Nachschusspflicht kraft Treuepflicht gerade nicht in Stellung gebracht werden kann, wenn die herausgearbeiteten Kriterien eingehalten werden.

Es wurde gezeigt, dass die Treuepflicht der Gesellschafter zueinander im Recht der Personengesellschaften zwar von der realen Struktur und dem persönlichen Näheverhältnis beeinflusst wird, jedoch nicht allein von diesen Merkmalen abhängt. Vielmehr konnte herausgearbeitet werden, dass die Möglichkeit der Minderheitsgesellschafter, durch ihre Verweigerung auf die Interessen und Vermögenspositionen der Mehrheitsgesellschafter Einfluss zu nehmen, Grundlage der gesellschafterlichen Treuepflicht ist. Die Intensität wird somit von der gegenseitigen Verantwortung für die Mitgesellschafter geprägt. Verfassungsrechtlich findet dies seinen Ausdruck in der Abwägung zwischen dem Interesse der Mehrheit, Vermögensverluste zu vermeiden oder sogar Vermögen zurück zu gewinnen gegen das Interesse der Minderheit, jedwedes zusätzliches Risiko vermeiden zu wollen. Letztlich überwiegt das Interesse der Mehrheit in den skizzierten Ausnahmefällen, da sich die Minderheit auch ihr eigenes Interesse an einer Rettung gegen sich gelten lassen muss. Eine erfolgreiche Sanierung reduziert die Belastung durch Außenhaftung sowohl für die Mehrheits- als auch für die Minderheitsgesellschafter.

Die eingrenzenden Kriterien der hier herausgearbeiteten Fallgruppe haben sowohl objektiven als auch subjektiven Charakter. Objektiv muss der Beitrag der Minderheit dringend erforderlich sein, gemeinsam geschaffene Werte zu erhalten. Diese Rettung muss ob einer positiven betriebswirtschaftlichen Fortführungsprognose nicht nur realistisch, sondern gegenüber einem weiteren Verlustszenario überwiegend wahrscheinlich sein. Unter Berücksichtigung der objektiven Interessenlage aller Gesellschafter besteht eine berechtigte Erwartungshaltung seitens der Mehrheitsgesellschafter, dass die Minderheit unter den herausgearbeiteten Voraussetzungen ein Interesse an einer wirtschaftlich sinnvollen Sanierung der Gesellschaft hat. Diese berechtigte Erwartungshaltung kann durch das Verhalten der Minderheitsgesellschafter erschüttert werden. Umgekehrt kann auch ein ausdrücklicher Ausschluss weiterer Nachschüsse im Gesellschaftsvertrag durch konkludentes Verhalten abbedungen werden. Die Leistung von Nachschüssen muss jedem betroffenen Gesellschafter individuell zumutbar sein. Als zusätzliche Obergrenze kann die jeweilige individuelle Haftungssumme bei einer sofortigen Liquidation herangezogen werden.

II. Gesellschaft mit beschränkter Haftung

Die Untersuchung hat darüber hinaus ergeben, dass die Beurteilung der Wirkung der Treuepflicht zwischen GmbH-Gesellschaftern seitens Rechtsprechung und Literatur lange Zeit von einem falschen Verständnis der Grundlage der gesellschafterlichen Treuepflicht geprägt gewesen ist. Sie kann mittlerweile auch für die GmbH als anerkannt gelten. Darüber hinaus bindet die Treuepflicht die Gesellschafter einer GmbH untereinander mit ähnlicher Intensität, wie dies bei Gesellschaftern einer Personengesellschaft der Fall ist. Dies gilt auch für die kapitalistische, korporativ gestaltete GmbH, da die personalistische Struktur lediglich ein Kriterium für die Intensität der Treuepflicht ist. Die Intensität der Treuepflicht wird durch die Möglichkeit der Gesellschafter, auf die gesellschaftsbezogenen Interessen ihrer Mitgesellschafter Einfluss zu nehmen, maßgeblich bestimmt. Die Untersuchung der Strukturmerkmale von Personengesellschaften und der GmbH hat die Übertragbarkeit der für die Personengesellschaften gefundenen Ergebnisse bestätigt. Insbesondere fällt hierbei ins Gewicht, dass die Urteile des BGH in Hinblick auf die Treuepflicht und Nachschusspflichten fast ausschließlich zu Fällen ergingen, in denen *Publikums*personengesellschaften eine Rolle spielten, deren Hauptmerkmal gerade die Vielzahl der Gesellschafter und die damit einhergehende schwache persönliche Bindung zwischen den Gesellschaftern ist. Darüber hinaus konnte gezeigt werden, dass das Belastungsverbot des § 53 Absatz 3 GmbHG einer Nachschusspflicht kraft Treuepflicht im GmbH-Recht nicht entgegensteht. Die Abkehr von einem formalen hin zu einem materiellen Verständnis des Belastungsbegriffes förderte hier die gleichen Ergebnisse zutage, wie sie bereits für das Personengesellschaftsrecht herausgearbeitet wurden.

III. Genossenschaft

Letztlich zeigte die Untersuchung des Genossenschaftsrechts, dass die Ergebnisse zu Personengesellschaften und GmbH verallgemeinerungsfähig sind. Die Rechtsprechung überträgt ihre zu Publikumsgesellschaften ergangene Rechtsprechung zu Nachschusspflicht und Treuepflicht auf den Verein. Es wurde gezeigt, dass auch eine Übertragung auf die Genossenschaften möglich ist, obwohl die Genossenschaften im Gegensatz zu Personengesellschaften und GmbH auf einen offenen Mitgliederstamm und einen möglichst einfachen Mitgliederwechsel ausgerichtet sind. Diese Offenheit für weitere Mitglieder und eine damit einhergehende losere Verbindung zwischen den einzelnen Mitgliedern wird jedoch dadurch aufgewogen, dass die Mitglieder in ihrer täglichen Wirtschaft aufeinander angewiesen sind und sowohl Mitglieder der Genossenschaft als auch Kunden der genossenschaftlichen Leistungen sind. Hierdurch können die Mitglieder einen besonderen Einfluss auf die Interessen der anderen Mitglieder nehmen. Diese Einflussnahmemöglichkeiten wurden schon für die Personengesellschaften und GmbH als Voraussetzung eine Nachschusspflicht kraft Treuepflicht herausgearbeitet. Im Hinblick auf das auch im Genossenschaftsrecht geltende Belastungsverbot kann auf die Ergebnisse zum Personengesellschaftsrecht verwiesen werden.

B. Rechtsformübergreifende Ergebnisse

Rechtsformübergreifend kann festgestellt werden, dass die für eine Nachschusspflicht kraft Treuepflicht erforderliche Intensität der Treuepflicht aus dem Verhältnis der Gesellschafter oder Mitglieder untereinander herrührt. Sie ergibt sich aus der Einflussmöglichkeit auf die Interessen der Mitgesellschafter. Diese besteht unabhängig von der personalistischen Struktur.

Die Ergebnisse dieser Untersuchung lassen sich wie folgt zusammenfassen:

1. Die Treuepflicht ist für alle drei untersuchten Rechtsformen uneingeschränkt anerkannt. Sie entfaltet Wirkung zwischen den Gesellschaftern oder Mitgliedern.

2. Die Intensität der Treuepflicht ist von der Realstruktur der konkreten Gesellschaft, nicht jedoch von der Rechtsform abhängig.
3. Entscheidend ist nicht die personalistische Struktur. Diese hat Einfluss auf die Intensität der Treuepflicht. Anerkannt ist die Treuepflicht jedoch auch für Publikumsgesellschaften und damit für kapitalistisch geprägte Gesellschaftsformen. Die besondere Intensität der Treuepflicht entspringt den Möglichkeiten der Gesellschafter, auf die Rechtsgüter ihrer Mitgesellschafter Einfluss nehmen zu können.
4. Anknüpfungspunkt der Nachschusspflicht kraft Treuepflicht sind die Interessen der Mitgesellschafter. Sowohl Angehörige der Mehrheit als auch jene der Minderheit haben ein unabweisbares wirtschaftliches Interesse daran, keine unnötigen Verluste zu erleiden beziehungsweise bereits verlorene Beiträge wieder zu erlangen. Bezüglich der Bereitschaft zur Wahrnehmung der eigenen wirtschaftlichen Interessen besteht eine berechtigte Erwartungshaltung seitens der Mitgesellschafter, soweit das Verhalten der Gesellschafter einer solchen nicht entgegensteht.
5. Das Belastungsverbot beansprucht keine allgemeine Gültigkeit für jedwede zusätzlichen Beiträge. Vielmehr sehen Gesetz und Rechtsprechung vielfältige Ausnahmen vor. Das Belastungsverbot vermag keine Sperrwirkung gegen eine Nachschusspflicht kraft Treuepflicht zu erzeugen, soweit die dargestellten Voraussetzungen vorliegen.
6. Ein wesentliches Kennzeichen eines besonderen Ausnahmefalles zur Annahme einer Nachschusspflicht kraft Treuepflicht ist, dass sich die angestrebte Sanierung auf gemeinsam geschaffene Werte beziehungsweise bereits geleisteter Einlagen beziehen muss.
7. Die Nachschussleistungen der Minderheitsgesellschafter müssen für die Durchführung der Sanierung dringend erforderlich sein und es muss eine positive betriebswirtschaftliche Fortführungsprognose vorliegen.
8. Die Nachschüsse müssen den einzelnen Gesellschaftern individuell zumutbar sein. Bei Personengesellschaften sind sie zusätzlich auf den Betrag, der bei einer sofortigen Liquidation auf den jeweiligen Gesellschafter entfiele, beschränkt.

Soweit die hier dargelegten Voraussetzungen nicht vorliegen, ist der Beschluss nur gegenüber den Gesellschaftern wirksam, welche zugestimmt haben und gegenüber jenen, welche kraft Treuepflicht hierzu verpflichtet sind. Gegenüber den restlichen Gesellschaftern ist der Beschluss relativ unwirksam. Es handelt sich um eine „3. Kategorie“ des Beschlussmängelrechts.[705] Letztlich handelt es sich um einen Mehrheitsbeschluss, der lediglich im Ausnahmefall der Zustimmungspflicht aller Minderheitsgesellschafter faktisch zu einem einstimmigen Beschluss wird.

C. Konsequenzen für die Vertragsgestaltung

Für alle drei untersuchten Rechtsformen wäre ein Ausschluss einer Nachschusspflicht kraft Treuepflicht im Gesellschaftsvertrag möglich. Dies entbindet jedoch den einzelnen Gesellschafter nicht von seiner Pflicht, durch sein persönliches Verhalten das Entstehen einer berechtigten Erwartungshaltung seiner Mitgesellschafter zu vereiteln. Soweit eine Ausschlussklausel besteht, sind bei der Auslegung des Vertrages unter Zugrundelegung der vertraglichen Übung hieran geringere Voraussetzungen zu stellen.

Soweit eine Nachschusspflicht kraft Treuepflicht bei der GmbH grundsätzlich ausgeschlossen werden soll, wäre nach dem Ergebnis der vorliegenden Untersuchung ein Tätigwerden des Gesetzgebers erforderlich. Das GmbHG schließt trotz § 53 Absatz 3 eine solche nicht generell aus.

D. Ausblick

Gegenseitige Verantwortung ist ein Grundprinzip des Gesellschaftsrechts. Dies zeigt sich an der Rücksichtnahmepflicht aus Treuepflicht, die sich zu einer Nachschusspflicht kraft Treuepflicht verdichten kann. Die besonderen Ausprägungen einer gesellschaftsrechtlichen Gestaltung dürfen nicht darüber hinwegtäuschen, dass das Verhältnis der Mitglieder untereinander entscheidend ist. Dabei ist nicht das persönliche Näheverhältnis, sondern die Einwirkungsmöglichkeit auf die gesellschaftsbezogenen Interessen der Mitgesellschafter ausschlaggebend.

Die besonderen Gestaltungsmöglichkeiten der einzelnen Gesellschaften sollen besonderen Bedürfnissen – wie etwa nach einer Haftungsbeschränkung oder einem Fortbestand trotz Mitgliederwechsel – gerecht werden. Hieraus entspringt gerade kein Grundsatz der Verantwortungslosigkeit. Kein Gesellschafter kann sich auf die Rechtsform berufen, um sich rechtsformunabhängigen Pflichten zu entziehen. Zu diesen Pflichten gehört unter den dargestellten Voraussetzungen auch eine Nachschusspflicht kraft Treuepflicht.

---

705 Vgl. BGH, Urt. v. 19.10.2009 – II ZR 240/08 [Rz. 12], NZG 2009, S. 1347 [S. 1348 li. Sp. oben].

Die Darstellung der Entwicklung in der Rechtsprechung hat gezeigt, dass die formalistische Betrachtung sowohl des Belastungsverbots als auch der Treuepflicht den Anforderungen des Wirtschaftslebens nicht gerecht werden konnten. Es kam somit beinahe zwangsläufig zu den hier aufgezeigten Entwicklungen. Es ist davon auszugehen, dass die Rechtsprechung in der Zukunft die Wirkung der gesellschafterlichen Treuepflicht vermehrt berücksichtigen wird, wenn es um die Auflösung der Interessengegensätze zwischen Mehrheits- und Minderheitsgesellschaftern geht.

Zitierte Entscheidungen

Gericht	Art	Datum	Akten-zeichen	Fundstelle
BGH	Urt. v.	09.06.2015	II ZR 227/14	ZIP 2015, 1882
BGH	Urt. v.	09.06.2015	II ZR 420/13	NZG 2015, 995
BGH	Urt. v.	21.10.2014 –	II ZR 84/13	NZG 2014, 1296
BGH	Urt. v.	25.01.2011 –	II ZR 122/09	NZG 2011, 510
BGH	Urt. v.	19.10.2009 –	II ZR 240/08	NZG 2009, 1347
BGH	Urt. v.	02.07.2009 –	III ZR 333/08	NZG 2009, 1143
BGH	Urt. v.	09.02.2009 –	II ZR 292/07	NZG 2009, 545
BGH	Urt. v.	24.11.2008 –	II ZR 116/08	NZG 2009, 183
BGH	Urt. v.	28.04.2008 –	II ZR 264/06	NZG 2008, 547
BGH	Urt. v.	03.12.2007 –	II ZR 36/07	NZG 2008, 336
BGH	Urt. v.	05.11.2007 –	II ZR 230/06	NZG 2008, 65
BGH	Urt. v.	24.09.2007 –	II ZR 91/06	NZG 2008, 38
BGH	Urt. v.	16.07.2007 –	II ZR 3/04	NZG 2007, 667
BGH	Hinweisbeschl. v.	02.07.2007 –	II ZR 181/06	NZG 2007, 860
BGH	Urt. v.	21.05.2007 –	II ZR 96/06	ZIP 2007, 1458
BGH	Hinweisbeschl. v.	26.03.2007 –	II ZR 22/06	NZG 2007, 582
BGH	Urt. v.	19.03.2007 –	II ZR 73/06	NZG 2007, 382
BGH	Urt. v.	05.03.2007 –	II ZR 282/05	NZG 2007, 381
BGH	Urt. v.	15.01.2007 –	II ZR 245/05	NZG 2007, 259
BGH	Urt. v.	23.01.2006 –	II ZR 126/04	NZG 2006, 379

BGH	Urt. v.	23.01.2006 –	II ZR 306/04	NZG 2006, 306
BGH	Urt. v.	14.11.2005 –	II ZR 178/03	GmbHR 2006, 426
BGH	Urt. v.	04.07.2005 –	II ZR 354/03	NZG 2005, 753
BGH	Urt. v.	17.02.2003 –	II ZR 281/00	NZG 2003, 393
BGH	Urt. v.	09.09.2002 –	II ZR 198/00	NZG 2003, 73
BGH	Urt. v.	24.06.2002 –	II ZR 300/00	NZG 2002, 914
BGH	Urt. v.	17.09.2001 –	II ZR 178/99	NZG 2002, 38
BGH	Urt. v.	03.11.1997 –	II ZR 353/96	NJW 1998, 1225
BGH	Urt. v.	26.09.1996 –	I ZR 265/95	NJW 1997, 1702
BGH	Urt. v.	29.03.1996 –	II ZR 263/94	NJW 1996, 1678
BGH	Urt. v.	20.03.1995 –	II ZR 205/94	ZIP 1995, 819
BGH	Urt. v.	11.10.1994 –	XI ZR 189/93	NJW 1995, 47
BGH	Urt. v.	10.10.1994 –	II ZR 18/94	NJW 1995, 194
BGH	Urt. v.	29.03.1993 –	II ZR 265/91	NJW 1993, 1200
BGH	Urt. v.	28.06.1993 –	II ZR 119/92	NJW-RR 1993, 1123
BGH	Urt. v.	05.02.1990 –	II ZR 94/89	NJW 1990, 2684
BGH	Urt. v.	01.02.1988 –	II ZR 75/87	NJW 1988, 1579
BGH	Urt. v.	23.03.1987 –	II ZR 244/86	GmbHR 1987, 349
BGH	Urt. v.	20.10.1986 –	II ZR 86/85	NJW 1987, 952
BGH	Urt. v.	25.09.1986 –	II ZR 262/85	NJW 1987, 189
BGH	Urt. v.	05.11.1984 –	II ZR 111/84	NJW 1985, 974
BGH	Urt. v.	15.11.1982 –	II ZR 62/82	NJW 1983, 1056
BGH	Urt. v.	27.09.1982 –	II ZR 241/81	NJW 1983, 164

BGH	Urt. v.	13.03.1978 –	II ZR 142/76	NJW 1978, 1316
BGH	Urt. v.	21.04.1977 –	II ZR 155/75	WM 1977, 754
BGH	Urt. v.	27.09.1976 –	II ZR 162/75	NJW 1977, 104
BGH	Urt. v.	05.06.1975 –	II ZR 23/74	NJW 1976, 191
BGH	Urt. v.	28.04.1975 –	II ZR 16/73	NJW 1975, 1410
BGH	Urt. v.	14.04.1975 –	II ZR 147/73	NJW 1975, 1318
BGH	Urt. v.	08.07.1970 –	VIII ZR 28/69	NJW 1970, 2015
BGH	Urt. v.	23.11.1967 –	II ZR 183/66	WM 1968, 221
BGH	Urt. v.	10.06.1965 –	II ZR 06/63	NJW 1965, 1960
BGH	Urt. v.	17.09.1964 –	II ZR 136/62	WM 1964, 1188
BGH	Urt. v.	03.07.1961 –	II ZR 74/60	WM 1961, 886
BGH	Urt. v.	07.11.1960 –	II ZR 216/59	WM 1961, 32
BGH	Urt. v.	17.12.1959 –	II ZR 81/59	NJW 1960, 434
BGH	Urt. v.	22.05.1958 –	II ZR 316/56	NJW 1958, 1633
BGH	Urt. v.	27.10.1955 –	II ZR 310/53	NJW 1955, 1919
BGH	Urt. v.	09.06.1954 –	II ZR 70/53	NJW 1954, 1401
BGH	Urt. v.	01.04.1953 –	II ZR 235/52	NJW 1953, 780
BVerfG	Urt. v.	14.07.1999 –	1 BvR 2226/94, 2420/95, 2437/95	NJW 2000, 55
BVerfG	Beschl. v.	10.11.1998 –	1 BvR 2296, 1 BvR 1081/97	NJW 1999, 935
BVerfG	Beschl. v.	09.08.1995 –	1 BvR 2263/94	NJW 1996, 709
BVerfG	Beschl. v.	09.05.1989 –	1 BvL 35/86	NJW 1989, 1985

BVerfG	Beschl. v.	06.02.1979 –	2 BvL 5/76	NJW 1979, 1345
BVerfG	Beschl. v.	16.04.1971 –	1 BvR 52 665, 667, 754/66	NJW 1971, 1255
BVerfG	Beschl. v.	06.11.1968 –	1 BvR 501/62	NJW 1969, 227
BVerfG	Beschl. v.	24.09.1965 –	1 BvR 228/65	NJW 1965, 2247
BVerfG	Beschl. v.	17.07.1961 –	1 BvL 44/55	NJW 1961, 2011
BVerfG	Urt. v.	15.01.1958 –	1 BvR 400/57	NJW 1958, 257
KG	Urt. v.	20.11.2008 –	23 U 60/08	WM 2009, 2174
KG	Urt. v.	19.09.2008 –	14 U 9/07	
LG Hamburg	Urt. v.	29.04.1999 –	302 S 128/98	NJW-RR 1999, 1708
LG Mönchengladbach	Urt. v.	23.10.1985 –	7 O 45/85	NJW-RR 1986, 837
OLG Brandenburg	Urt. v.	07.12.2004 –	6 U 72/04	MDR 2005, 640
OLG Brandenburg	Urt. v.	01.06.2004 –	6 U 160/03	OLGR Brandenburg 2006, 395
OLG Celle	Urt. v.	21.12.2005 –	9 U 96/05	NZG 2006, 225
OLG Celle	Urt. v.	17.08.2005 –	9 U 33/05	NZG 2006, 17
OLG Düsseldorf	Urt. v.	27.06.2014 –	I-16 U 149/13	ZIP 2014, 2183
OLG Düsseldorf	Urt. v.	29.06.2001 –	17 U 200/00	NZG 2001, 1085
OLG Karlsruhe	Urt. v.	28.02.2003 –	4 U 08/02	NZG 2003, 429
OLG München	Urt. v.	30.04.2009 –	23 U 3970/08	NZG 2009, 944
OLG München	Urt. v.	16.06.2004 –	7 U 5669/03	NZG 2004, 807
OLG Schleswig-Holstein	Urt. v.	23.09.1993 –	5 U 176/92	GmbHR 1994, 250
OLG Stuttgart	Urt. v.	31.03.2010 –	14 U 20/09	DB 2010, 1058
OLG Stuttgart	Urt. v.	27.08.2008 –	14 U 50/07	DStR 2009, 651

OLG Stuttgart	Urt. v.	19.04.2000 – 20 U 96/99	NZG 2000, 835
OLG Stuttgart	Urt. v.	27.10.1999 – 20 U 35/99	MDR 2000, 778
RG	Beschl. v.	06.04.1935 – II B 5/34	RGZ 147, 257
RG	Urt. v.	11.07.1918 – II 52/18	RGZ 93, 251
RG	Urt. v.	23.11.1917 – II 242/17	RGZ 91, 166
RG	Urt. v.	01.04.1913 – II 580/12	RGZ 82, 116

Literaturverzeichnis

Altmeppen, Holger: Kernbereichslehre, Bestimmtheitsgrundsatz und Vertragsfreiheit in der Personengesellschaft, NJW 2015, S. 2065.

Autenrieth, Karlheinz: Zur Ablösung des Bestimmtheitsgrundsatzes im Personengesellschaftsrecht, DB 1983, S. 1034.

Baumbach, Adolf / *Hopt*, Klaus J.: Kommentar zum Handelsgesetzbuch, 37. Auflage, München 2016 (zit.: Baumbach/Hopt/*Bearbeiter*).

Baumbach, Adolf / *Hueck*, Alfred: Kommentar: Gesetz betreffend die Gesellschaften mit beschränkter Haftung, 21. Auflage, München 2017 (zit.: Baumbach/Hueck/*Bearbeiter*).

Beuthien, Volker / *Wolff*, Reinmar / *Schöpflin*, Martin: Kommentar: Genossenschaftsgesetz, 15. Auflage, München 2011 (zit.: Beuthien/*Bearbeiter*).

Bitter, Georg: Sanierung in der Insolvenz – Der Beitrag von Treue- und Aufopferungspflichten zum Sanierungserfolg, ZGR 2010, S. 147.

Bohlken, Lars / *Sprenger*, Regine: Minderheitenschutz bei Personengesellschaften, DB 2010, S. 263.

Bonner Kommentar zum Grundgesetz, Art. 14 GG, Art. 20 GG, Loseblattsammlung, Heidelberg 2014 (zit.: *Bearbeiter*, Bonner Kommentar zum GG).

Dreher, Meinrad: Die gesellschaftsrechtliche Treuepflicht bei der GmbH, DStR 1993, S. 1632.

Ebenroth, Carsten Thomas / *Boujong*, Karlheinz / *Joost*, Detlev / *Strohn*, *Lutz:* Handelsgesetzbuch, Kommentar, Band 1 §§ 1–342e, 3. Auflage, München 2013 (zit.: Ebenroth/Boujong/Joost/Strohn/*Bearbeiter*).

Erman, Walter: Handkommentar zum Bürgerlichen Gesetzbuch, Band 1, 14. Auflage, München 2014 (zit.: Erman/*Bearbeiter*).

Fischer, Robert: Gedanken über einen Minderheitenschutz bei den Personengesellschaften, Festschrift für Carl Hans Barz, S. 33.

Fleischer, Holger / *Harzmeier*, Lars: Zur Abdingbarkeit der Treuepflichten bei Personengesellschaft und GmbH, NZG 2015, S. 1289.

Flume, Werner: Die juristische Person, Berlin, Heidelberg 1983 (zit.: *Flume*, Juristische Person).

Goette, Wulf / *Goette*, Maximilian: Mehrheitsklauseln im Personengesellschaftsrecht, DStR 2016, S. 74.

Göbel, Reinhard: Mehrheitsentscheidungen in Personengesellschaften, Baden-Baden 1992 (zit.: *Göbel*, Mehrheitsentscheidungen).

Haar, Brigitte: Unternehmensfinanzierung in der Personengesellschaft zwischen Kernbereich und Mehrheitsmacht, NZG 2007, S. 601.

Hadding, Walther: Mehrheitsbeschlüsse in der Publikums-Kommanditgesellschaft – Besprechung der Entscheidung BGHZ 71, 53 – ZGR 1979, S. 636.

Häsemeyer, Ludwig: Obstruktion gegen Sanierungen und gesellschaftsrechtliche Treupflichten, ZHR 160 (1996), S. 109.

Heckschen, Heribert / *Bachmann*, Daniel: Mehrheitsklauseln bei Personengesellschaften, NZG 2015, S. 531.

Heinrichs, Nils: Mehrheitsbeschlüsse bei Personengesellschaften, Berlin 2006 (zit.: *Heinrichs*, Mehrheitsbeschlüsse).

Henssler, Martin / *Strohn*, Lutz: Kommentar: Gesellschaftsrecht, 3. Auflage, München 2016 (zit.: Henssler/Strohn/*Bearbeiter*).

Henze, Hartwig: Treupflichten der Gesellschafter im Kapitalgesellschaftsrecht, ZHR 162 (1998), S. 186.

Hofmann, Christian: Der Minderheitsschutz im Gesellschaftsrecht, Berlin, 2011 (zit.: *Hofmann*, Minderheitsschutz).

Holler, Lorenz: Grenzen der Mehrheitsmacht in Personengesellschaften, DB 2008, S. 2067.

Holler, Lorenz: Sanierung aus wichtigem Grund – Neues zur mehrheitlichen Vertragsänderung und Beschlusskontrolle in (Publikums-)Personengesellschaften, ZIP 2010, S. 1678.

Huber, Ulrich: Freie Rücklagen in Kommanditgesellschaften, Gedächtnisschrift für Brigitte Knobbe-Keuk, S. 203.

Hüffer, Uwe: Zur gesellschaftsrechtlichen Treupflicht als richterrechlicher Generalklausel, Festschrift für Ernst Steindorff, S. 59.

Immenga, Ulrich: Bindung von Rechtsmacht durch Treuepflichten, Festschrift 100 Jahre GmbH-Gesetz, S. 189.

Lutter, Marcus / *Hommelhoff*, Peter: Kommentar: GmbH-Gesetz, 19. Auflage, Köln 2016 (zit.: Lutter/Hommelhoff/*Bearbeiter*).

Lutter, Marcus: Theorie der Mitgliedschaft – Prolegomena zu einem Allgemeinen Teil des Korporationsrechts –, AcP180 (1980), S. 84.

Lutter, Marcus: Treupflichten und ihre Anwendungsprobleme, ZHR 162 (1998), S. 164.

Marburger, Peter: Abschied vom Bestimmtheitsgrundsatz im Recht der Personengesellschaften?, NJW 1984, S. 2252.

Martens, Klaus-Peter: Grundlagen und Entwicklung des Minderheitsschutzes in der GmbH, Festschrift 100 Jahre GmbH-Gesetz, S. 607.

Meyer, Susanne: Sanierung der Personengesellschaft durch Nachschüsse der Gesellschafter oder: Ist § 707 BGB dispositiv?, ZIP 2015, S. 256.

Michalski, Lutz / *Heidinger*, Andreas / *Leible*, Stefan / *Schmidt*, Jessica: Kommentar: Gesetz betreffend die Gesellschaften mit beschränkter Haftung, Band 1, 3. Auflage, München 2017 (zit.: Michalski/*Bearbeiter*).

Michalski, Lutz / *Heidinger*, Andreas / *Leible*, Stefan / *Schmidt*, Jessica: Kommentar: Gesetz betreffend die Gesellschaften mit beschränkter Haftung, Band 2, 3. Auflage, München 2017 (zit.: Michalski/*Bearbeiter*).

Müller, Klaus: Kommentar zum Gesetz betreffend die Erwerbs- und Wirtschaftsgenossenschaften, Band 1, 2. Auflage, Bielefeld 1991 (zit.: *Müller*, GenG).

Müller, Klaus: Kommentar zum Gesetz betreffend die Erwerbs- und Wirtschaftsgenossenschaften, Band 2, 1. Auflage, Bielefeld, 1980 (zit.: *Müller*, GenG).

Münchener Kommentar: Aktiengesetz, Band 4, §§ 179–277, 4. Auflage, München 2016 (zit.: MüKo/*Bearbeiter*).

Münchener Kommentar: Bürgerliches Gesetzbuch, Band 1, Allgemeiner Teil, §§ 1–240, 7. Auflage, München 2015 (zit.: MüKo/*Bearbeiter*).

Münchener Kommentar: Bürgerliches Gesetzbuch, Band 2, Schuldrecht, Allgemeiner Teil, §§ 241–432, 7. Auflage, München 2015 (zit.: MüKo/*Bearbeiter*).

Münchener Kommentar: Bürgerliches Gesetzbuch, Band 5, Schuldrecht, Besonderer Teil IV, §§ 705–853, 7. Auflage, München 2017 (zit.: MüKo/*Bearbeiter*).

Münchener Kommentar: Gesellschaft mit beschränkter Haftung, Band 1, §§ 1–34, 2. Auflage, München 2015 (zit.: MüKo/*Bearbeiter*).

Münchener Kommentar: Gesellschaft mit beschränkter Haftung, Band 2, §§ 35–52, 2. Auflage, München 2016 (zit.: MüKo/*Bearbeiter*).

Münchener Kommentar: Gesellschaft mit beschränkter Haftung, Band 3, §§ 53–85, 2. Auflage, München 2016 (zit.: MüKo/*Bearbeiter*).

Münchener Kommentar: Handelsgesetzbuch, Band 2, Zweites Buch. Handelsgesellschaften und stille Gesellschaft, §§ 105–160, 3. Auflage, München 2011 (zit.: MüKo/*Bearbeiter*).

Münchener Kommentar: Handelsgesetzbuch, Band 2, Zweites Buch. Handelsgesellschaften und stille Gesellschaft, §§ 105–160, 4. Auflage, München 2016 (zit.: MüKo/*Bearbeiter*).

Münchener Kommentar: Handelsgesetzbuch, Band 3, Zweites Buch. Handelsgesellschaften und stille Gesellschaft, §§ 161–237, 3. Auflage, München 2012 (zit.: MüKo/*Bearbeiter*).

Nentwig, Martin: Nachschusspflichten im Verbandsrecht, Diss., Köln 2011 (zit.: *Nentwig*, Nachschusspflichten im Verbandsrecht).

Palandt: Kommentar: Bürgerliches Gesetzbuch, 76. Auflage, München 2017 (zit.: Palandt/*Bearbeiter*).

Picot, Gerhard: Mehrheitsrechte und Minderheitenschutz in der Personengesellschaft, BB 1993, S. 13.

Pöhlmann, Peter / *Fandrich*, Andreas / *Bloehs*, Joachim: Kommentar: Genossenschaftsgesetz, 4. Auflage, München 2012 (zit.: Pöhlmann/Fandrich/Bloehs/*Bearbeiter*).

Priester, Hans-Joachim: Grundsatzfragen des Rechts der Personengesellschaften im Spiegel der Otto-Entscheidung des BGH, DStR 2008, S. 1386.

Priester, Hans-Joachim: Jahresabschlussfeststellung bei Personengesellschaften – Grundlagengeschäft? – Mehrheitsregeln – Thesaurierung im Konzern, DStR 2007, S. 28.

Raiser, Thomas: Die Treuepflichten im GmbH-Recht als Beispiel der Rechtsfortbildung ZHR 151 (1987), S. 422.

Roth, Günter H. / *Altmeppen*, Holger: Kommentar: Gesetz betreffen die Gesellschaften mit beschränkter Haftung, 8. Auflage, München 2015 (zit.: Roth/Altmeppen/*Bearbeiter*).

Röttger, Robert: Die Kernbereichslehre im Recht der Personenhandelsgesellschaften, Heidelberg 1989 (zit.: *Röttger*, Kernbereichslehre).

Rowedder, Heinz / *Schmidt-Leithoff*, Christian: Kommentar: Gesetz betreffen die Gesellschaften mit beschränkter Haftung, 5. Auflage, München 2013 (Rowedder/Schmidt-Leithoff/*Bearbeiter*).

Sachs, Michael, Kommentar zum Grundgesetz, 7. Auflage, München 2014 (zit.: Sachs/*Bearbeiter*).

Schäfer, Carsten: Der Bestimmtheitsgrundsatz ist (wirklich) Rechtsgeschichte, NZG 2014, S. 1401.

Schäfer, Carsten: Nachschusspflichten bei Personengesellschaften, Gesellschaftsrecht in der Diskussion 2007, S. 137.

Scherf, Nina: Die Nachschußpflicht im Gesellschaftsrecht – Eine rechtsformübergreifende Bestandsaufnahme, Analyse und Kritik, Diss., Frankfurt am Main, 2002 (zit.: *Scherf*, Die Nachschusspflicht im Gesellschaftsrecht).

Schlegelberger, Franz: Kommentar zum Handelsgesetzbuch, Band 3, I. Halbband, 5. Auflage, München 1992 (zit.: Schlegelberger/*Bearbeiter*).

Schlegelberger, Franz: Kommentar zum Handelsgesetzbuch, Band 3, II. Halbband, 5. Auflage, München 1986 (zit.: Schlegelberger/*Bearbeiter*).

Schmidt, Karsten: „Schutzgemeinschaftsvertrag II“: ein gesellschaftsrechtliches Lehrstück über Stimmrechtskonsortien, ZIP 2009, S. 737.

Schmidt, Karsten: Gesellschaftsrecht, 4. Auflage, München 2002 (zit.: *K. Schmidt*, Gesellschaftsrecht).

Schmidt, Karsten: Mehrheitsbeschlüsse in Personengesellschaften, ZGR 2008, S. 1.

Schmidt, Karsten: Organverantwortlichkeit und Sanierung im Insolvenzrecht der Unternehmen, ZIP 1980, S. 328.

Schmidt, Karsten: Sanieren oder Ausscheiden – Bemerkungen zum Urteil des BGH vom 19.10.2009 – II ZR 240/08, JZ 2010, S. 125.

Schmidt, Karsten: Mehrheitsregelungen in GmbH & Co.-Verträgen, ZHR 158 (1994), S. 205.

Schneider, Uwe: Mehrheitsprinzip und Mitwirkungserfordernis bei Gesellschafterbeschlüssen, AG 1979, S. 57.

Scholz, Franz: Kommentar zum GmbH-Gesetz mit Anhang Konzernrecht, Band 1, §§ 1–34, 11. Auflage, Köln 2012 (zit.: Scholz/*Bearbeiter*).

Scholz, Franz: Kommentar zum GmbH-Gesetz mit Anhang Konzernrecht, Band 2, §§ 35–52, 11. Auflage, Köln 2014 (zit.: Scholz/*Bearbeiter*).

Scholz, Franz: Kommentar zum GmbH-Gesetz mit Anhang Konzernrecht, Band 3, §§ 53–85, 11. Auflage, Köln 2015 (zit.: Scholz/*Bearbeiter*).

Schöne, Torsten: „Sanieren oder Ausscheiden“ und die sog. Trittbrettfahrer ZIP 2015, S. 501.

Schröer, Henning: Der wichtige Grund für den Ausschluss eines Gesellschafters aus der GmbH, Frankfurt am Main 1995 (zit.: *Schröer*, Der wichtige Grund).

Schubert, Claudia: Der außerordentliche Finanzbedarf des eingetragenen Vereins – Möglichkeiten und Grenzen seiner Finanzierung, WM 2008, S. 1197.

Seidel, Wolfgang: Die mangelnde Bedeutung mitgliedschaftlicher Treupflichten im Willensbildungsprozess der GmbH, Berlin 1998 (zit.: *Seidel*, Die mangelnde Bedeutung).

Soergel, Hans-Theodor: Bürgerliches Gesetzbuch mit Einführungsgesetz und Nebengesetzen, Band 11/1, Schuldrecht 9/1, §§ 705–758, 13. Auflage, Stuttgart 2011, (zit.: Soergel/*Bearbeiter*).

Spitze, Peter Alexander: Der Ausschluss eines GmbH-Gesellschafters aus wichtigem Grund bei Schweigen der Satzung, Berlin 1985 (zit.: *Spitze*, Der Ausschluss).

Staub, Hermann: Handelsgesetzbuch, Großkommentar, Band 3, §§ 105–160, 5. Auflage, Berlin 2009 (zit.: Staub/*Bearbeiter*).

Staudinger, Julius von: Kommentar zum Bürgerlichen Gesetzbuch, §§ 705–740, 13. Bearbeitung, Berlin 2003 (zit.: Staudinger/*Bearbeiter*).

Stauf, Wolfgang: Der wichtige Grund bei der personengesellschaftlichen Auflösungs- und Ausschließungsklage, Göttingen 1980 (zit.: *Stauf*, Der wichtige Grund).

Stöber, Kurt / *Otto*, Dirk-Ulrich: Handbuch zum Vereinsrecht, 10. Auflage, Köln 2012 (zit.: *Stöber/Otto*, Handbuch Vereinsrecht).

Timm, Wolfram: Anmerkung zu BGH, Urt. v. 01.02.1988 – II ZR 75/87, NJW 1988, S. 1582.

Ulmer, Peter / *Habersack*, Mathias / *Winter*, Martin: Großkommentar: Gesetz betreffend die Gesellschaften mit beschränkter Haftung, Band 1, Tübingen 2005 (zit: Ulmer/*Bearbeiter*).

Ulmer, Peter / *Habersack*, Mathias / *Winter*, Martin: Großkommentar: Gesetz betreffend die Gesellschaften mit beschränkter Haftung, Band 2, Tübingen 2006 (zit: Ulmer/*Bearbeiter*).

Ulmer, Peter / *Habersack*, Mathias / *Winter*, Martin: Großkommentar: Gesetz betreffend die Gesellschaften mit beschränkter Haftung, Band 3, Tübingen 2008 (zit: Ulmer/*Bearbeiter*).

Ulmer, Peter: Anmerkung zu BGH, Urt. v. 05.06.1975 – II ZR 23/74, NJW 1976, S. 192.

Ulmer, Peter: Mehrheitsbeschlüsse in Personengesellschaften: definitiver Abschied vom Bestimmtheitsgrundsatz, ZIP 2015, S. 657.

Veil, Rüdiger: Gesellschafterhaftung wegen existenzvernichtenden Eingriffs und materieller Unterkapitalisierung, NJW 2008, S. 3264.

Wagner, Klaus: Nachschusspflichten bei notleidenden geschlossenen GbR – Immobilienfonds, WM 2006, S. 1273.

Wagner, Klaus: Notleidende geschlossene Fonds: Sanieren oder Ausscheiden, NZG 2009, S. 1378.

Wicke, Hartmut, Mehrheitsentscheidungen in Personengesellschaften, MittBayNot 2017, S. 125 ff.

Wiedemann, Herbert: Gesellschaftsrecht, Bd. II, 4. Auflage, München 1976 (zit.: Wiedemann, Gesellschaftsrecht Bd. II).

Wiedemann, Herbert: Kapitalerhöhung in der Publikums-KG, ZGR 1977, S. 690.

Wilhelm, Jan: Zurück zur Durchgriffshaftung – das „KBV"-Urteil des II. Zivilsenats des BGH vom 24.6.2002, NJW 2003, S. 175.

Winter, Martin: Mitgliedschaftliche Treubindungen im GmbH-Recht, München 1988 (zit.: *Winter*, Treubindungen).

Zöllner, Wolfgang: Die Schranken mitgliedschaftlicher Stimmrechtsmacht bei den privatrechtlichen Personenverbänden, München 1963 (zit.: *Zöllner*, Schranken).

www.ingramcontent.com/pod-product-compliance
Ingram Content Group UK Ltd.
Pitfield, Milton Keynes, MK11 3LW, UK
UKHW021234031026
15588UKWH00001B/82

9 783631 745496